Roswitha Gruber

Verjagt von Haus und Hof

Roswitha Gruber

Verjagt von Haus und Hof

rosenheimer

3. Auflage

www.rosenheimer.com

Titelfoto: © Bundesarchiv, Bild 137-065393
Lektorat: Christine Rechberger, Rimsting
Satz: SATZstudio Josef Pieper, Bedburg-Hau
Druck und Bindung: GGP Media GmbH, Pößneck
Printed in Germany

ISBN 978-3-475-54873-4

Inhalt

Die Vorgeschichte

Immer wieder bekomme ich Angebote von Menschen, die mir ihre Lebensgeschichte erzählen wollen, damit ich ein Buch darüber schreibe. So rief mich auch eines Tages eine Frau namens Lisi an, die in der Nähe des Starnberger Sees wohnt. Die kurze »Inhaltsangabe«, die sie mir am Telefon gab, machte mich zumindest so neugierig, dass ich ihr versprach, ich werde mir ihre Geschichte anhören. Schon bald führte mich mein Weg mal wieder nach Starnberg, also schaute ich bei Lisi vorbei. Sie erzählte, und ich machte mir Notizen. Auf diese Weise erfuhr ich eine Lebensgeschichte, die mich sehr erschüttert hat. Wieder daheim musste ich Lisi noch oft anrufen, um mir die Einzelheiten genauer erzählen zu lassen. Nun lesen Sie selbst, was uns diese tapfere Frau zu berichten hat.

Ich wünsche Ihnen viel Freude beim Lesen.

Roswitha Gruber

Mein Papa

Soweit ich zurückdenken kann, wanderte ich mit Rosina, meiner Mama, in schöner Regelmäßigkeit zum Friedhof. Dabei nahm sie immer eine alte abgewetzte Einkaufstasche mit, in der sich allerlei Utensilien zur Grabpflege befanden. Manchmal trug sie darin auch ein Blumenstöckchen. Ich freute mich immer, wenn es auf den Friedhof ging. Die vielen Beete mit den bunten Blumen, die schmiedeeisernen Kreuze und die pompösen Grabsteine gefielen mir. Bald erfuhr ich, dass man diese Beete Gräber nennt, es gab schmale und breite. Während Mama sich immer an einem sogenannten Doppelgrab zu schaffen machte, sauste ich zwischen den anderen Gräbern herum, um zu schauen, welches den schönsten Blumenschmuck hatte. Vorne an jedem Grab befand sich ein kleiner runder Behälter mit Weihwasser und einem Buchsbaumzweigerl. Wie ich das bei anderen Friedhofsbesuchern beobachtet hatte, »segnete« ich damit die Gräber, was mir viel Spaß machte.

Einmal aber, als mir das zu langweilig wurde, ich mochte viereinhalb gewesen sein, ging ich zur Mutter und beschwerte mich: »Warum machst du dich immer an diesem Grab zu schaffen? Es gibt doch Gräber, die viel schöner sind als dieses hier.«

Wehmütig lächelte sie: »Das hast du richtig beobachtet, Lisi. Es gibt prächtigere Gräber als das unsere.

Wir haben aber nicht viel Geld. Ich muss schon froh sein, dass die Tante Bärbel die Kosten für den Marmorstein übernommen hat. Mein Geld hätte nur für ein einfaches Holzkreuz gereicht, und ich kann gerade mal ein paar bescheidene Blumen kaufen.«

Den Widerspruch, den ich schon auf den Lippen hatte, wischte sie weg: »Weißt, Lisi, dass ich genau dieses Grab pflege, liegt daran, dass dein Papa hier begraben ist.«

»Mein Papa?«, fragte ich interessiert. Unter »Papa« konnte ich mir nichts vorstellen. Das merkte die Mama wohl, deshalb erklärte sie: »Jetzt wird es doch langsam Zeit, dass du etwas über deinen Papa erfährst. Daheim werde ich dir Fotos zeigen.«

Im Esszimmer nahm sie eine Pralinenschachtel aus der Kommode und setzte sich mit mir an den Tisch. Während sie einige kleine Schwarz-Weiß-Bilder vor mich hinlegte, erklärte sie: »Das ist Kaspar, dein Papa, als Bub. Das ist dein Papa als Lehrling. Das ist dein Papa beim Fasching. Das ist dein Papa bei der Hochzeit.«

Der Mann, der mich von diesen Bildern her anlächelte, gefiel mir. Er sah gut aus und wirkte freundlich. Zum Schluss nahm die Mama ein Foto aus der Schachtel, das wesentlich größer war als die anderen, und farbig. Es zeigte einen riesigen Lastwagen mit einer Getränkewerbung auf der Seitenwand und daneben einen jungen Mann. Dieser stand stolz und selbstbewusst mit einem Fuß auf dem Trittbrett, als wäre es sein eigener Wagen. Von seinem Gesicht war leider nicht viel zu erkennen. »Ist das auch mein Papa?«, wollte ich mich vergewissern.

»Freilich ist er das. Ein ganzes Jahr lang hat er mit diesem Auto Getränke ausgefahren.«

»Warum ist der Papa nicht bei uns?«, wollte ich nun wissen.

»Er ist tot. Er liegt doch in dem Grab, das ich immer pflege.«

»Warum ist er tot?«

»Er starb durch einen Autounfall.« Bei diesen Worten liefen der Mama Tränen aus den Augen. Darüber war ich sehr bestürzt. Bis dahin hatte ich sie noch nie weinen gesehen.

»Nicht weinen«, tätschelte ich ihre Hand. Da nahm sie mich in die Arme und drückte mich fest an sich. »Du bist das Einzige, was mir von ihm geblieben ist.«

»Hatte er mit dem großen Auto den Unfall?«, erkundigte ich mich nun.

»Nein, damit nicht. Es war mit seinem eigenen kleinen Auto.«

Diese Informationen genügten mir für den Moment. Die Mama packte wieder alles sorgfältig in die Schachtel und stellte sie zurück in die Kommode. Beim nächsten Friedhofsbesuch aber blieb ich an ihrer Seite und half ihr bei der Grabpflege. Dies tat ich in dem Bewusstsein, meinem Papa etwas Gutes zu tun. Ich zupfte Unkraut und harkte ein bisschen herum. Gerne hätte ich auch das Grab gegossen, aber die großen Zinkgießkannen, die neben dem Brunnentrog hingen, waren für mich zu schwer und zu unhandlich. Deshalb versprach mir die Mama, sie werde mir eine kleine leichte Plastikgießkanne kaufen. Das tat sie auch, von da an goss ich fleißig Papas Grab.

In der Folgezeit ließ ich mir immer wieder mal von der Mama die Schachtel geben, um die Fotos vom Papa anzuschauen. Auf diese Weise baute ich eine Beziehung zu ihm auf. Mit zunehmendem Alter erfuhr ich noch mehr über ihn, durch meine Mama, durch ihre Schwester Klara, durch ihren Bruder Ludwig und vor allem durch Korbinian, meinen Opa.

Demnach muss mein Papa eine traurige Kindheit gehabt haben. Im Jahre 1938 starb Gretl, seine Mutter, im Alter von 32 Jahren an Krebs. Das war für ihn, seinen Bruder Hans und seinen Vater Hans ein Schock. Zu der Zeit war mein Vater erst sieben Jahre alt, sein Bruder neun und sein Papa 35. Da dieser von Beruf Lehrer war, hätte er sich eigentlich gut um seine mutterlosen Kinder kümmern können. Sie wären morgens mit ihm zur Schule und mittags wieder mit ihm heimgegangen. Dort hätte er für sich und seine Söhne kochen können. Andere Männer kochen ja auch. Wenn er seine Hefte korrigierte oder seine Unterrichtsvorbereitungen machte, hätte er leicht ein Auge auf die Buben haben können, während diese an ihren Hausaufgaben saßen. Offensichtlich war der Herr Lehrer zu faul dazu, denn er schickte die Buben zu seiner Schwägerin Bärbel, damit die sich um die Kinder kümmere. Bärbel war die Schwester seiner Frau, zwei Jahre älter als diese und ledig. Sie wohnte in einem Nachbardorf, wo sie sich ihren Lebensunterhalt als Gemeindesekretärin verdiente. Im Gegensatz zu ihrem Schwager war sie sogar ganztags berufstätig. In ihrer knapp bemessenen Mittagspause hastete sie heim, bereitete das

Essen für sich und die Neffen und lief wieder ins Büro. Daher waren die beiden Brüder sich selbst überlassen, wenn sie ihre Hausaufgaben machten. Am Abend aber schaute die Tante nach, ob alles ordentlich erledigt war.

So verging ein Monat nach dem anderen, und die Gemeindesekretärin empfand ihr Leben als zusehends anstrengender. Das lag nicht zuletzt daran, dass nicht alles so lief, wie sie sich das ausgemalt hatte. Sie hatte erwartet, der besorgte Vater werde regelmäßig nach seinen Söhnen schauen und sich dabei in sie verlieben, oder zumindest erkennen, dass sie für ihn und seine Kinder unentbehrlich sei und ihr einen Heiratsantrag machen. Aber nichts dergleichen geschah. Im Gegenteil, bald musste sie erfahren, dass der Schwager eine Freundin hatte. Zu ihrer maßlosen Enttäuschung kam hinzu, dass sie sich selbst die Schuld für diese Entwicklung zuschrieb. Denn hätte sie ihrem Schwager Hans nicht den Rücken freigehalten, indem sie sich um seine Söhne kümmerte, hätte er keine Zeit für eine neue Liebschaft gehabt.

Nachdem sich die Geschichte nicht in die erwartete Richtung entwickelt hatte, blieb ihr nur noch die Hoffnung, der Schwager werde bald heiraten und seine Kinder wieder zu sich nehmen. Doch auch in diesem Punkt enttäuschte er sie. Er heiratete zwar nach dem schicklichen Trauerjahr, unternahm aber zunächst eine Hochzeitsreise. Als er von dieser zurück war, sprach Bärbel ihn darauf an, wann er seine Söhne abzuholen gedenke. Nun erklärte er ihr, er wolle seine Kinder nicht schon wieder aus ihrem gewohnten Umfeld reißen. Sie hätten sich doch so gut bei ihr, in der Schule und im Dorf eingelebt. Außerdem wolle er seiner Frau keine so großen Stiefkinder und seinen Söhnen keine Stiefmutter zumuten. Bei ihr, der leiblichen Tante, seien sie viel besser aufgehoben. Sie könne ihnen doch wesentlich besser das Gefühl von Geborgenheit geben, als das eine Stiefmutter könne.

Trotz seiner säuselnden Worte war Bärbel klar, dass ihr Schwager in Wirklichkeit frei von jeder Verantwortung sein wollte, um das Leben mit seiner neuen Frau genießen zu können.

Das gepriesene Gefühl von Geborgenheit hatten die beiden mutterlosen Buben bei ihrer Tante leider nicht. Sie brachte ihnen kaum Wärme entgegen, erst recht nicht, nachdem sie von der Wiederheirat ihres Vaters erfahren hatte. Sie versorgte die Halbwaisen jedoch gewissenhaft, sie gab ihnen gut und ausreichend zu essen, hielt die Kleidung in Ordnung und hatte ein Auge darauf, dass sie bei der Körperpflege nicht mit Wasser und Seife sparten.

Nachdem sich Bärbel von ihrem Schwager so getäuscht sah, war sie nicht länger gewillt, die Verantwortung für Kaspar und Hans allein zu tragen und sich um deren leibliches Wohl zu kümmern. Deshalb schrieb sie um die Osterzeit ihren Eltern Paula und Konrad, die in München lebten, einen Brandbrief.

N.-Dorf, den 5. April 1939

Liebe Eltern!
Wie Ihr wisst, habe ich vor einem guten Jahr Hans und Kaspar, Eure Enkel, zu mir genommen, um ihren Vater der Sorge um sie zu entheben. Dies tat ich in der Annahme, dass es nur für kurze Zeit sei, bis er sich erneut vereheliche. Gewiss habt Ihr erfahren, dass er vor Kurzem wieder geheiratet hat. Nun weigert er sich, seine Kinder zurückzunehmen. Ich bringe es aber nicht fertig, sie ihm einfach vor die Tür zu stellen.

Wie Euch bekannt ist, habe ich als Gemeindesekretärin einen sehr verantwortungsvollen Posten und bin den ganzen Tag gefordert. Daher wird es mir zu viel, mich weiterhin alleine um meine Neffen zu kümmern.

Hiermit möchte ich an Euer Großelterngefühl appellieren und Euch um Unterstützung bitten. Nun, da Papa pensioniert ist, müsst Ihr doch nicht mehr in München wohnen bleiben. Was hieltet Ihr davon, wenn Ihr in mein Dorf übersiedelt? Ich würde für Euch eine nette kleine Wohnung suchen, dann könnten wir uns gemeinsam um die Buben kümmern. Sie könnten weiterhin in meiner Wohnung schlafen, aber es wäre gut, wenn sie sich tagsüber bei Euch aufhielten.

Der Ältere wird ab Sommer die Oberschule besuchen. Dann könntest Du, lieber Vater, als ehemaliger Rektor doch besser seine Hausaufgaben beaufsichtigen als ich das kann. Gegebenenfalls könntest Du ihm sogar Nachhilfeunterricht geben. Auch Kaspar macht einen sehr intelligenten Eindruck und wird seinem Bruder vermutlich in zwei Jahren auf die Oberschule folgen.

In der Hoffnung, bald einen positiven Bescheid von Euch zu bekommen, wünsche ich Euch ein schönes Osterfest und verbleibe mit ergebensten Grüßen Eure Tochter Bärbel

Mit diesem Brief rannte Bärbel bei ihren Eltern offene Türen ein. Dem Vater, der seit 1936 im Ruhestand war, gefiel es längst nicht mehr in der Großstadt. Deshalb hatte er mit seiner Frau schon erwogen, aufs Land zu ziehen. Sie hatten nur noch nicht den geeigneten Ort gefunden. Auch hatten sie sich bereits Sorgen um ihre einzigen Enkel gemacht und überlegt, wie sie sich in die Fürsorge um sie einbringen könnten. Aus diesem Grunde kam ihnen Bärbels Brief wie gerufen und löste all ihre Probleme mit einem Schlag. Dies teilten sie ihrer Tochter mit und fingen sofort an, ihre Zelte in München abzubrechen. Bärbel ihrerseits bemühte sich sogleich um eine geeignete Wohnung für die Eltern. Als Gemeindesekretärin saß sie ja an der Quelle und wusste immer, wo etwas frei war oder frei wurde.

Schon nach kurzer Zeit konnte sie ihren Eltern die erfreuliche Mitteilung machen, dass sie eine passende Wohnung gefunden habe, die noch dazu ganz in ihrer Nähe liege.

Der Umzug ging schnell vonstatten, und es dauerte nicht lange, da hatten sich die Großstädter in dem kleinen Dorf eingelebt. Mit der Betreuung der Enkel klappte es vorzüglich. Sie frühstückten gemeinsam mit ihrer Tante, verließen mit ihr das Haus und begaben sich nach Schulschluss an den Tisch der Großeltern. Bei den Hausaufgaben hatte »Opa Rektor« ein wachsames Auge auf sie, brauchte aber nie helfend einzugreifen, denn die beiden Burschen, hochintelligent, verinnerlichten schnell alles, was sie im Unterricht gehört hatten.

Nach dem Abendessen bei den Großeltern kehrten sie regelmäßig zu ihrer Tante zurück.

Wenige Monate, nachdem das alte Ehepaar aufs Land gezogen war, brach der Zweite Weltkrieg aus. Nun waren sie noch glücklicher, nicht mehr in München zu wohnen. Hier auf dem Lande, unweit des Starnberger Sees, lebten sie nicht nur in einer zauberhaften Landschaft, sie fühlten sich auch wesentlich sicherer. Als sie nach dem Bombardement auf München am 9. September 1942 erfuhren, dass ihr ehemaliges Wohnhaus dem Erdboden gleichgemacht worden war und dass zahlreiche Tote und Verletzte zu beklagen waren, dankten sie dem Himmel, dass er ihnen rechtzeitig den Wink gegeben hatte, aufs Land zu ziehen.

Was ihre Enkel betraf, so brachten auch die Großeltern ihnen nicht in dem Maß Liebe und Güte entgegen, wie es die beiden gebraucht hätten. Stattdessen meinten sie, mit strenger Hand vorgehen zu müssen, um aus ihnen ordentliche und lebenstüchtige Menschen zu machen.

Als der Krieg im Mai 1945 zu Ende war, kamen in unserem Lande endlich wieder die jungen Leute zu ihrem Recht. Während des Krieges hatte es für sie ja keinerlei Vergnügungen gegeben. Schon wenige

Monate nach Kriegsende wurden hier und da erste bescheidene Tanzveranstaltungen angeboten. So lud der wiederauferstandene Trachtenverein bereits Ende September 1945 zu einem »Oktoberfest« ein. Statt Bier gab es allerdings nur Leitungswasser. Aber man konnte tanzen und miteinander fröhlich sein. Einer der Dorfwirte veranstaltete 1946 zum ersten Mal einen »Tanz in den Mai«. Im Jahr darauf fanden im Januar und Februar rundum in allen Dörfern Kostümbälle statt, zu denen die Jugend begeistert strömte.

Hans, ihrem älteren Enkel, mittlerweile 16 Jahre alt, hätten die Großeltern zumindest erlaubt, an dem Ball in ihrem Wohnort teilzunehmen. Ihm lag aber nichts an dem »Gehopse«, wie er sich auszudrücken beliebte. Umso mehr fieberte Kaspar, der Jüngere, der Zeit entgegen, bis er endlich Tanzveranstaltungen besuchen durfte.

Am 18. November 1947 wurde er 16. Daher durfte er im folgenden Februar zu seinem ersten Faschingsball am Ort. Das war sogar einer mit Maskierung und Kostümprämierung. Die Großeltern bestanden allerdings darauf, dass der ältere Bruder ihn begleitete. Ihn hielten sie nämlich für den Vernünftigeren und Gewissenhafteren. Im Wirtshaus saß Hans dann still in einer Ecke und zuzelte an seinem Bier. Kaspar dagegen stürzte sich ins Gewühl. Nicht einen Tanz ließ er aus. Er liebte das bunte Treiben und fand es herrlich, immer wieder ein anderes Mädchen im Arm zu halten. Um Mitternacht spielte die Musik einen Tusch zur Demaskierung. Bei Kaspar gab es nicht viel zu demaskieren.

Zu seiner normalen Kleidung, einem karierten Hemd und einer schwarzen Manchesterhose, hatte er nur ein rot-weiß kariertes Kopftuch schräg um den Kopf gebunden, das ihm die Oma großzügigerweise geliehen hatte. Der Opa hatte ihm eine schwarze Augenklappe zur Verfügung gestellt, die er einmal anlässlich einer Augenentzündung bekommen hatte. In dieser »Verkleidung« als Pirat kam sich Kaspar sehr verwegen vor. Er war jedoch froh, als er endlich die lästige Augenklappe abnehmen und das Dirndl, das vor ihm stand, mit beiden Augen sehen konnte. Als sie ihre Hexenmaske und den grauen Haarschopf abnahm, kam zu seiner Freude ein bildhübsches Mädchen zum Vorschein. Es stellte sich als Rosina vor, und auch er nannte seinen Vornamen. Bis zum Kehraus tanzte er nur noch mit ihr.

Beim Maitanz sahen sie sich wieder. Und da sie sich auf dem »Oktoberfest« des Trachtenvereins ebenfalls wiedertrafen, beschlossen sie, »miteinander zu gehen«. Natürlich musste er sich mit ihr heimlich treffen, denn eine offizielle Liebschaft hätten die Großeltern nicht geduldet. Es kam wieder ein Februar und mit ihm ein erster Faschingsball. Mittlerweile waren die beiden so ineinander verliebt, dass eines glaubte, nicht ohne das andere leben zu können. Deshalb beschlossen sie, so bald wie möglich zu heiraten. Kaspar war aber noch Oberschüler der elften Klasse. Bis zum Abitur würde er noch zweieinhalb Jahre brauchen. Dann würde ein mehrjähriges Studium folgen, und erst danach wäre er in der Lage, seine Liebste zu ernähren. So lange wollte der ungeduldige junge Mann aber nicht warten. Ihm kam die Idee, ein Handwerk zu erlernen, dann wäre er in drei Jahren fertig und verdiene genug, um eine Familie zu gründen. Eine Lehrstelle war schnell gefunden, nämlich bei einem Sattler und Polsterer. Nun war Kaspar der Ansicht, es genüge, wenn er sich von der Schule abmelde und als Lehrling bei dem Sattler beginne. Doch da tauchten Probleme auf, die der Jüngling nicht vorhergesehen hatte. Da er noch nicht volljährig war – das wurde man damals erst mit 21 –, verlangte man an der Schule und auch bei seinem künftigen Lehrherrn die Unterschrift seines Erziehungsberechtigten. Das war zu seinem Glück immer noch sein Vater. Die Großeltern hätten ihm diese Unterschriften nie und nimmer gegeben. Der Vater aber, der sich bisher äußerst wenig um seine Kinder gekümmert hatte, unterschrieb ohne lästiges Nachfragen.

Um die Zeit, als der jüngere Bruder seine Lehre begann, legte der ältere gerade die Abiturprüfungen ab. Wenige Wochen später hatte er den Abschluss in der Tasche und ging nach München, um Jura zu studieren.

Kaspar stellte sich in dem erwählten Handwerk sehr geschickt an, sodass sein Meister des Lobes voll war. In dieser Zeit machte sich der Enkel bei seinen Großeltern rar. Erstens war er viele Stunden des Tages beruflich eingespannt, zumal so manche Überstunde anfiel, und zweitens hatte er keine Lust, sich wieder und wieder die Vorwürfe anzuhören, weil er die Schule abgebrochen hatte. Wenn er am Abend erschöpft von der Arbeit kam, ging er gleich in die

Wohnung der Tante, wo er mit ihr das Nachtessen einnahm. Sie war zwar auch nicht gerade erbaut darüber gewesen, dass der Neffe den vorgeplanten Lebensweg verlassen hatte, aber sie schmierte es ihm nicht jeden Tag aufs Butterbrot.

Die Sonntage verbrachte das verliebte Paar meist gemeinsam. Unter der Woche hatte Rosina ebenfalls keine Zeit, weil sie ihrem Vater den Haushalt führte.

Am 1. April 1951 legte Kaspar mit Bestnote seine Gesellenprüfung als Sattler und Polsterer ab und wurde von seinem Chef übernommen.

Anfang Juli gestand Rosina ihrem Verehrer zaghaft, sie sei schwanger. »Aber weshalb so verzagt, meine Liebe? Das ist doch kein Grund, Trübsal zu blasen«, reagierte er strahlend und nahm sie in die Arme. »Wir bekommen ein Kind! Na prima! Dann werden wir halt so bald wie möglich heiraten.«

Über diese Reaktion wunderte sich die Braut und war gleichzeitig erfreut. Der Jungmann nahm sich einen Vormittag Urlaub und marschierte mit seiner Liebsten zum Standesamt, um das Aufgebot zu bestellen. Gewissenhaft hatten beide ihre Personalausweise mitgebracht und legten sie dem Standesbeamten vor.

Nach einem kurzen Blick in Kaspars Ausweis erklärte er: »Du kannst nicht heiraten, du bist ja noch minderjährig.«

»Ich schon«, gab Kaspar zu. »Aber meine Braut ist volljährig. Soviel ich weiß, genügt es, wenn einer der beiden Brautleute erwachsen ist.«

»Junger Mann«, belehrte ihn der Beamte, »du verwechselst da etwas. Wenn der Bräutigam volljährig ist, das genügt, dann darf die Braut minderjährig sein. Nicht aber in umgekehrtem Falle.«

Noch gab sich der Heiratswillige nicht geschlagen. »Kann man da keine Ausnahme machen? Schauen Sie, meine Braut erwartet ein Kind, und ich möchte nicht, dass ihm später der Makel anhaftet, ein uneheliches Kind zu sein.«

»Das ist kein Problem. Wenn du das Kind nach seiner Geburt offiziell anerkennst, wird es später, wenn du die Kindsmutter heiratest, automatisch als ehelich gelten.«

Doch der junge Bräutigam bohrte weiter: »Gibt es wirklich keine Möglichkeit, dass ich jetzt schon heiraten darf?«

»Da gäbe es schon eine Möglichkeit«, zeigte der Mann hinter dem Schreibtisch Verständnis für seine Lage. »Du müsstest dich halt für volljährig erklären lassen.«

Kaspar horchte auf: »Und wie macht man das?«

»Dazu brauchst du die Unterschrift deines Erziehungsberechtigten, dass er mit der Volljährigkeitserklärung einverstanden ist.«

»Kein Problem«, gab sich der junge Mann optimistisch, eingedenk dessen, dass sein Vater keine Schwierigkeiten gemacht hatte, als es galt, das Abmeldeformular von der Schule und den Lehrvertrag zu unterschreiben.

Bald musste der zur Heirat Entschlossene aber einsehen, dass er die Situation zu blauäugig eingeschätzt hatte. Als er seinem Vater das Formular zur Unterschrift vorlegte, auf dem es um die Volljährigkeitserklärung ging, stutzte der Vater: »Hoppla, mein

Sohn, so schnell geht das nicht. Da muss ich erst Rücksprache mit deiner Tante und deinen Großeltern halten. Um beurteilen zu können, ob du schon die nötige Reife besitzt, um die Verantwortung für eine Familie zu übernehmen, kenne ich dich einfach zu wenig.«

Dem Sohn lag schon auf der Zunge: Das ist doch nicht meine Schuld, dass du dich so wenig um mich gekümmert hast. Aber er schluckte diese Bemerkung hinunter, weil er den Vater nicht zusätzlich verärgern wollte.

»Außerdem«, fügte der Vater nach einigem Nachdenken hinzu, »müssen wir erst Erkundigungen über das Mädchen einziehen, damit wir wissen, wen du in unsere Familie einzuführen gedenkst.«

Dem heiratsfreudigen Paar wurde eine Menge Geduld abverlangt. Der »große Familienrat« tagte erst 14 Tage später. Diesem gehörten außer dem Vater und den Großeltern auch Tante Bärbel und Kaspars Bruder Hans an. Kaspar wurde in dem Raum nur als stummer »Angeklagter« geduldet, als über sein Schicksal entschieden wurde. Schon nach wenigen Sätzen erkannte er, dass es seinen lieben Angehörigen weniger darum ging, ob er schon ehemündig sei, als vielmehr darum, welche Qualitäten die Braut mitbringe. Sie sei nichts und sie habe nichts, war der Tenor der ganzen »Verhandlung«. Schließlich wurde das dem Bräutigam zu bunt. Er sah sich genötigt, etwas zur Ehrenrettung seiner Liebsten einzuwerfen: »Dass sie nichts hat, stimmt. Dass sie aber nichts ist, stimmt nicht ganz. Immerhin hat sie die Mittlere Reife, was auf eine gewisse Intelligenz schließen lässt. Nach ihrer Schulzeit hat sie sogar eine Lehre auf dem Landratsamt in Starnberg begonnen. Anderthalb Jahre später aber starb ihre Mutter, und sie musste ihre Ausbildung abbrechen, um ihrem Vater den Haushalt zu führen. Dadurch hat sie keine abgeschlossene Berufsausbildung und konnte auch kein Geld verdienen, um Ersparnisse zu machen. Meiner Meinung nach ist sie ein sehr wertvoller Mensch, und es ist ihr hoch anzurechnen, dass sie sich in selbstloser Weise um den Vater und die minderjährigen Geschwister gekümmert hat. Ich liebe sie also nicht wegen einer guten Position oder irgendwelcher materiellen Güter, sondern wegen ihrer inneren Werte. Sie ist ein liebenswürdiger warmherziger Mensch.«

Nun fiel die Tante über ihn her: »Was verstehst du schon von Liebe? In deinem Alter ist das ein Strohfeuer, das bald erlischt. Außerdem ist sie mit ihren 23 Jahren viel zu alt für dich.«

»Vielleicht liebe ich sie gerade deshalb. Weil sie älter ist als ich, gibt sie mir die Liebe und Wärme, die ich seit dem Tod meiner Mutter vermisst habe.«

»Gewiss, im Moment mag die ältere Frau für dich interessant sein«, räumte der Vater ein. »Aber lass erst mal ein paar Jahre ins Land gehen, dann wirst du dich nach einer jüngeren und attraktiveren umschauen, weil dir deine Frau zu alt und zu hausbacken ist.«

Da dem Sohn darauf keine passende Antwort einfiel, erklärte er, er wolle Rosina auch deshalb heiraten, weil er sich für sie und das Kind, das sie von ihm erwarte, verantwortlich fühle.

»Das ist doch kein Grund, zu heiraten, noch dazu in so jugendlichem Alter, wo man die Konsequenzen noch gar nicht abwägen kann«, tat der Großvater seine Lebensweisheit kund.

»Ja«, pflichtete ihm sein Schwiegersohn bei. »Versaue dir deine Zukunft nicht durch einen so übereilten Schritt. Wenn du dich auf dem Standesamt als Vater dieses Kindes eintragen lässt und pünktlich deine Alimente zahlst, zeigst du genügend Verantwortungsbewusstsein.«

»Und du bleibst ein freier Mann«, setzte sein Bruder noch eins drauf. »Bei deiner Intelligenz wäre es schade, wenn du als Sattler versauerst. Schlimm genug, dass du für dieses Weibsstück die Schule geschmissen hast. Aber es ist noch nicht zu spät. Über den zweiten Bildungsweg kannst du dir immer noch eine Zukunft aufbauen. Du kannst dein Abitur nachmachen und ein Studium aufnehmen.«

Obwohl ihn die Formulierung »Weibsstück« innerlich in Rage versetzte, erklärte der werdende Vater in ruhigem Ton, er fände es »gschert« (unehrenhaft), seine Freundin mit dem Kind sitzen zu lassen. Abgesehen davon wolle er mit ihr zusammenleben und sein Kind aufwachsen sehen.

Nun brachte die Großmutter noch einen neuen Aspekt ein: »Und wovon wollt ihr leben, da sie nichts hat und du nichts hast?«

»Inzwischen bin ich Geselle und habe eine feste Anstellung. Das, was ich dort verdiene, reicht für meine kleine Familie, zumal wir kostenlos im Haus von Rosinas Vater wohnen können. Diese Familie ist nicht so engstirnig wie ihr.«

So kühne Worte wagte er nur, weil er nichts mehr zu verlieren hatte. Dann ergänzte er noch: »In wenigen Jahren lege ich die Meisterprüfung ab, wodurch meine Einkünfte entsprechend steigen werden.«

Es half alles nichts. Da sein alter Herr ihm die benötigte Unterschrift verweigerte, blieb Kaspar nichts anderes übrig, als mit der Heirat zu warten, bis er 21 war.

Er blieb weiterhin bei der Tante wohnen und ging treu und brav seiner Arbeit nach.

Am 19. Februar des folgenden Jahres erblickte ich in Großvaters Haus das Licht der Welt unter Mithilfe einer tüchtigen Hebamme. Kaspar, mein Vater, freute sich riesig und überreichte meiner Mutter einen Strauß roter Rosen. Um diese Jahreszeit müssen die einen Haufen Geld gekostet haben.

Exakt neun Monate später wurde mein Vater 21. Er nahm sich zwei Stunden frei, marschierte mit meiner Mutter siegesbewusst zum Standesamt und legte dem Beamten seinen Personalausweis vor.

»Was soll ich damit?«, fragte dieser irritiert. Mein Vater erklärte: »Wie Sie sehen, bin ich jetzt volljährig. Also steht einer Heirat nichts mehr im Wege.«

»Im Prinzip nicht. Sie und die Braut müssen mir aber noch Ihre Familienbücher vorlegen.«

Der Bräutigam schluckte: »Und wo nehmen wir die her?«

»Die müssten im Besitz Ihrer beider Eltern sein.«

Bei Rosina war das kein Problem, aber Kaspars Vater wollte das bewusste Buch nicht herausrücken. »Bub, sei vernünftig«, redete er ihm zu. »Ich meine es mit dir doch nur gut. Ich will verhindern, dass du in dein Unglück rennst.«

Alles Bitten, Betteln und Flehen half nichts. Der Vater blieb stur. Also wanderte Kaspar erneut zum Standesamt, um sich zu erkundigen, ob es denn keine andere Möglichkeit gebe, da sein Vater das Stammbuch partout nicht herausrücken wolle. Der Beamte empfahl ihm, sich von der Gemeinde, in der er geboren worden war, eine Geburtsurkunde geben zu lassen.

Bis er diese bekam, verging wieder einige Zeit. Mittlerweile war es kurz vor Weihnachten, und in der Polsterei gab es einiges zu tun. Viele Leute wollten bis zum Fest noch ihre durchgesessenen Sessel und Sofas aufgepolstert haben.

Am 3. Januar 1953 kamen meine Eltern endlich dazu, sich auf dem Standesamt trauen zu lassen. Anschließend erfolgte die kirchliche Trauung in ganz kleinem Rahmen. Mein Opa und der Chef meines Vaters fungierten in beiden Fällen als Trauzeuge. Noch am selben Tag zog mein Vater in Opas Haus ein. Dieser stellte dem jungen Paar die schönste und größte Kammer zur Verfügung, die er eigens mit neuen Schlafzimmermöbeln eingerichtet hatte. Außerdem gab es noch genug Platz für das Kinderbett.

Mama genoss es, endlich verheiratet zu sein. Als Ehefrau brauchte sie nicht mehr die hämischen Blicke der Nachbarn zu fürchten, wenn sie sich mit ihrem Kind, das den Makel »unehelich« getragen hatte, auf der Straße blicken ließ. Außerdem war sie glücklich, endlich mit dem Mann zusammenleben zu dürfen, den sie liebte.

Da meine Eltern in aller Stille und Heimlichkeit geheiratet hatten, war mein Vater sehr verwundert, als er einige Tage nach der Hochzeit von seinem Vater einen Brief erhielt, der ihn sehr erschütterte.

N.-Dorf, den 5. Januar 1953

Da Du Dich erdreistet hast, ohne meine Erlaubnis und trotz aller Warnungen vonseiten Deiner Verwandten, die es alle gut mit Dir meinten, eine Frau zu ehelichen, die nicht in unsere Familie passt, verstoßen wir Dich hiermit. Wir wollen Dich nie wieder bei uns sehen.

Es folgten die Unterschriften seines Vaters, seiner Großeltern, seiner Tante Bärbel und seines Bruders.

Mein Vater konnte sich zunächst nicht erklären, woher seine Verwandten Kenntnis von seiner Heirat erhalten hatten. Schließlich fand meine Mutter des Rätsels Lösung: »Deine Tante Bärbel arbeitet doch als Sekretärin beim Bürgermeister. Als solche geht sie täglich im Rathaus ein und aus. Dabei schaut sie gewiss immer wieder mal, wer im Kasten hängt.«

Wie es seinerzeit Vorschrift war, musste jedes Paar, das die Absicht hatte, die Ehe zu schließen, drei Wochen im »Kasten« des Standesamtes »hängen«. Damit sollte jedem in der Gemeinde die Möglichkeit gegeben werden, eine eventuell schon bestehende Ehe anzuzeigen, weil man Bigamie verhindern wollte.

Mit Sicherheit hat dieser Brief meinen Vater schwer getroffen. Seiner Frau gegenüber ließ er sich das aber nicht anmerken, wie sie mir verraten hat.

Von seinen Verwandten hörte mein Papa nur noch einziges Mal etwas in seinem Leben. Das war Anfang Juli 1953, also nur sechs Monate nach seiner Heirat, als seine Großeltern ihre Goldene Hochzeit feierten. In schriftlicher Form lud ihn seine Tante Bärbel ausdrücklich zu diesem Fest ein, mit dem Hinweis, durch seinen Besuch würde er seinen Großeltern eine große Freude machen. Seine Frau und sein Kind waren aber nicht miteingeladen, deshalb verzichtete Papa auf die Teilnahme.

Mamas Freude darüber, mit dem geliebten Mann zusammenzuleben, sollte nur von kurzer Dauer sein. Denn schon bald stellte sich heraus, dass sein Lohn als Sattlergeselle doch zu gering war, um seine Familie davon ordentlich unterhalten zu können. In dieser Situation kam ihm ein Zufall zu Hilfe. Ein Freund von ihm vermittelte ihn nach Ulm zu einer Firma als Getränkefahrer. Die Firma stellte ihm ein Zimmer zur Verfügung, was ihm auf den Lohn angerechnet wurde. Dennoch brachte er doppelt so viel nach Hause wie zuvor. Dafür mussten die jungen Leute in Kauf nehmen, dass er nur an den Wochenenden heimkam. Dazu benutzte er einen VW-Käfer, den er gebraucht erstanden hatte. Als er merkte, dass die Fahrten ganz schön ins Geld gingen, fuhr er nur noch alle zwei bis drei Wochen nach Hause. Da wir kein Telefon hatten, wusste die Mama also nie genau, wann er kommen würde.

Am 27. Juli 1954, es war ein Samstag, nachdem mein Vater zwei Wochen nicht zu Hause gewesen war, hörte die Mama gegen 20 Uhr ein Auto in den

Hof einfahren. Komisch, dachte sie, das hört sich nicht wie ein VW an. Kriegen wir etwa Besuch? Sie trat vor die Haustür und erblickte ein grünes Polizeiauto, aus dem gerade zwei Uniformierte stiegen. Vor Schreck ließ sie sich auf die Hausbank nieder.

»Sind Sie Frau Poldinger?«, fragte der Jüngere. Kraftlos nickte sie.

»Wir haben keine gute Nachricht für Sie«, erklärte der Ältere.

»Das hab ich mir schon gedacht, als ich Ihr Auto sah. Ist etwas mit meinem Mann?«

»Leider ja. Er hatte einen Autounfall«, erklärte der Erste zögerlich.

»Ist er schwer verletzt?«, fragte Rosina mit ängstlichem Blick.

»Bedauerlicherweise ist Ihr Mann noch an der Unfallstelle verstorben.«

Die Polizisten, die gewiss schon öfter solche Schreckensnachrichten überbracht hatten, wunderten sich, dass die junge Witwe nicht hysterisch in Weinen und Wehklagen ausbrach. Deshalb wagten sie es, ihr zu erklären, wie es vermutlich zu dem Unfall gekommen war. Bei der Heimfahrt muss er auf der Autobahn wegen Übermüdung kurz eingenickt sein. Jedenfalls geriet er mit seinem Fahrzeug auf die Gegenfahrbahn und stürzte eine Böschung hinunter. Ein hinter ihm fahrender Verkehrsteilnehmer hatte das beobachtet und von der nächsten Notrufsäule aus die Polizei alarmiert. Diese hatte vorsorglich einen Krankenwagen angefordert. Doch der Notarzt konnte nur noch den Tod des Verunglückten feststellen.

Nachdem meine Mutter den ersten Schock überwunden hatte, war es für sie selbstverständlich, die nächsten Verwandten ihres Mannes zu verständigen. Sie erschienen auch alle am Grab, sein Vater, seine Großeltern, Tante Bärbel und Bruder Hans. Sie spielten die erschütterten Angehörigen, obwohl sie ihn ein Jahr zuvor verstoßen hatten. Seine Witwe würdigten sie keines Blickes. Sie gingen auch nicht mit zum anschließenden Mahl. Ein paar Wochen später tauchte Bärbel aber bei meiner Mutter auf und erbot sich, für den Grabstein aufzukommen. Dieses Angebot nahm die Mama gerne an, denn sie hätte nicht gewusst, woher sie das Geld für einen Stein nehmen sollte.

Das war alles, was ich von meiner Mutter über diese Seite der Verwandtschaft erfahren konnte. Allerdings zu Ostern im Jahr darauf knatterte der Gemeindediener mit seinem Moped in unseren Hof. Er hatte ein Osternestchen dabei, in dem sich echte Eier und ein Schokoladenhase befanden, außerdem noch ein Fünf-Mark-Stück. Dieses überreichte er mir im Auftrag der Tante. Verständlicherweise kann ich mich nicht mehr daran erinnern, ich war ja kurz zuvor erst drei geworden. Mit schöner Regelmäßigkeit überbrachte der Gemeindediener mir in den folgenden Jahren zu Ostern ein Nest. Daran erinnere ich mich noch gut. Die Eier und den Osterhasen verspeiste ich, und das Geld, das ich gerne für Naschwerk ausgegeben hätte, ließ meine Mutter in mein Sparschwein wandern. »Irgendwann wirst du froh sein, wenn du auf dieses Geld zurückgreifen kannst«, war ihre Erklärung.

Nach nur anderthalb Ehejahren stand meine Mutter schon als Witwe da, mit einem zweijährigen Kind. Da der Vater nur wenige Jahre in die Rentenkasse eingezahlt hatte, fiel ihre Rente äußerst bescheiden aus. Selbst die zusätzliche kleine Halbwaisenrente für mich und das Kindergeld reichten hinten und vorne nicht zum Leben. Deshalb war sie froh, weiterhin ihrem Vater den Haushalt führen zu können. Dafür unterstützte er sie von seiner Kriegsversehrtenrente. Wenn sie ihm dafür danken wollte, wehrte er ab: »Du brauchst mir nicht zu danken. Da du mir nach dem Tod meiner Frau den Haushalt geführt hast, ist es das Mindeste, dass ich jetzt für dich und dein Kind sorge.«

Mein Opa Korbinian

Für mich war es erfreulich, dass meine Mutter versucht hat, eine mentale Beziehung zwischen mir und meinem Vater herzustellen, aber ich vermisste ihn nicht wirklich. Mein Opa Korbinian, ihr Vater, war für mich ein voller Vaterersatz. Meine Kindheit verbrachte ich in seinem schönen großen Haus, das am Ortsrand eines kleinen Dorfes lag, unweit des Starnberger Sees. Außer ihm und meiner Mutter wohnten hier auch noch meine Tante Klara und mein Onkel Ludwig.

Meine weitest zurückliegende Erinnerung stammt aus der Zeit, als ich etwas über drei Jahre alt war. Meine Mutter nahm mich an die Hand und spazierte mit mir zum Kindergarten, der nur wenige Minuten von unserem Haus entfernt lag, um mich anzumelden. Noch habe ich die Stimme von Schwester Gertrudis im Ohr: »Lassen Sie Lisi erst mal probeweise da. Wenn es ihr bei uns gefällt, ist es noch früh genug, sie anzumelden.«

Mit großen Augen bestaunte ich alles, was ich sah: die vielen Kinder, die vielen Spielsachen, die kleinen Stühle, die kleinen Tische. Die beiden Ordensschwestern waren wirklich sehr nett, aber sie konnten mir den Opa nicht ersetzen. Auch das lange Stillsitzen behagte mir nicht. Unruhig rutschte ich auf meinem Stühlchen hin und her. Deshalb stand bei mir schon nach kurzer Zeit fest: Hierher gehe ich nicht mehr!

Diesen Entschluss teilte ich meiner Mutter brühwarm mit, als sie mich am Nachmittag wieder abholte. »Du brauchst mich gar nicht anzumelden. Ich will lieber beim Opa bleiben.«

Die Mutter akzeptierte meinen Wunsch erstaunlicherweise ohne jegliche Diskussion. Etwa ein Jahr später, als ich mal nach Kindergartenschluss mit ihr dort vorbeikam, war eine der Schwestern gerade dabei, Förmchen und Schüppchen aus dem Sandkasten zu sammeln. »Na, kleines Fräulein«, sprach sie mich freundlich an. »Hast du nicht Lust, zu uns zu kommen?«

»Ja«, antwortete ich, sehr zum Erstaunen meiner Mutter. Noch mehr staunte sie, als ich erklärte: »Ich komme aber erst, wenn der Kindergarten aus ist. Dann helfe ich beim Aufräumen.« Das tat ich tatsächlich immer wieder, bis ich in die Schule kam.

Der Opa war viele Jahre lang der wichtigste Mensch in meinem Leben. Er rangierte sogar vor meiner Mama. Wo er ging und stand, lief ich ihm nach.

Das Haus stand auf einem weitläufigen Grundstück, das mit Maschendraht eingezäunt war, damit Opas Federvieh nicht entweichen konnte. Opa hielt sich nämlich immer einige Hühner, Gänse und Enten. Einen Teil des Grundstücks nutzte meine Mutter als Gemüsegarten. Darin standen auch mehrere Johannisbeer-, Stachelbeer- und Himbeersträucher, die ich sehr zu schätzen wusste. Damit das Federvieh keinen Schaden im Nutzgarten anrichten konnte, hatte Opa diesen mit einem Lattenzaun umgeben. Auf einem weiteren Teil des Grundstücks befand sich der Obstgarten mit einem Zwetschgenbaum, einem Walnussbaum und verschiedenen Apfelbäumen. Etwas abseits vom Wohnhaus hatte der Opa für sein Geflügel ein eigenes Häuschen errichtet.

Bei jedem Besuch auf seinem Geflügelhof folgte ich ihm wie ein Schatten. Ich schaute zu, wie er den Napf mit Wasser füllte, und konnte das bald schon selbst tun. Ich half ihm, Körner ausstreuen, ich sah zu, wie er die Ställe ausmistete. Am meisten aber beeindruckte es mich, wenn er die Eier aus dem Nest sammelte und behutsam in seinen Henkelkorb legte.

Eines Tages nun, als der Opa sein Mittagsschläfchen hielt, ich muss bereits fünf gewesen sein, schlich ich allein in den Hühnerstall mit dem Eierkorb am Arm. In der löblichen Absicht, dem Opa Arbeit abzunehmen, wollte ich die Eier aus dem Nest sammeln. Ich musste mich schon arg recken und auf die Zehenspitzen stellen, um überhaupt in das Nest hineinschauen zu können. Zu meiner großen Enttäuschung fand ich nur ein einziges Ei darin vor. Vorsichtig, wie ich das beim Opa beobachtet hatte, bettete ich es in meinen Korb. Diesen trug ich in die Speisekammer und legte das einsame Ei zu den anderen, die sich auf einer Stellage aus Pappmaché befanden.

Gegen 17 Uhr nahm der Opa seinen Korb und begab sich in den Hühnerstall. Wie immer folgte ich ihm auf dem Fuß. »Nanu!«, rief er erstaunt aus. »Kein einziges Ei im Nest. Noch nicht mal das Nestei. So was gibt's doch nicht!«

»Was meinst du mit Nestei?«, erkundigte ich mich vorsichtig.

»Ja, das Gipsei, das immer im Nest liegen muss.«

»Das habe ich genommen«, gestand ich kleinlaut.

»Ja, bist du narrisch wor'n?«, fauchte mich der sonst so gütige Opa an. »Du kannst doch nicht einfach das Nestei wegnehmen! Wo hast du es denn hingetan?«

»In die Speis hab ich's gelegt, zu den anderen Eiern, weil ich dachte, es wäre ein echtes Ei.«

Schnell hatte der Großvater es unter den anderen Eiern gefunden und zurück ins Nest gelegt. Als er sich wieder beruhigt hatte, wollte ich wissen: »Warum muss denn das Gipsei im Nest liegen?«

»Damit die Hühner wissen, wohin sie ihre Eier legen sollen.«

»Wissen die das sonst nicht?«

»Nein, Hühner haben ein sehr kurzes Gedächtnis«, klärte der Opa mich auf. »Wenn ein Huhn das Gipsei sieht, denkt es: ›Aha, das hab ich gestern gelegt‹, und legt noch eins dazu. Und die anderen Hühner legen das ihre auch dazu. Wenn aber das erste Huhn das leere Nest sieht, denkt es, sein Ei vom Vortag sei gestohlen worden, und versteckt das neue irgendwo. Und die anderen Hühner machen das genauso. Nun müssen wir uns also auf die Suche begeben und schauen, wo sie die Eier versteckt haben.«

Bei der Eiersuche war der Opa nicht gerade fröhlich, mir aber machte es Spaß. Wir entdeckten tatsächlich drei Eier an drei unterschiedlichen Plätzen. Da mein Großvater zu der Zeit fünf Hühner hatte, war er nicht sicher, ob er alle Eier gefunden hatte. So lernte ich gleich noch eine Lektion über Hühnerhaltung: »Ein Huhn legt nicht jeden Tag ein Ei, es lässt immer mal einen Tag aus. Daher liegen an manchen Tagen vier Eier, an anderen Tagen nur drei Eier im Nest. Deshalb weiß ich nicht, ob noch ein Ei fehlt.«

Von diesem Tag an war das Nestei für mich tabu, überhaupt versuchte ich erst gar nicht mehr, die Eier aus dem Nest zu nehmen. Und die Hühner legten wieder treu und brav ihre Eier dahin, wo sie hin sollten. Doch ich suchte noch einige Tage weiter nach dem eventuell fehlenden Ei, fand aber nichts.

Es muss im Oktober desselben Jahres gewesen sein, als ich wieder einmal mit meiner Mutter ins Dorf zum Einkaufen ging. Ich begleitete sie gerne zum Kramladen, denn es fiel immer etwas für mich ab. Meist war es eine kleine Spitztüte mit einigen Guatln (Bonbons) darin, manchmal war es auch ein Lutscher. Diesmal begegnete uns auf dem Heimweg ein kleines Mädchen, das stolz einen Puppenwagen vor sich herschob, einen Korbwagen! Davon war ich so entzückt, dass ich sofort bettelte: »Mama, so einen will ich auch haben.«

»Da musst dir halt einen beim Christkind bestellen«, lautete ihr Rat.

»Und wie macht man das? Ich weiß ja gar nicht, wo das Christkind wohnt.«

»Schreibst ihm halt einen Wunschzettel.«

»Aber Mama, wie denn? Ich kann doch noch gar nicht schreiben.«

»Dann malst halt einen Puppenwagen auf den Zettel und legst ihn am Abend außen auf die Küchenfensterbank. Dort holt ihn sich das Christkind schon ab.«

Den Rat meiner Mutter befolgend, malte ich mit ungelenken Fingern das Objekt meiner Begierde auf ein Blatt. Es sah einem Puppenwagen wirklich etwas ähnlich. Diesen Zettel legte ich auf die Fensterbank und beschwerte ihn mit einem Stein, damit der Wind ihn nicht wegblasen konnte. Am nächsten Morgen war er tatsächlich verschwunden. Vor Aufregung klopfte mein Herz wie toll. Dann aber zog es sich hin, bis endlich Weihnachten war. Im Advent durfte ich am Adventskalender jeden Morgen ein Türchen aufmachen. Da kam aber nichts Süßes zum Vorschein, wie das heutzutage ist, sondern nur ein buntes Bildchen. Ich hatte trotzdem meine Freude daran, vor allem aber sah ich, dass ich dem großen Tag, an dem mein Herzenswunsch in Erfüllung gehen sollte, immer näher kam.

Endlich war es so weit. Mit dem Opa wartete ich im Esszimmer geduldig, bis das feine Läuten eines Glöckchens ertönte. Wie elektrisiert sprang ich auf und wollte gleich ins Wohnzimmer stürmen. Doch Opa kriegte mich gerade noch an der Tür des Esszimmers zu fassen. »Langsam, langsam, Dirndl, ins Weihnachtszimmer muss man gesittet gehen. Da darf man nicht einfach hineinstürzen.«

Als wir »gesittet« auf den Gang hinaustraten, kamen aus der Küche gerade die Mutter, die Tante und der Onkel. »Habt ihr auch das Glöckerl gehört?«, fragte ich aufgeregt.

»Freilich haben wir es gehört«, antwortete die Mama. »Drum haben wir alles liegen und stehen lassen, um nachzuschauen, was das Christkindl gebracht hat.«

Die Tür ging auf. Den strahlenden Lichterbaum erfasste ich mit dem ersten Blick und gleichzeitig erkannte ich, dass kein Puppenwagen darunter stand. Stattdessen sah ich eine kleine Holzkiste, in die meine Puppen gebettet waren. Sie hatten alle darin Platz, weil es kleine Puppen waren. Während ich auf die Kiste zusteuerte, schaute ich suchend nach allen Seiten. »Wo ... wo ... ist mein Puppenwagerl?«, stotterte ich, und Tränen kullerten über meine Wangen. Die Erwachsenen sahen sich fragend an. Schließlich bewegte sich meine Mutter beherzt auf die Kiste zu, fischte einen Zettel daraus und las:

Liebe Lisi,
sei nicht traurig, dass dein Puppenwagen noch nicht gekommen ist. Aber so viele kleine Mädchen haben sich zu Weihnachten einen gewünscht, dass die Englein in der Himmelswerkstatt nicht rechtzeitig fertig geworden sind. Nach Weihnachten arbeiten sie fleißig weiter. Sobald dein Korbwagen fertig ist, wirst du ihn bekommen.
Liebe Grüße vom Christkind

Nachdem ich diese Botschaft vernommen hatte, zog ich mein Schneiztiachl (Taschentuch) hervor und trocknete meine Tränen. Diesen »echten Brief« vom Christkind, obwohl ich ihn nicht lesen konnte, hob ich mir lange auf als ein kostbares Gut. Bis der versprochene Wagen kam, spielte ich mit der Kiste, legte meine Puppen hinein und nahm sie wieder heraus. Einige Tage nach dem Christfest, der Baum stand noch, fand ich ein großes Paket darunter. Mit glühenden Wangen und vor Aufregung zitternden Händen packte ich es aus. Tatsächlich, der ersehnte Korbwagen kam zum Vorschein. Ohne dass es mir einer erklären musste, war mir klar, dass das Christkind mein verspätetes Geschenk mit der Post geschickt hatte, weil es sich ja nach den Feiertagen nicht mehr auf den Weg zur Erde machte. Wie war ich selig! Sogleich steckte ich meine ganze Puppensammlung ins Wagerl und schob es im Erdgeschoss munter durch alle Räume. Nach draußen durfte ich damit nicht. Es lag ja Schnee, darin wären die Räder stecken geblieben. Außerdem hätte mein geliebtes Wagerl dadurch Schaden nehmen können.

Sobald die Märzensonne aber den letzten Schnee von unseren Gartenwegen weggeleckt hatte, war ich draußen. Ich fuhr alle Wege auf und ab, bis ich erschöpft ins Haus zurückkehrte, denn es war noch zu kalt, um auf der Gartenbank Rast zu machen. Ab Mitte April aber, als die Sonne schon warm genug schien, konnte ich mich immer wieder mal auf der Bank vorm Haus ausruhen. Ich nahm meine kleinen Lieblinge aus ihrem Gefährt und legte sie auf die Bank, damit sie ein Sonnenbad nehmen konnten. Manchmal wechselte ich dort auch ihre Kleider, ehe ich sie zurück ins Wagerl bettete und erneut mit ihm auf den Wegen herumdüste. Einmal, meine Puppen lagen mal wieder auf der Bank zum Sonnenbaden, entdeckte Miezi, unsere Katze, den leeren Wagen, sprang hinein und wühlte sich unter der Decke ein. Das gefiel mir. Sofort waren meine Puppenkinder vergessen. Sie ihrem Schicksal überlassend, schob ich die Miezi durch den Garten. Das war doch etwas ganz anderes! Sie bewegte sich ab und zu, sie reckte und streckte sich, während die blöden Puppen nur starr und dumm im Wagen herumgelegen hatten. Von dem Tag an fuhr ich nur noch unsere Katze spazieren, aber immer erst, wenn sie freiwillig in den Wagen geklettert war. Ich habe sie nie hineingesetzt. Auch hielt ich immer rechtzeitig an, damit sie aussteigen konnte, wenn sie den Eindruck machte, dass sie genug vom Herumfahren hatte.

Mittlerweile war es Hochsommer geworden, und ich war schon fünfeinhalb, deshalb durfte ich das eingezäunte Grundstück verlassen und meinen Puppenwagen auf dem öffentlichen Weg schieben, der zu unserem Haus führte. Dieser Weg wurde nur von wenigen Menschen genutzt, weil es eine Sackgasse war, die an unserem Gartentor endete. Eines Tages, als ich dort wieder mal quietschvergnügt unsere Katze im Wagen schob, begegnete mir eine Spaziergängerin. »Na, fährst dein Pupperl aus?«, sprach sie mich leutselig an. Dabei warf sie einen Blick in mein Wagerl, um sich meine Puppe anzuschauen. Dann fauchte sie mich an: »Ja, Kind! Bist du narrisch? Das darfst doch net machen! Das ist ja Tierquälerei.«

Diese Aussage traf mich bis ins Mark. Nein, ein Tierquäler wollte ich nicht sein. Dafür hatte ich Tiere viel zu gern. Sofort kehrte ich um, ohne der Fremden zu erklären, dass die Katze immer freiwillig in den Wagen sprang. An der Hausbank ließ ich die Miezi aussteigen, verbannte den Puppenwagen in die Schlafkammer und rührte ihn für lange Zeit nicht mehr an.

In meiner Kindheit gab es bei uns im Haus noch keine Toilette. Stattdessen stand neben dem Hühnerstall ein Plumpsklo. In dem kleinen Häuschen befand sich ein Brett mit einem Loch. Das war ziemlich groß, und ich musste höllisch aufpassen, dass ich nicht in die Grube fiel, wenn ich mein Geschäft verrichtete. War die Grube voll, musste Opa sie leeren. Dazu benutzte er ein eimerartiges Gefäß, bei dem an einer Seite ein langer Stiel angebracht war. Damit schöpfte er den stinkenden Inhalt der Grube in eine Blechschubkarre. Sobald diese voll war, schob er sie in den Obstgarten und kippte sie aus. Anfangs rümpfte ich die Nase über sein Tun. Opa aber erklärte mir, dass wir nur deshalb so saftiges Obst und so dicke Nüsse hatten, weil er diesen Naturdünger in den Obstgarten ausbrachte.

Eines Morgens im April, als ich an den Frühstückstisch kam, herrschte große Aufregung: Opas Zähne waren verschwunden. Obwohl man das ganze Haus absuchte, blieben sie unauffindbar. »Du warst doch in der Nacht mal raus«, erinnerte ihn meine Mutter.

»Das stimmt«, sinnierte er. »Irgendwie muss das Nachtessen verdorben gewesen sein. Mir war nämlich sauschlecht.«

»Jetzt soll's am Essen gelegen haben«, lachte die Mama. »Nein, das Essen war in Ordnung. Uns anderen ist ja auch nicht schlecht geworden. Dein Fehler war halt, dass du gestern Abend zu tief ins Glas geschaut hast.«

Wieso wird einem davon schlecht, wenn man zu tief ins Glas schaut?, dachte ich, sagte aber nichts. Doch ich nahm mir vor, in Zukunft niemals tief in Gläser zu schauen.

»Ja, mei«, dämmerte es dem Großvater nun. »Weil mir so schlecht war, hab ich ins Klo gspiebn (erbrochen). Dabei sind meine Zähne wohl mit in der Grube gelandet.«

Über dieses Missgeschick musste ich laut lachen. Das war doch wirklich lustig, dass so etwas hatte passieren können. Doch sogleich wurde ich wieder ernst, und nicht nur, weil ich Opas trauriges Gesicht sah. Mit Daumen und Zeigefinger prüfte ich, ob meine Zähne fest genug saßen.

Um wieder an sein Gebiss zu kommen, begann der Opa gleich nach dem Frühstück damit, die Grube in gewohnter Manier auszuschöpfen. Als er den ersten Eimer aus der Tiefe hochgezogen hatte, rührte er mit einem Stock drin herum, bevor er ihn in die Schubkarre ausleerte. Um sicherzugehen, stocherte er mit seinem Stock auch noch in der Schubkarre herum. Ohne Ergebnis! Sobald er die Brühe in den Obstgarten gekippt hatte, suchte er zusätzlich den Boden ab. Nichts! So arbeitete er sich Eimer für Eimer durch.

Anfangs stand ich untätig dabei und beobachtete staunend Opas Tun. Je länger sich seine »schöpferische« Tätigkeit aber hinzog, desto mehr litt ich mit ihm. Deshalb half ich ihm nach einiger Zeit dabei, im Gras unter den Obstbäumen zu suchen. Zwei Tage lang schöpfte er unermüdlich die übelriechende braune Brühe aus der Grube. Der Obstgarten war nachher bestens gedüngt, nur sein Gebiss hatte Großvater nicht gefunden. Vermutlich hatte es sich in einer Ecke der Grube versteckt, so mutmaßte der Opa, in die man mit dem runden Eimer nicht hinkam. Noch oft wurde diese Geschichte in geselliger Runde zum Besten gegeben. Dem Opa war das zwar immer furchtbar peinlich, die Gäste aber lachten sich kaputt.

Da der Opa ohne Zähne nur noch Brei essen konnte, entschloss er sich nach einiger Zeit, einen Zahnarzt aufzusuchen, um sich ein neues Gebiss anfertigen zu lassen. Dort musste er immer wieder hingehen, bis der Zahnarzt es so zurechtgefeilt hatte, dass es wirklich schmerzfrei saß.

Immer wenn der Opa seinen wohlverdienten Mittagsschlaf hielt, spielte ich bei schönem Wetter allein im Garten, entweder in dem großen Sandkasten, den er für mich angelegt hatte, oder ich zog auf der Hausbank meine Puppen an und aus. Bis ich fünf Lenze zählte, hatte ich schon eine ansehnliche Sammlung beisammen. Denn jedes Jahr zu Weihnachten schickte mir meine Patin, die in Nürnberg lebte, eine weitere Puppe, und meine Mama fertigte hin und wieder neue Kleider für sie an.

In einer Ecke des Grundstücks befand sich ein kleiner Teich. Den hatte der Opa aber nicht für mich angelegt, sondern für seine Schwimmvögel. Sie tummelten sich wirklich begeistert darin, paddelten aber ebenso gerne in dem kleinen Bach, der auf einer Seite das Grundstück begrenzte. Die Böschung, die zum Bach hinunterführte, war ziemlich steil, nur an einer Stelle ging es sanfter hinab. Diese Stelle hatte Opa so abgegraben, dass meine Mutter ohne Mühe mit ihrem Waschkorb hinuntergehen konnte, um die Wäsche zu schwenken. Denn eine Waschmaschine besaß sie damals noch nicht. Damit sie es bei ihrer Arbeit leichter habe, hatte Opa eine Art halben Holzkasten gezimmert und am Bachufer angebracht. In diesem konnte sie beim Wäscheschwenken bequem knien.

Nicht weit davon entfernt führte ein schmaler Steg über den Bach, der an einer Seite ein Geländer hatte. Auch diesen hatte Opa eigenhändig gezimmert, obwohl er kein gelernter Schreiner war, aber er konnte einfach alles. Das hölzerne Brücklein hatte ich zwar schon oft gesehen, aber ich war nie auf die Idee gekommen, es zu betreten, geschweige denn hinüberzuwandern. Eines schönen Sommertages, ich saß auf der Gartenbank, sah ich, wie ein Mädchen, das in meinem Alter sein mochte, über diesen Steg getrippelt kam.

»Ich bin die Nanni«, stellte sie sich vor. Deshalb nannte auch ich meinen Namen: »Ich bin die Lisi. Eigentlich heiße ich Elisabeth, doch alle sagen Lisi zu mir.«

Darauf erklärte das fremde Mädchen: »Ja, weißt, eigentlich heiße ich Marianne. Aber alle rufen mich Nanni.« Dies war der Beginn einer intensiven Freundschaft, die viele Jahre halten sollte. Nachdem wir eine Weile mit meinen Puppen gespielt hatten, verabschiedete sich Nanni: »Jetzt muss ich aber heim, sonst schimpft die Mama. Kommst du mich auch mal besuchen?«

»Freilich. Wo wohnst du denn?«

Sie fasste mich bei der Hand und zog mich bis zum Steg mit. Mit der freien Hand deutete sie hinüber auf die andere Seite, wo sich, so weit ich sehen konnte, Wiesen ausbreiteten. »Siehst du den Bauernhof da hinten? Da wohne ich.«

Ihre Einladung brauchte sie nicht zu wiederholen. Am folgenden Tag schon wanderte ich auf die andere Seite. Natürlich hatte ich vorher meine Mama um Erlaubnis gefragt. Sie wollte immer wissen, wo ich war, damit sie sich keine Sorgen machen musste. Das Wasser des Baches war ziemlich tief, und sie hatte mich streng ermahnt, niemals an den Bach zu gehen. Als ich bei Nanni eintraf, kam ich aus dem Staunen nicht mehr heraus. Was ich da alles zu sehen bekam! Zunächst führte sie mich durch den Stadl, den Geräteschuppen und durch die Ställe. Ich kam mir vor wie im Paradies. Der Opa hatte mir nämlich erzählt, dass im Paradies viele Tiere lebten. Hier gab es Tiere, wohin man schaute: Pferde mit Fohlen, Kühe mit Kälbchen, große Schweine mit Ferkeln, Ziegen mit Zicklein, Enten, Gänse und Hühner mit Küken. Natürlich gab es auch Katzen und sogar einen Hund.

Erschlagen von so vielen neuen Eindrücken, kam ich nach Hause und stürmte gleich auf meinen Großvater zu: »Warum haben wir keine Pferde, keine Kühe und keine Schweine?«

»Weil wir keinen Bauernhof haben.«

»Warum haben wir keinen Bauernhof?«

»Weil ich kein Bauer bin.«

»Warum bist du kein Bauer?«

»Weil ich Postbote bin.«

»Du hast aber doch Hühner, Gänse und Enten.«

»Das sind Kleintiere. Die machen noch keinen Bauern aus. Für die brauche ich nur einen kleinen Stall.«

Doch ich ließ nicht locker: »Du könntest doch einen großen Stall bauen. Hinter dem Haus ist Platz genug.«

Er erklärte: »Für einen Stall würde der Platz reichen. Aber uns fehlen die Wiesen und Felder, auf denen Futter für die Tiere wachsen kann.«

Das leuchtete mir ein. Meine kleine Freundin hatte mir nämlich voller Stolz mit einer weit ausladenden Handbewegung gezeigt: »Alle Felder und Wiesen, die du sehen kannst, gehören uns.«

Da mir die enttäuschende Erkenntnis kam, dass wir nie einen Bauernhof haben würden, huschte ich so oft wie möglich über den Steg zu Nanni. Staunend schaute ich zu, wie ihre Mutter aus den Kühen Milch »zapfte« und wie sie die Kälbchen mit der Flasche fütterte. Mächtig stolz war ich, als ich auch mal die Flasche halten durfte. Wenn sie den Schweinen einen Eimer Futter in den Trog kippte, machte es mir Spaß, zu sehen und zu hören, wie diese in verschiedenen Tonarten grunzten und schmatzten. Das Schönste aber war, wenn die Sau ausgestreckt in ihrem Koben lag und die winzigen Marzipanferkelchen an ihr saugten. Wenn es im Stall nichts zu sehen gab, tollten wir mit dem Hofhund Bello auf dem weiten Gelände herum. Er liebte es besonders, wenn wir Stöckchen warfen. Nun stand bei mir fest, dass ich auch einen Hund haben wollte. Sogleich umschmeichelte ich meinen Großvater, dass er einen Hund anschaffen sollte. Um es ihm schmackhaft zu machen, erklärte ich ihm: »Für den brauchst du nur eine kleine Hütte, du brauchst keine Wiesen und keine Äcker, der frisst kein Heu und keine Rüben. Der begnügt sich mit Knochen und Fleischabfällen aus der Küche. Und vom Metzger bekommt man solche Abfälle sogar kostenlos.«

Opa kratzte sich am Kopf und strich ein paar Mal über seinen Bart hinab, ehe er zu einer Rede ansetzte: »Das hast du dir ja recht gut überlegt, Dirndl. Ein Hund für uns wäre gar nicht so verkehrt. Schreibst dem Christkind halt deinen Wunsch auf.«

Vom vergangenen Jahr her wusste ich noch gut, wie man das macht. Auf meinen Zettel, den ich mir von der Mama erbeten hatte, malte ich etwas Vierbeiniges, das man mit gutem Willen für einen Hund halten konnte. Zur Sicherheit legte ich mein »Gemälde« aber noch meiner Mutter vor: »Meinst, das Christkind kann erkennen, dass ich mir einen Hund wünsche?«

»Freilich wird es das erkennen. Du weißt ja, wo du den Zettel hinlegen musst.«

In der Adventszeit durfte ich am Kalender wieder jeden Tag ein Türl öffnen und fieberte dem Weihnachtsfest entgegen. Unsicher fragte ich häufig bei den gemeinsamen Mahlzeiten, ob das Christkind wohl meinen Herzenswunsch erfüllen werde. Genervt von meiner ewigen Fragerei antwortete mein Onkel, zu der Zeit 19 Jahre alt: »Ja, Dirndl, woher sollen wir das wissen? Aber mir hat heut Nacht geträumt, dass du Weihnachten etwas bekommst, das Töne von sich gibt.«

»Juhu!«, jubelte ich in kindlicher Begeisterung. »Das bedeutet, ich kriege den Hund.«

Wie groß war meine Enttäuschung aber, als ich das Weihnachtszimmer betrat. Kein Hund sprang mir fröhlich entgegen. Am Tisch lehnte stattdessen ein Kinderfahrrad, ein funkelnagelneues. So manches Kind hätte bei seinem Anblick einen Luftsprung gemacht. Ich aber nicht. Ich war so fixiert auf den Hund gewesen, dass ich das Radl keines weiteren Blickes würdigte. »Warum hat mir das Christkind keinen Hund gebracht?«, fragte ich enttäuscht in die Runde.

»Vielleicht war dein Hund so schlecht gemalt, dass das Christkind ihn für ein Fahrrad gehalten hat«, spottete der Onkel.

Verbittert warf ich ihm vor: »Was hast denn du für einen Schmarrn geträumt?«

»Es stimmt doch, was ich dir erzählt habe«, verteidigte er sich. »Von einem Hund war nie die Rede. Ich habe nur behauptet, du kriegst etwas, das Töne von sich gibt. Hier, schau doch«, dabei betätigte er die Klingel. »Sind das Töne, oder nicht?«

Gewiss, ich musste ihm recht geben. Dennoch blieb meine Enttäuschung tagelang bestehen. Um mich abzulenken, beschäftigte ich mich mit meinen Puppenkindern. Von meiner Patin aus Nürnberg war wieder die obligatorische Puppe angekommen, und für jede Puppe hatte ein neues Kleid auf dem Gabentisch gelegen.

Erst im Frühjahr, als die Wege wieder schnee- und eisfrei waren, wusste ich mein Radl zu schätzen. Denn auch Freundin Nanni hatte ein neues Rad bekommen und es vorsichtig über den hölzernen Steg geschoben. Dann gab es noch einen Dritten im Bunde, den Dieter. Er war in unserem Alter, wohnte in einem der nahe gelegenen Reihenhäuser und war seit Weihnachten ebenfalls stolzer Besitzer eines Fahrrades. Nachdem der Opa mir geduldig das Radfahren beigebracht hatte, radelten wir um die Wette auf wenig befahrenen öffentlichen Wegen.

Einen Hund habe ich leider nie bekommen, bald war ich auch nicht mehr interessiert daran. Wenn ich einen Hund knuddeln wollte, konnte ich ja hinüber zum Bauernhof gehen.

Die Abende mit Opa liebte ich besonders. Bei schönem Wetter setzten wir uns auf die Gartenbank, ich lehnte meinen Kopf an seine Schulter, und er erzählte. Regnete es aber oder es war im Freien zu kalt, zogen wir uns zurück ins Wohnzimmer und machten es uns auf dem Kanapee gemütlich. Im Winter allerdings, wenn es wirklich kalt war, ging das nicht. Dort wurde nämlich nur zu Weihnachten, zu Neujahr und zu Ostern eingeheizt. Es hieß ja: Holz und Kohlen sparen. Nur der Ofen im Esszimmer wurde im Winter jeden Tag angezündet, und der Küchenherd wurde täglich angemacht, weil ja darauf gekocht wurde. Zwischen Küche und Esszimmer befand sich eine Tür, was das Auftragen des Essens erleichterte. Oft machten wir am Abend alle zusammen Karten- oder Brettspiele.

In der Zeit vor meiner Einschulung erzählte der Opa mir Märchen. »Rotkäppchen«, »Hänsel und Gretel« und »Der Wolf und die sieben Geißlein« konnte ich nicht oft genug hören. Er musste sie wieder und wieder erzählen. Mit der Zeit wurde ihm das aber zu langweilig. Deshalb versuchte er, kleine Änderungen einzubauen. Doch ich ertappte ihn jedes Mal und korrigierte ihn. »Du lässt dir aber nichts vormachen«, schmunzelte er und erzählte die Originalversion.

Nachdem ich Lesen und Schreiben gelernt hatte und meine Märchen selbst lesen konnte, erwartete ich andere Geschichten von ihm. Für mich war es unheimlich spannend, wenn er von seinen Kriegserlebnissen erzählte. Wie ich mich erinnere, wurde er im Alter von 21 Jahren einberufen. Gleich nach der Grundausbildung setzte man ihn in Frankreich in der Schlacht um Verdun ein. Diese zog sich von Februar 1916 über viele Monate hin. Bereits im September erwischte es meinen Großvater. Nach einem Lungenschuss dachte er schon, es sei aus mit ihm. Er fühlte sich mehr tot als lebendig, als man ihn nach Koblenz ins Lazarett brachte. Auf einer Röntgenaufnahme konnte man erkennen, dass die Kugel noch in der Lunge steckte. Es bestand aber keine Möglichkeit, sie herauszuoperieren. Die Ärzte konnten nur abwarten, was geschehen würde. Der Opa hatte Glück, die Kugel verkapselte sich, und er konnte nach vielen Monaten Lazarettaufenthalt entlassen werden. Wörtlich sagte er zu mir: »Nicht der Kunst der Ärzte habe ich es zu verdanken, dass ich überlebt habe, sondern meinem Schutzengel und dem lieben Gott. Der wollte mich noch nicht haben. Er wollte, dass ich ein so süßes Enkelkind haben würde wie dich.«

Nach dem Lungensteckschuss, war mein Großvater nicht mehr kriegstauglich, und man schickte ihn heim. Selbst den kleinen Kolonialwarenladen, den er von seinem Vater übernommen hatte, konnte er nicht mehr betreiben. Schon lange vor Kriegsausbruch war sein Vater aus Unterfranken »eingewandert«. Da der aufgeweckte junge Mann keine andere Verdienstmöglichkeit finden konnte, erkannte er bald, dass sich mit einem Geschäft etwas verdienen lasse. Er gründete den Kolonialwarenladen, der ihn und seine Familie gut ernährte.

Zu gerne hätte Korbinian diesen Laden weiter betrieben, doch durch seine Kriegsverletzung war er dazu nicht mehr in der Lage. Er konnte ja keine Mehl- und Zuckersäcke oder Heringsfässer schleppen.

In meiner Kindheit befanden sich aus diesem Geschäft auf unserem Speicher immer noch einige Maisstrohbesen, Bürsten und Kehrschaufeln, die er mir eines Tages zeigte. »Warum hast du das Zeug aufgehoben?«, wollte ich wissen. »Zum Wegwerfen sind die Sachen zu schade, und manchmal kommt noch jemand, der mir etwas davon abkauft.«

Als Kriegsversehrter hatte Opa ein Anrecht darauf, vom Staat in einer Stelle untergebracht zu werden, die ihm zumutbar war. Also schickte man ihn zur Post. Nach einer kurzen Anlernzeit wurde er Postbote. Als solcher hatte er keine schwere Arbeit zu verrichten. Außerdem tat die Bewegung in frischer Luft seiner Lunge gut.

Lange Zeit, nachdem Opa mir diese Geschichte erzählt hatte, interessierte mich eine ganz andere Geschichte von ihm. Mir war aufgefallen, dass wir in einem vergleichsweise feudalen Haus wohnten. Dieses Gebäude, freistehend, hatte nicht nur eine große Grundfläche, es war auch zweistöckig gebaut mit hohen Räumen. Darüber befand sich der geräumige Speicher. Unsere Nachbarn dagegen, deren Häuser in etwa hundertfünfzig Metern Entfernung begannen, lebten in kleinen, schmalen Reihenhäusern mit niedrigen Zimmern. Bei diesen lag über dem Erdgeschoss gleich das Dachgeschoss, in dem sich die Schlafkammern befanden. Diese hatten teilweise schräge Wände, sodass man keinen richtigen Kleiderschrank aufstellen konnte. Wir hatten ein eigenes Esszimmer, während in allen Häusern, zu denen ich Zugang hatte, in der Küche gegessen wurde.

»Wieso?«, fragte ich eines Tages meinen Großvater, obwohl ich erst zehn Lenze zählte, »kannst du es dir als einfacher Postbote leisten, in einem so großen Haus zu leben?«

Er lachte: »Das ist ganz einfach erklärt: Ich habe eingeheiratet.«

»Wie das? Wie kann man denn in ein Haus einheiraten?«

»Interessiert dich das wirklich, meine kleine Prinzessin?«

»Natürlich interessiert mich das. Du weißt doch, dass ich Geschichten liebe, besonders wenn sie wahr sind.«

Also begann er: »Es war einmal …«

»Halt! Stopp!«, unterbrach ich ihn. »So fangen immer die Märchen an. Du sollst mir aber kein Märchen erzählen, sondern eine wahre Geschichte.«

»Aber Lisi, das ist doch eine wahre Geschichte«, versicherte er mir. »Doch wenn du meinst, fange ich halt anders an: Einer deiner Vorfahren hieß Max, er war Arzt und hatte in München eine gut gehende Praxis. Seine Frau Notburga brachte 1862 einen Sohn zur Welt. Sie gaben ihm den Namen Ludwig, weil der damalige bayerische Kronprinz ebenso hieß. Dieser folgte zwei Jahre später seinem Vater als König Ludwig II. auf den Thron.

Der Ludwig aber, der Sohn von dem Arzt Max, sollte nach dem Wunsch seines Vaters ebenfalls Arzt werden und einst seine Praxis übernehmen. An Medizin lag dem jungen Ludwig aber nichts. Er zeigte mehr Interesse für Jura. Darüber war sein Vater nicht allzu enttäuscht, denn sein zweiter Sohn, der Martin, studierte Medizin und wurde sein Nachfolger. Aus seinem Erstgeborenen aber wurde ein tüchtiger Rechtsanwalt. Deshalb nahm ihn König Ludwig II. in seine Dienste. Leider verstarb dieser König schon sehr bald auf tragische Weise.«

»Ich weiß, er ertrank im Starnberger See. Dort wäre ich auch beinahe ertrunken.«

»Ja, wie denn das, Dirndl?«, reagierte der Opa bestürzt. »Wie bist du denn an den See gekommen? Davon weiß ich ja gar nichts.«

»Daheim habe ich nichts davon erzählt, um dich und die Mama nicht aufzuregen.«

Nun war also ich an der Reihe, eine Geschichte zu erzählen:

»Weißt Opa, die Schulzes, die Sommerfrischler aus Hamburg, die jedes Jahr bei uns Urlaub machen, haben doch eine Tochter, die Claudia, die ist zwei Jahre älter als ich. Vor drei Jahren nun langweilte sie sich furchtbar und bettelte so lange, bis mich ihre Eltern mit an den See nahmen. Vorher hatten sie natürlich meine Mama um Erlaubnis gefragt. Als wir an den See kamen, hüpfte die Claudia gleich ins Wasser, sie konnte ja schon schwimmen. Ich aber traute mich nur bis zu den Knien hinein.

›Komm, Lisi, wir bringen dir das Schwimmen bei‹, rief Frau Schulze. Vertrauensvoll ließ ich mich von den beiden rechts und links an die Hand nehmen. So wateten wir gemeinsam in den See hinein. Bald reichte mir das Wasser bis zum Kinn, obwohl ich schon auf Zehenspitzen ging. Das merkten die Schulzes aber nicht und machten den nächsten Schritt. In meiner Not wollte ich schreien. Doch als ich den Mund aufmachte, schwappte ein gehöriger Schwall Wasser hinein, der meinen Schrei erstickte. Da geriet ich in Panik und konnte mich nur dadurch bemerkbar machen, dass ich an den Händen der beiden zerrte. In dem Moment begriffen sie, dass ich bereits am Ertrinken war. Sie drehten sofort um, und ich ließ mich halbtot in den Sand fallen. Selbst als ich mich von dem Schrecken erholt hatte, war ich nicht mehr dazu zu bewegen, noch mal einen Fuß in den See zu setzen. Für den Rest des Tages baute ich an einer Sandburg. Die Mama wunderte sich, dass ich nach diesem Ausflug nie wieder mit den Schulzes zum Baden wollte.«

Nachdem ich mein aufregendes Erlebnis erzählt hatte, fuhr Opa mit der Geschichte über den königlichen

Rechtsanwalt fort: »Auch der Prinzregent wusste den tüchtigen Anwalt zu schätzen und behielt ihn in seinen Diensten. Als königlicher Beamter verdiente dieser nicht schlecht. Doch damit nicht genug, durch seinen Beruf lernte er bald Mathilde kennen, die nicht nur liebreizend war, sondern auch einen wohlhabenden Vater besaß. Die jungen Leute verliebten sich heftig ineinander, und ihr Vater hatte nichts gegen eine Verbindung. Als sie im Jahre 1890 heirateten, brachte sie eine ordentliche Mitgift mit in die Ehe. Von dieser und von Ludwigs Ersparnissen ließen sie 1891 von einem namhaften Architekten dieses Haus errichten. Die Bauweise dieser Häuser wurde später als Jugendstil bezeichnet.

Zu ihrem großen Bedauern blieb das Paar lange Zeit kinderlos. Die junge Frau muss wohl die eine oder andere Fehlgeburt gehabt haben. Endlich aber, 1903, brachte Mathilde ein gesundes Töchterchen zur Welt, dem sie den Namen Gertraud gaben, es aber liebevoll nur Traudl riefen. Leider starb Traudls Mutter 1909 im Kindbett, nachdem sie ein weiteres Kind geboren hatte, einen Buben. Dieser starb gleich mit und wurde mit ihr im selben Grab beigesetzt. Also musste die kleine Traudl, erst sechs Jahre alt, ohne Mutter aufwachsen.«

Bei dieser Erzählung kamen mir die Tränen: »Das kleine Mädchen tut mir so leid. Wer hat sich denn um es gekümmert? Hat ihr Papa wieder geheiratet?«

»Nein, das hat er nicht. Er hatte seine Frau so sehr geliebt, dass er ihr keine Nachfolgerin geben wollte. Damit er und das kleine Mädchen versorgt waren, nahm er Hilde, seine älteste Schwester, die ledig war, ins Haus. Diese war sehr gut zu dem Kind.«

Wieder legte der Großvater eine Pause ein. Doch ich drängte: »Wie ging die Geschichte weiter?«

»Ludwig, Traudls Vater, war noch gar nicht sehr alt, da fühlte er sein Ende nahen. Deshalb bat er seinen Freund Adalbert, der ebenfalls im Dienste des Königshauses stand, er möge die Vormundschaft für seine Tochter übernehmen, für den Fall, dass er vorzeitig aus dieser Welt abberufen werden würde. Ludwig war sehr beruhigt, nachdem ihm der Freund zugesichert hatte, er werde sich um Traudl kümmern. Dieses Amt übernahm Adalbert tatsächlich, als Ludwig 1917 im Alter von nur 55 Jahren starb. Während die Waise Traudl weiterhin mit ihrer Tante in diesem Haus wohnte, schaute der Vormund gelegentlich vorbei und regelte die geschäftlichen Dinge. Als die junge Dame 16 war, hielt die Tante es für angebracht, sie mit Zustimmung des Vormunds in die Schweiz in ein Internat zu geben, damit sie die für ihren Stand angemessene Bildung bekomme. Drei Jahre später kehrte Traudl wieder nach Hause zurück. Inzwischen war sie zu einer Schönheit erblüht. Da kam dem Vormund die Idee, zumal sein Mündel nicht unvermögend war, sie sei eine gute Partie für seinen Sohn, den damals dreißigjährigen Ignaz. Diesen brachte er einmal ganz ›zufällig‹ mit, damit er sich die künftige ›Braut‹ unverbindlich anschaue. Spontan verliebte sich der junge Mann, stieß aber nicht auf Gegenliebe. Traudl fand keinen Gefallen an ihm, erstens sah er nicht besonders gut aus und zweitens machte er einen etwas einfältigen Eindruck, es kam nämlich keine vernünftige Unterhaltung mit ihm zustande. Das war vermutlich auch der Grund, warum er mit seinen dreißig Jahren noch unbeweibt war. Der Vormund unterdessen ermunterte seinen Sohn, ihr fleißig glühende Liebesbriefe zu schreiben, in der Hoffnung, dadurch könne er ihr Herz gewinnen. Wahrscheinlich hat der Vater seinem Sohn beim Verfassen der Briefe eingesagt. Nun kam ich ins Spiel. Als Postbote war es meine Aufgabe, ihr diese Briefe zu bringen. Die schöne Traudl stand schon jedes Mal am Gartentor, wenn ich – mit meiner schweren Posttasche beladen – kam. Sie stand da aber nicht, weil sie den Liebesbriefen entgegenfieberte, sondern weil sie ein Auge auf den Postboten geworfen hatte. Es gefiel mir, dass sie sich am Zaun immer auffallend ausgiebig mit mir unterhielt. Dennoch dauerte es ziemlich lange, bis bei mir endlich das Zehnerl fiel.

Noch wesentlich länger dauerte es, bis ich es wagte, bei der Frau Tante um die Hand des gnädigen Fräuleins anzuhalten. Den Vormund brauchte ich zum Glück nicht mehr zu fragen, weil Traudl mittlerweile volljährig war. Noch bevor ich meiner Angebeteten den Heiratsantrag machte, muss sie ihrem glühenden Verehrer eine schriftliche Absage erteilt haben. Denn seine Briefe blieben – wie abgeschnitten – aus. Daher hätte es für mich eigentlich keinen Grund mehr gegeben, zu ihr an den Zaun zu eilen. Zum Glück war aber noch der eine oder andere Geschäftsbrief abzugeben. Auf deren Zustellung allein wollte ich mich aber nicht verlassen, deshalb fand ich nach Beendigung meines Dienstes immer wieder einen Grund, mich mit ihr zu treffen. Im April 1925 feierten wir Verlobung, und ein Jahr später führte ich sie zum Altar. Die Tante hatte nichts dagegen, im Gegenteil, sie fand mich sympathisch und war froh, dass sie die Verantwortung für das Dirndl in meine Hände legen konnte.

Nach unserer Hochzeit zog sich Tante Hilde in ein Stift für wohlhabende Damen zurück.«

»Dann war die Traudl also meine Großmutter«, platzte ich in plötzlichem Erkennen dazwischen.

»Ganz recht, meine Prinzessin. Deine Großmutter und ich waren sehr glücklich miteinander. Nach einem Jahr bekamen wir eine Tochter, die Rosina.«

»Ja«, wusste ich zu ergänzen, »sie wurde meine Mama.«

»Auch das stimmt. Drei Jahre nach deiner Mutter kam deine Tante Klara zur Welt. Danach hatte meine Frau leider zwei Fehlgeburten. Daher gibt es einen so großen Abstand zu unserem dritten Kind. Als unser Sohn 1938 zu unserer großen Freude gesund zur Welt kam, gaben wir ihm zum Andenken an seinen Großvater den Namen Ludwig. Nun schien unser Glück vollkommen. Wie du weißt, fing ein Jahr später der Zweite Weltkrieg an. In unserer abgeschiedenen Region hatten wir zwar nicht direkt etwas von den Bomben zu befürchten. Aber wie überall in der Bevölkerung wurden die Lebensmittel knapp. Man bekam alles auf Karten zugeteilt. Wie froh waren wir in dieser Zeit über unseren großen Garten. Den Rasen wandelten wir um in Gemüsebeete und brachten daraus so manches zusätzlich auf den Tisch. In dieser Zeit fing ich auch an,

Hühner zu halten, so hatten wir unsere Eier und ab und zu ein Huhn im Topf. Anfang 1944 begann deine Großmutter zu kränkeln. Es war ihr immer wieder schlecht, und sie klagte über Leibschmerzen. Die junge Ärztin, die wir schließlich kommen ließen – die erfahrenen Doktoren waren ja alle eingezogen –, behandelte Traudl einige Tage auf Magenverstimmung. Bis sie endlich erkannte, dass meine Frau einen eingeklemmten Leistenbruch hatte, war es bereits zu spät. Man sagte, der Brand sei hineingekommen. Wenige Stunden später war meine geliebte Frau tot. Sie wurde nur 41 Jahre alt. Rosina, deine Mutter, war erst 17, als das Unglück über uns hereinbrach. Nach der mittleren Reife hatte sie eine Lehre beim Landratsamt in Starnberg begonnen. Auf meine schriftliche Bitte hin entließ man sie aus dem Lehrverhältnis, damit sie für mich und ihre beiden jüngeren Geschwister sorgen konnte. Es war ganz erstaunlich, wie schnell Rosina den Haushalt im Griff hatte. Sie ermöglichte es Klara sogar, nach der Mittleren Reife eine Ausbildung bei der Post zu machen. Auch erkannte sie sehr bald die künstlerische Begabung ihres Bruders und setzte sich dafür ein, dass er in der Zweigstelle eines namhaften Porzellanherstellers unterkam. Dort machte er eine Lehre als Porzellanmaler. Aufgrund seiner Tüchtigkeit wurde er nach der Gesellenprüfung von dem Betrieb übernommen und verdient dort gutes Geld.«

Opas Bericht hatte mich stark beeindruckt, nicht nur wegen seiner romantischen Liebesgeschichte. Vor allem das Wort »Einheiraten« war es, das auf mich einen nachhaltigen Eindruck machte. Wenn der Opa in das feine Haus des königlichen Rechtsanwalts hatte einheiraten können, dann konnte ich vielleicht eines Tages in einen Bauernhof einheiraten. Als Erstes fiel mir natürlich der Hof jenseits des Baches ein, wo meine Freundin Nanni zu Hause war. Der würde mir schon gefallen. Doch dieser erwies sich als aussichtsloser Fall. Nanni hatte zwar einen Bruder, aber der war sechseinhalb Jahre jünger als ich, der würde noch ein Kind sein, wenn ich ins heiratsfähige Alter kam. Ich musste also Augen und Ohren offen halten, um einen Bauernsohn in passendem Alter zu finden, der mir eine Einheirat bieten konnte.

Mamas Fehltritt

Im April 1957 war meine Mutter vom Einkaufen mit einer Neuigkeit nach Hause gekommen, von der sie beim Nachtessen ganz aufgeregt berichtete: »Stellt euch vor, die Gemeinde sucht Quartiere für Sommerfrischler.«

»Woher weißt du das?«, erkundigte sich ihr Vater.

»An der Gemeindetafel hängt ein entsprechender Anschlag.«

»Und was geht das uns an?«, fragte ihr Bruder.

»Wir könnten doch Zimmer vermieten, dann hätten wir eine schöne zusätzliche Einnahme.«

»Und welche Zimmer?«, wollte ihre Schwester wissen. »So viel ich weiß, steht in unserem Haus kein einziges Zimmer leer.«

»Wir müssten halt zusammenrücken, dann ließe sich das eine oder andere Zimmer vermieten.«

»Für wie lange soll denn das sein?«, mischte sich ihr Bruder wieder ins Gespräch.

»Auf dem Anschlag steht, man könne die Zimmer von Anfang Mai bis Ende Oktober vermieten.«

»Ui, das wäre fast ein halbes Jahr«, konstatierte Onkel Ludwig. »Und wie viel Geld gibt's dafür?«

»Da stand etwas von sieben Mark pro Person und Nacht.«

Sogleich suchte sich der Onkel Zettel und Bleistift und begann zu rechnen, dann verkündete er:

»Vorausgesetzt, wir könnten ein Bett durchgehend vermieten, dann wären das hundertachtzig Tage. Das macht mal sieben 1260 Mark aus. Wenn wir vier Betten vermieten könnten, rechnen wir das Ganze mal vier, das wären 5040 Mark. Eine stolze Summe! Damit ließe sich was anfangen. Also ich bin dabei. Wenn ich von den Einnahmen etwas abbekomme, stelle ich meine Kammer zur Verfügung.«

»Und wo willst du schlafen?«, sorgte sich Klara.

»Auf dem Dachboden«, kam die prompte Antwort. »Da ist doch Platz genug. Und ein paar alte Matratzen und Decken liegen da auch noch rum.«

Nun war auch Klara bereit, für ein bisschen Beteiligung an den Einkünften ihr Zimmer für ein halbes Jahr zu opfern. Die Mama hatte eh schon in Gedanken ihr Doppelzimmer, in dem sie mit mir schlief, für die Gäste geräumt. Noch ehe ich einen Einwand erheben konnte, versprach sie mir von den Einnahmen eine Tafel Schokolade.

Nun wollte Opa nicht nachstehen. Um ebenfalls etwas zur Erweiterung des Familieneinkommens beizutragen, erklärte er sich bereit, sein Doppelzimmer den Sommerfrischlern zur Verfügung zu stellen und für diese Zeit ins Einzelzimmer seines Sohnes zu ziehen. Da begann Ludwig wieder zu rechnen: »Wenn wir zwei Doppelzimmer und ein Einzelzimmer vermieten, sind das insgesamt fünf Betten, also können wir zu der Summe noch mal 1260 Mark hinzuzählen. Somit kämen wir auf 6300 Mark im halben Jahr.«

Doch Mama bremste seinen Optimismus etwas: »So viel nehmen wir nicht wirklich ein. Du darfst nicht vergessen, davon geht einiges fürs Frühstück drauf und einiges für die Wäsche. Hinzu kommt, bevor wir mit Verdienen loslegen, müssen wir erst mal einiges investieren. Wir brauchen zusätzliche Bettwäsche. Denn die unsere reicht gerade mal für uns, zudem weist sie schon leichte Verschleißerscheinungen auf. So etwas kann man den Gästen nicht anbieten. Neue Frotteehandtücher brauchen wir ebenfalls und natürlich eine Waschmaschine. So viel Wäsche kann ich nämlich nicht von Hand waschen.«

Nun ja, nachdem sich alle einig waren, meldete meine Mutter bei der Gemeindeverwaltung zwei Doppelzimmer und ein Einzelzimmer an. Schon nach wenigen Tagen bekamen wir Anmeldungen für alle Betten, zunächst für drei Wochen. Das bedeutete, dass wir Anfang Mai auf den Dachboden zogen und Opa in Ludwigs Kammer umzog. Das Schlafen auf dem Dachboden fand ich ganz lustig.

In den ersten Wochen machten nur ältere Herrschaften bei uns Urlaub, solche, die nicht auf die Schulferien angewiesen waren. Das einzig Unangenehme an der »Hausbesetzung« war, dass sie allmorgendlich unseren Frühstückstisch belagerten und die besten Sachen vorgesetzt bekamen, wie Wurst, Käse und Schinken. Ich dagegen musste warten bis sie fertig waren, und bekam noch nicht mal die Reste vorgesetzt. Diese hob Mama im Kühlschrank auf, den sie auch eigens für die Sommerfrischler angeschafft hatte, um sie ihnen anderntags wieder vorzusetzen. Im Übrigen störten die Gäste nicht. Sie unternahmen jeden Tag lange Wanderungen, von denen sie am Abend schwärmten.

Nach drei Wochen war Bettenwechsel. Ab da wurde es interessant für mich. In den ersten Bundesländern hatten nämlich die Sommerferien begonnen. Nun kamen also Leute mit Schulkindern. Die waren zwar etwas älter als ich, trotzdem konnte ich mit ihnen spielen. Holländer kamen auch zu uns. Obwohl sie so komisch sprachen, konnten wir Kinder uns bald verständigen. Alle zwei oder drei Wochen wechselten unsere Gäste. Ab September waren es dann wieder ältere Personen, die bei uns Erholung suchten. Das waren alles Leute aus dem Flachland. Sie waren nicht nur von unseren Bergen entzückt, sondern auch vom Starnberger See, an dem sie mit Begeisterung auf den Spuren des unglückseligen Königs wandelten.

Ende Oktober durften wir wieder zurück in unsere Betten. Im Jahr darauf ging es im Mai wieder los mit Vermieten. Wieder hieß es für uns: umziehen auf den Dachboden.

Im Juli herrschte zusätzlich große Hektik bei uns im Haus. Obwohl es voller Urlaubsgäste war, galt es, eine Hochzeit auszurichten. Meine Tante Klara, Mamas Schwester, hatte doch noch einen Hochzeiter gefunden, womit schon niemand mehr gerechnet hatte, weil sie bereits 27 war. Ihr Bräutigam war der um fünf Jahre jüngere Erich, ein Kollege von Onkel Ludwig.

Aus Anlass dieser Hochzeit sollte ich ein Gedichtchen vortragen. Tagelang hatte die Mama es mir wieder und wieder vorgelesen, und ich hatte es nachgeplappert, bis ich es fehlerfrei aufsagen konnte. Als Sechsjährige hatte ich keine Ahnung, was ich da herunterleierte:

»Ich will dir einen Glückwunsch sagen,
Dir unsrer lieben jungen Braut.
Es hat ihn mir mit ernsten Augen
Die liebe Mutter anvertraut.

Ich wünsch dir allen Glückes Rosen,
und wachsen Leides Dornen dran,
So bleibe stark und blick nach oben,
Was Gott tut, das ist wohlgetan.«

Nach der kirchlichen Trauung sollte in einem Gasthaus gefeiert werden. Nach der Brautmesse begab sich die ganze Verwandtschaft dorthin. Das war ein Erlebnis für mich. Was es zu essen gab, weiß ich nicht mehr, aber es war reichlich und gut. Satt und zufrieden lehnten sich alle zurück. Dann kam mein großer Auftritt. Die Mama hatte mich extra fein gemacht. Ich trug ein duftiges hellblaues Kleidchen, das die Mama eigens für mich genäht hatte. Es brachte meine rotgoldenen Locken voll zur Wirkung. So stand ich nun vor den vielen Leuten, die ihre Augen erwartungsvoll auf mich richteten. Ich machte den Mund auf und begann mit klarer Stimme:

»Ich will dir einen Glückwunsch sagen,
Dir unsrer lieben jungen Braut.«

Doch weiter kam ich nicht. Verzweifelt wiederholte ich den ersten Vers, aber auch dann fand ich den Anschluss nicht. Mein Kopf war völlig leer, mir fiel kein weiteres Wort mehr ein. Leider konnte die Mama mir nicht einsagen, sie hatte den Zettel zu Hause gelassen. Die Situation war mir furchtbar peinlich.

Alle Gäste und das Brautpaar saßen da mit erwartungsvollen Gesichtern, aber es kam nichts mehr. Als sie auch noch anfingen, mich zu trösten, war es mit meiner Fassung vorbei. Auf ihre Trostworte »Das macht doch nichts.«, »Das kann jedem passieren.«, »Hast es halt gut gemeint.«, kullerten mir dicke Tränen über die Wangen. Während meine Mutter mich aus der Gefahrenzone zog, hörte ich noch, wie sie der Festgesellschaft erklärte: »Gestern hat sie es einwandfrei gekonnt. Glaubt mir, das ist nur die Aufregung.«

Im Nebenzimmer schluchzte ich: »Ich hab's doch so gut gekonnt.«

»Freilich hast du das«, bemühte sich Mama, mich wieder aufzubauen. »Lisi, das ist kein Grund zum Weinen. Schau, ein vergessenes Gedicht ist doch kein Beinbruch.«

Dieser Satz gab mir nicht nur in diesem Moment mein Selbstbewusstsein zurück, er wurde mir auch in meinem späteren Leben zum Trostspruch, wenn mir etwas nicht so glückte, wie es sollte. Ich trocknete meine Tränen und wanderte mit der ganzen Gesellschaft zum Haus des Bräutigams, wo wir uns fröhlich an der Kaffeetafel niederließen. Nach der Hochzeitsfeier zog Tante Klara bei uns aus, damit wurde ihre Kammer endgültig frei für Sommergäste.

Wenige Wochen später begann für mich der Ernst des Lebens; ich wurde eingeschult. Die obligatorische Schultüte schenkte mir Onkel Ludwig. Nanni, meine Freundin vom Bauernhof, und Dieter, der

Junge aus der Nachbarschaft, kamen mit mir in die Schule. Zunächst saßen Nanni und ich zusammen in einer Bank. Bald schon aber setzte uns die Lehrerin auseinander mit der Bemerkung: »Das tut nicht gut, wenn ihr nebeneinander sitzt. Ihr ratscht zu viel.«

Das tat unserer Freundschaft keinen Abbruch. Am Nachmittag waren wir viel beisammen, manchmal bei uns, viel öfter aber auf dem Bauernhof. Eines Tages, als ich sie besuchte, herrschte freudige Aufregung im Haus. Nannis Mutter hatte ein Baby bekommen, einen kleinen Benno. Ach, war der niedlich! Die rosigen Pausbäckchen, die winzigen Fingerchen, die zu Fäustchen geballt neben seinem Gesicht lagen. Er war eine lebendige Puppe zum Liebhaben. Nun wollte ich auch unbedingt ein Geschwisterchen haben. Mit diesem Wunsch zur Mama zu gehen, wagte ich allerdings nicht. Ihre Antwort kannte ich schon. Sie würde sagen, ich soll dem Christkind einen Zettel schreiben und ihn auf die Fensterbank legen. Dieser Sache traute ich aber nicht mehr. Erstens hatte ich statt eines Hundes ein Fahrrad bekommen, und zweitens behaupteten meine Mitschüler, nicht das Christkind würde die gewünschten Sachen bringen, sondern die Eltern würden diese im Geschäft oder aus einem Katalog kaufen. Wie aber hätte mir meine Mutter diesen Wunsch erfüllen können? Babys gab es ja nirgends zu kaufen, weder im Laden noch in einem Katalog, so viel wusste ich schon. Bei meinem nächsten Besuch auf dem Bauernhof erkundigte ich mich bei meiner Freundin, wie man zu kleinen Kindern käme.

»Die bringt der Klapperstorch«, antwortete sie im Brustton der Überzeugung.

»Wirklich? Bist du da ganz sicher?«

»Freilich, schau doch, auf dem Schuldach nistet ein Storch. Der fliegt immer zu einem großen Weiher, um Frösche zu fangen. Manchmal fischt er aber auch ein Baby heraus und bringt es zu Leuten, die sich eines wünschen.«

»Woher weiß der Storch, wer sich ein Baby wünscht?«

»Das ist ganz einfach. Man legt Zucker auf die Fensterbank. Im Vorbeifliegen sieht der Storch ihn, packt ihn mit seinem großen Schnabel und weg ist er.«

»Woher weißt du das alles?«, fragte ich, immer noch zweifelnd.

»Meine Oma hat es mir erzählt.« Diese Oma kannte ich, sie schien mir eine vertrauenswürdige Person zu sein. Dennoch blieb ich skeptisch: »Und du meinst, dass das wirklich hilft?«

»Gewiss hilft das. Ich hab's doch selbst ausprobiert. Wie du siehst, habe ich ein Brüderl gekriegt. Darüber sind wir alle glücklich, besonders aber der Papa. Er braucht ja einen Erben für den Hof.«

Sie klärte mich noch darüber auf, dass es Würfelzucker sein müsse. Davon solle ich am Abend einige Stücke auf die Fensterbank legen. »Sei nicht traurig, wenn es nicht beim ersten Mal klappt. Du musst Geduld haben und es nach ein paar Wochen wieder versuchen.«

Ihre Empfehlungen befolgte ich genau. Die Mama stellte den Feriengästen immer Würfelzucker auf den Frühstücktisch. Davon entwendete ich jeden Morgen nur zwei Stücke, damit es nicht auffallen würde. Als ich sechs Stücke beisammen hatte, legte ich sie am Abend hinaus auf die Fensterbank des Esszimmers. Dort musste der Storch sie im Vorbeifliegen ganz sicher sehen. Tatsächlich, am anderen Morgen waren sie verschwunden. ›Der Storch hat den Zucker gefunden‹, jubilierte ich innerlich. Aber von einem Baby war in den folgenden Tagen nichts zu sehen. Also wiederholte ich das Experiment nach einigen Wochen. Ohne Erfolg. Nachdem ich das Ganze noch zwei- oder dreimal durchgeführt hatte, gab ich auf. Inzwischen war es nämlich Herbst geworden, und die Störche waren nach Süden gezogen. Da wäre es reine Verschwendung gewesen, weiterhin Zucker auf die Fensterbank zu legen.

Im Dezember kam der erste Schnee, da hatten wir Kinder nur noch Schlittenfahren im Sinn. Nicht allzu weit von unserem Haus entfernt erhob sich ein ansehnlicher Hügel. Dort trafen sich die Kinder aus der näheren Umgebung, vor allem auch Nanni und Dieter. Gleich nach dem Mittagessen zogen wir los, um die Tageshelligkeit auszunutzen. Die Hausaufgaben ließen sich später auch bei Lampenschein erledigen. Schlittenfahren konnte man bis in den März hinein. Dann wurde der Schnee zu wässrig. Zu meiner Freundin jenseits des Baches konnte ich dann nicht mehr. Zur Zeit der Schneeschmelze wurde unser harmloser Bach nämlich zu einem reißenden Ungeheuer. Dann trat er mit schöner Regelmäßigkeit über die Ufer und machte die kleine Brücke unpassierbar. An solchen Tagen war ich auf Dieter als Spielkamerad angewiesen. War ich bei ihm, musste ich immer mit seiner Dampfmaschine, seiner Eisenbahn und seinen Autos spielen. Das fand ich fad. Deshalb war es mir lieber, er kam zu mir. Wenn wir dann mit den Puppen »Vater, Mutter, Kind« spielten, fand er das fad. Er fing an, mit mir zu streiten, und zog wutentbrannt von dannen. So ein Streit hielt manchmal mehrere Tage an. Wenn ich es wagte, mich auch nur in Richtung seines Hauses zu bewegen, warf er mit Schneebällen. Stritten wir im Herbst, benutzte er heruntergefallene Äpfel als Wurfgeschosse. Nicht nur im Ausweichen entwickelte ich eine erstaunliche Geschicklichkeit, bald hatte ich auch genug Kraft in den Armen, um das Feuer erwidern zu können. Dann lenkte er schnell ein.

Als im Mai mit den ersten Gästen auch wieder Würfelzucker auf dem Tisch stand, wollte ich es doch noch mal mit dem Storch probieren. Wieder stibitzte ich einige Stückchen und platzierte sie an der bewussten Stelle. Wieder verschwand der Zucker, aber von einem Baby keine Spur. In den folgenden Monaten versuchte ich es noch einige Male. Statt aber bei uns ein Baby abzuliefern, brachte der Storch es zu Tante Klara, zu deren Hochzeit ich im Juni das Gedicht verpatzt hatte und die ein paar Straßen weiter wohnte. Was mich dabei wunderte; der Storch brachte ihr das Baby im November, wo doch längst alle Störche in Afrika sein sollten. Dieser Storch kannte sich anscheinend mit dem Kalender nicht aus und hatte deshalb eine verspätete

Lieferung gebracht. ›So ein blöder Storch‹, ärgerte ich mich. ›Von mir nimmt er den Zucker, und das Baby bringt er zur Tante.‹

Nun hatte ich die Nase voll von dem undankbaren Vogel. Im Frühjahr würde ich ihm meine erbeuteten Zuckerstücke nicht mehr hinlegen, sondern sie selbst vernaschen.

Den Gedanken an ein Brüderchen oder Schwesterchen hatte ich längst aufgegeben, als Tante Klara Ende Januar 1961 mal wieder ihren Vater besuchte. Er hatte gerade seinen Mittagsschlaf beendet. Während sie und Mama mit Opa im Esszimmer bei einer Tasse Kaffee saßen, spielte ich in der Küche mit meiner kleinen Cousine Klara, die etwas über zwei Jahre alt war. Sie konnte schon recht nett plappern und war vor allem flink auf den Beinen, sodass ich ihr immer wieder nachsausen musste. Die Tür zum Esszimmer war nur angelehnt, daher schnappte ich auf, wie Tante Klara meiner Mutter zuraunte: »Jetzt musst du es ihr aber bald mal sagen.«

Mutter antwortete darauf: »Nein, Klara, das bring ich nicht fertig. Sag du es ihr.«

Dieser Wortwechsel klang für mich höchst interessant, weil ich vermutete, dass es um mich ging. Deshalb war ich sofort bereit und voller Erwartung, als die Tante mir vorschlug, ich solle sie nach Hause begleiten. Sie hätte gar nicht zu versprechen brauchen, dass ich Klaras Schlitten ziehen durfte.

Im Haus der Tante angekommen, setzte sie ihr Kind in der Küche in den Laufstall, wo es friedlich spielte. Mit mir aber nahm sie auf der Eckbank Platz, legte vertraulich einen Arm um mich und verriet mir ein großes Geheimnis: »Du kriegst demnächst ein Geschwisterchen.«

Diese Mitteilung verschlug mir für einen Moment die Sprache. Dann aber sprudelte ich heraus: »Wirklich? Wann? Woher weißt du das? Hat sich der Storch das endlich überlegt?«

Sie lächelte: »So viele Fragen kann ich nicht auf einmal beantworten. Also, schön der Reihe nach. Und der Storch hat damit gar nichts zu tun.«

»Nicht?«, reagierte ich mehr enttäuscht als verwundert. »Er hat aber doch immer den Zucker geholt, den ich ihm auf die Fensterbank gelegt habe.«

»Schau, Lisi, das mit dem Storch ist ein Ammenmärchen, das man kleinen Kindern erzählt. Du bist aber schon ein großes Mädchen, drum kannst du ruhig die Wahrheit erfahren.«

Diese Bemerkung erfüllte mich mit Stolz, dennoch blieb die Frage: »Wo ist denn dann der Zucker geblieben?«

»Den hat deine Mutter eingesammelt und wieder in die Zuckerdose getan.«

Mir brannte eine weitere Frage auf der Seele: »Woher weißt du, dass ich ein Geschwisterl kriege?«

»Deine Mama hat es mir verraten.«

»Und woher weiß sie das?«

»Sie sollte es wohl wissen, es wächst ja in ihrem Bauch.«

Diese Antwort fand ich so ungeheuerlich, dass ich erst mal nach Luft schnappte. »Ist das gewiss wahr? Bindest du mir auch keinen Bären auf?«

»Das stimmt«, versicherte sie mir. »Darauf kannst du dich verlassen.«

Nun interessierte mich natürlich noch, wann es endlich so weit sei und wie das Baby aus dem Bauch herauskomme. Sie meinte, im April werde es kommen, und sie erklärte mir, wie eine Geburt in etwa ablaufe. Auf die Idee zu fragen, wie das Baby in den Bauch hineingekommen sei, kam ich gar nicht.

Tante Klara entließ mich mit der Ermahnung, die Mama in der nächsten Zeit nicht zu ärgern und ihr in jeder Weise behilflich zu sein. Vor allem solle ich darauf achten, dass sie keine schweren Sachen trage. Das würde ihr und dem Baby schaden.

Mit strahlendem Gesicht eilte ich nach Hause, streichelte der Mama zärtlich den Bauch und versicherte ihr: »Ich bin ja so glücklich. Ich werde dir nun helfen, wo ich kann.«

In der Folgezeit ließ mich die Mama an ihrer Schwangerschaft teilhaben, indem sie immer wieder meine Hand auf ihren Bauch legte mit der Bemerkung: »Schau, da ist ein Füßchen. Das hat sich gerade bewegt.«

Tatsächlich konnte ich hin und wieder eine Kindsbewegung ertasten. Mama war viel schneller erschöpft als sonst und musste sich öfters hinsetzen. Mit Interesse beobachtete ich, dass ihr Bauch zusehends dicker wurde. Das muss auch Onkel Ludwig aufgefallen sein, denn von ihm schnappte ich Folgendes auf: »Wenn du dich so im Dorf sehen lässt, werden sich alle das Maul zerreißen.« Diese Bemerkung verstand ich zwar nicht, aber sie gab mir zu denken. Doch ich wagte nicht, nachzufragen.

Ich konnte es kaum erwarten, bis die Osterferien begannen. Denn dann würde ich daheim sein und das freudige Ereignis miterleben können. Doch die Ferien gingen herum, ohne dass sich etwas tat. Zu blöd, dass ich am 11. April wieder in die Schule musste. Da würde ich ja das Wichtigste verpassen. Tatsächlich, als ich am 14. April nach Hause kam, war die Mama nicht da. Der Opa setzte mir das Essen vor, wobei er erklärte: »Bei deiner Mama haben heute in der Früh die Wehen eingesetzt. Deshalb ist sie zur Hebamme gegangen.«

Am liebsten wäre ich sofort losgestürmt. »Nein, halt, Dirndl, erst wird gegessen. Bei der Entbindung können sie keine kleinen Mädchen brauchen. Wir müssen warten, bis wir benachrichtigt werden.«

Vor lauter Aufregung brachte ich kaum einen Bissen hinunter. Träge zogen sich die Stunden dahin. Um meine Hausaufgaben zu machen, war ich viel zu aufgeregt. Endlich erschien die 15-jährige Tochter der Hebamme und verkündete: »Lisi, du hast ein Brüderchen gekriegt.«

Nur mit Mühe konnte mich der Opa zurückkalten: »Halt, Prinzessin, ich will auch mit. Ich will mir meinen ersten männlichen Enkel anschauen.«

Gemeinsam kamen wir in der Wochenstube an. Im blau ausgeschlagenen Körbchen entdeckte ich ein schlafendes Gesichtchen und rechts und links davon zwei winzige Fäustchen. Die Mama lag erschöpft im Bett und lächelte matt, als ich meine große Freude über den Familienzuwachs zeigte.

Als ich mit dem Opa wieder zu Hause war, ergab sich für mich allerdings ein Problem. Bisher hatte ich immer neben der Mama im Doppelbett geschlafen. Nun sollte ich die erste Nacht meines Lebens alleine dort verbringen. »Das brauchst du doch nicht«, bereitete mich mein Großvater behutsam auf eine umwälzende Neuerung vor. »Deine Mama hat vorsorglich die ehemalige Kammer deiner Tante für dich hergerichtet. Du wirst also künftig dein eigenes Reich haben. Denn wenn die Mutter zurückkommt, wird der kleine Stefan bei ihr schlafen.«

»Das stört mich nicht«, entgegnete ich. »Der liegt doch im Babykorb, also kann ich weiterhin in dem großen Bett schlafen.«

»Sag das nicht«, gab der Opa zu bedenken. »Der kleine Schreihals würde dich beim Schlafen ganz schön stören. Der will nämlich auch in der Nacht gefüttert und gewickelt werden. Dann wachst du jedes Mal auf und bist am nächsten Morgen stockmüde, wenn du in die Schule sollst.«

Daran wollte ich nicht so recht glauben. Nur eines wusste ich sicher, diese Nacht wollte ich weder allein in dem großen Zimmer verbringen noch in der kleinen Kammer, die Mama für mich vorbereitet hatte.

»Kann ich nicht bei dir schlafen, Opa?«, bettelte ich.

»Ja, wenn du meinst. Probieren können wir es ja mal.«

Diese Nacht wurde für mich zum Albtraum. In meinem kindlichen Leichtsinn hatte ich nicht bedacht, dass der Opa aufgrund seiner Kriegsverletzung und der dadurch bedingten ständigen Bronchitis tagsüber immer wieder von Hustenanfällen geplagt wurde. In der Nacht, so schien es mir, traten diese noch öfter und noch heftiger auf, obwohl er im

Bett fast senkrecht saß, weil er drei Paradekissen im Rücken hatte. Jedenfalls wachte ich immer wieder auf und war am folgenden Morgen tatsächlich wie zerschlagen. Dennoch wanderte ich frohgemut zur Schule und verkündete lauthals in der Klasse: »Gestern habe ich ein Brüderchen bekommen.« Die Lehrerin und meine Mitschüler nahmen diese Neuigkeit wohlwollend zur Kenntnis, und es erfolgte von keiner Seite eine dumme Bemerkung.

Obwohl die erste Nacht in Opas Kammer so schlimm für mich gewesen war, brachte ich noch eine zweite Nacht dort zu, nur weil ich Angst hatte, allein in einem Raum zu schlafen. Wie glücklich war ich, dass die Mutter schon nach zwei Tagen mit dem kleinen Stefan zurückkehrte. Ich bettelte so lange, bis sie mir erlaubte, am Abend wieder in mein gewohntes Bett zu kriechen. Doch ich musste dem Opa recht geben. Auch dort wurde es eine unruhige Nacht für mich. Kaum, dass ich eingeschlafen war, wurde ich von Babygeschrei geweckt. Es wunderte mich, dass es so lange dauerte, bis die Mama endlich darauf reagierte. Sie schaltete das Nachttischlämpchen an und nahm das Baby zu sich ins Bett, um es zu stillen. Weil dieses Geschäft auch im Dunkeln zu erledigen war, knipste sie das Licht wieder aus. Mir kam es vor, als sei ich gerade wieder eingeschlafen, da ging das Licht erneut an, Mama erhob sich und wickelte den Kleinen. Nach einigen Stunden wiederholte sich die Prozedur, und so war ich am anderen Morgen fix und fertig. Lustlos trabte ich zur Schule. Da dies die dritte Nacht gewesen war, in der ich unter Schlafmangel gelitten hatte, legte ich in der Klasse meinen Kopf auf den Tisch und schlief ein. Die Lehrerin zeigte genügend Verständnis und ließ mich eine Weile schlafen. Als aber alle in die Pause hinausstürmten, wurde ich wach und schaute mich verwundert um. Die Lehrerin stand lächelnd neben mir. »Das Baby hat dich in der Nacht wohl zu wenig schlafen lassen?« Ich nickte und versicherte ihr im Brustton der Überzeugung: »Ab sofort werde ich nicht mehr mit dem kleinen Schreihals in einer Kammer schlafen. Heute noch ziehe ich um in meine eigene Kammer.«

Das tat ich wirklich, sehr zur Verwunderung meiner Mutter. Zu meiner eigenen Überraschung kam ich gar nicht dazu, in diesem Zimmer Angst zu haben, so schnell war ich eingeschlafen. Die ganze Nacht über schlief ich wie ein Murmeltier und wachte am anderen Morgen frisch und fröhlich auf. Nach der zweiten Nacht im neuen Zimmer fühlte ich mich dort schon »wie zu Hause«. Ja, ich genoss es, allein zu sein und tun und lassen zu können, was ich wollte.

Obwohl mein Brüderchen mich aus meinem angestammten Zimmer verdrängt hatte, zeigte ich keinerlei Eifersucht oder Traurigkeit. Im Gegenteil, ich liebte den Kleinen heiß und innig und war stets darauf bedacht, dass ihm kein Unheil widerfuhr. Wie stolz war ich, als ich ihm zum ersten Mal das Fläschchen geben und ihn im Wagen ausfahren durfte!

Bei der Geburt meines Bruders war ich noch zu jung und zu unwissend gewesen, um mir darüber Gedanken zu machen, wer sein Vater sein könne. Für mich war es selbstverständlich, dass wir beide denselben Vater hatten, obwohl dieser bereits vor sieben Jahren gestorben war. Erst Wochen später, als ich im Bäckerladen anstehen musste, hörte ich, wie zwei Kundinnen miteinander tuschelten.

»Wer hätte das von der tugendhaften Rosina gedacht!«, flüsterte die Erste.

»Ja, kommt die in ihrem hohen Alter mit einem ledigen Kind daher!«, flüsterte die Zweite. »Sie muss die dreißig schon lange überschritten haben. In dem Alter sollte man ein bisschen gescheiter sein.«

»Weißt du vielleicht, wer der Vater von ihrem Bankert ist?«

»Keine Ahnung. Nachdem ihr Mann verunglückt war, hat sie zwar immer wieder mal einen Verehrer gehabt, aber keiner ist geblieben.«

»Ich frag mich nur, warum sie keinen von denen geheiratet hat.«

»Das kann ich euch genau sagen«, mischte sich nun eine dritte Kundin ein, die offensichtlich das Gespräch verfolgt hatte, das zusehends lauter geworden war. »Von zweien weiß ich es gewiss. Die haben geglaubt, ihr gehöre das Haus. Als die dahinterkamen, dass es dem Alten gehört und dass es möglicherweise unter seinen drei Kindern aufgeteilt wird, haben sie kalte Füße gekriegt.«

»Ja, ja, so sind die Mannsbilder halt«, sinnierte die Erste.

»Interessant ist nur«, nahm die Zweite den eigentlichen Gesprächsfaden wieder auf, »dass die Rosina *jetzt* schwanger geworden ist, nachdem man schon lange keinen Liebhaber mehr in ihrer Nähe gesichtet hat.«

»Vom heiligen Geist wird sie das Kind ja nicht haben«, kicherte die Dritte.

»Das glaub ich auch«, lachte die Zweite. »Dazu gehört schon ein Mann aus Fleisch und Blut.«

In dem Moment wurde mir schlagartig klar, was mein Onkel seinerzeit mit dem Ausdruck »sich das Maul zerreißen« gemeint hatte.

Nachdem ich diese Unterhaltung belauscht hatte, machte ich mir auch so meine Gedanken, wer wohl der Vater meines Bruders sein könne. Die Mama danach fragen, war zwecklos. Eines konnte sie nämlich vor allen Dingen gut: schweigen. Den Opa brauchte ich auch nicht zu fragen, obwohl er es vermutlich wusste. Aber der hielt zur Mama. Zu mir war er zwar immer lieb und nett, aber seine wirkliche Vertrauensperson war meine Mutter. Ist ja auch verständlich, da sie ihn und ihre Geschwister nach dem Tod seiner Frau liebevoll umsorgt hatte. Das Verhältnis von Vater und ältester Tochter war so eng, dass seine zweite Tochter, die Klara, geradezu neidisch darauf war, das blieb mir nicht verborgen. Sie besuchte ihren Vater ziemlich oft, um seine Liebe und Aufmerksamkeit zu erringen. Aber sie schaffte es nicht, mehr Zuwendung von ihm zu bekommen und das vertraute Band, das zwischen ihm und ihrer Schwester bestand, zu sprengen. Meine einzige Chance, die Wahrheit zu ergründen, war es, Tante Klara mal wieder zu besuchen. Ich fragte sie rundheraus: »Wer ist der Vater von meinem Bruder?«

Sichtlich erschrocken zuckte sie zusammen, dann antwortete sie mit einer Gegenfrage: »Wie kommst du denn auf die Idee?«

Ich berichtete von dem Gespräch, das ich im Bäckerladen mitbekommen hatte.

»Aha, man zerreißt sich also die Mäuler. Das war zu erwarten. Auch ich habe mir meine Gedanken gemacht. Aber ob du es glaubst oder nicht, ich habe keine Ahnung. Schon vor der Entbindung habe ich vorsichtig bei deiner Mutter angetippt. Doch sie schweigt wie ein Grab. Überhaupt ist sie eine Meisterin der Verschwiegenheit.«

Das war mir auch schon aufgefallen. Für mich hieß es, mich in Geduld zu üben. Gewiss würde mir der Zufall irgendwann des Rätsels Lösung präsentieren.

Bald traten andere Ereignisse ein, die mich von diesem Thema ablenkten. Hauptsächlich ging es um meinen Großvater. Sein Zustand wurde von Tag zu Tag besorgniserregender. Es gab immer wieder Tage, an denen er das Bett hüten musste. Wenn er zwischendurch aufstand, war er nicht mehr der Alte, er wirkte sehr gebrechlich. Als er anfing, Blut zu spucken, ließ die Mama den Doktor kommen. Obwohl sich der Opa dagegen sträubte, bestand der Arzt auf eine Klinikeinweisung. Dort wurde sein Verdacht bestätigt: Mein Großvater hatte Lungenkrebs. Schrecklich gehustet hatte der alte Mann schon immer, er hatte das aber stets auf den Lungensteckschuss geschoben. Lange Zeit hatte ich das auch geglaubt. In der Schule hatten wir aber mittlerweile gelernt, wie gefährlich Rauchen für die Gesundheit ist. Deshalb hatte ich meinen Großvater bei jedem Hustenanfall gewarnt: »Opa, du darfst nicht mehr rauchen, das bringt dich sonst um.«

»Ach, Kind, was verstehst du davon?«, hatte er das leichtfertig abgetan. »Am Rauchen liegt es nicht. Es liegt an dem verdammten Lungensteckschuss. Der macht mir schon seit 45 Jahren zu schaffen. Mit dem werde ich mich noch weitere Jahre rumärgern müssen.« Leider musste er das nicht. Im Krankenhaus stellte man fest, dass sein Krebs schon so weit fortgeschritten war, dass man nichts mehr machen konnte.

Meine Mutter besuchte ihn jeden Tag, und ich fuhr alle zwei Tage mit. Jedes Mal sah der Opa noch elender aus und plagte sich noch mehr mit seinem Husten. Deshalb wünschte ich ihm, es möge bald zu Ende gehen. Von jedem Besuch an seinem Krankenbett kehrte ich noch deprimierter nach Hause zurück. Daher verzichtete ich bald auf weitere Besuche bei ihm. Am 17. September 1963 gab er nach einem heftigen mehrtägigen Todeskampf im Beisein seiner drei Kinder endlich auf. Natürlich war ich tieftraurig, als die Mama mir das mitteilte, gleichzeitig war ich aber auch erleichtert, dass Opa von seinem Leiden erlöst war.

Mit Sicherheit habe ich an seiner Beerdigung teilgenommen, aber ich erinnere mich an nichts mehr. Das muss ich alles verdrängt haben. Von meinem späteren Besuch an dem frischen Grab weiß ich dagegen noch gut. Ich bewunderte die schönen Kränze und las die Inschriften auf den Schleifen. Wie ich das von meiner Mutter gelernt hatte, pflegte ich jahrelang liebevoll das Grab. Auf den Grabstein, den seine drei Kinder in Auftrag gegeben hatten, ließ meine Mutter auch die Namen seiner früh verstorbenen

Frau Gertraud eintragen und die Namen seiner Schwiegereltern Mathilde und Ludwig. So wurde ich bei jedem Besuch der Familiengrabstätte an meine Vorfahren erinnert.

Nachdem mein Opa seine letzte Ruhe gefunden hatte, war ich besonders froh, dass ich mir im Jahr zuvor von ihm noch so viel über meine Vorfahren hatte erzählen lassen. Denn jetzt gab es niemanden mehr in der Familie, der sich so gut ausgekannt hatte.

Mein Onkel Ludwig

Gewiss bedeutete der Tod meines Großvaters einen herben Verlust für mich. Doch ungleich schlimmer traf es meine Mutter. Für sie bedeutete der Tod ihres Vaters nicht nur einen menschlichen Verlust, sondern auch einen finanziellen. Von seiner Kriegsversehrtenrente hatte er sie jahrelang unterstützt. Denn ihre winzige Witwenrente, zuzüglich des Kindergeldes und meiner Halbwaisenrente, reichte hinten und vorne nicht zum Leben. Als das Testament eröffnet wurde, war sie allerdings einigermaßen enttäuscht von ihrem Vater. Sein Haus hatte er ausschließlich seinem Sohn vermacht, obwohl dieser ledig und kinderlos war, ihr dagegen, Rosina, hatte er darin nur ein Wohnrecht auf Lebenszeit zugesichert. Klara, seine jüngere Tochter, war mit einem Geldbetrag abgefunden worden, der sich noch auf seinem Sparbuch befand.

In diesem Zusammenhang muss ich meinen Onkel Ludwig loben und bewundern. Kaum, dass sein Vater den letzten Atemzug getan hatte, übernahm er die Vaterrolle bei mir. Nicht nur das, er kümmerte sich auch um seine Schwester und unterstützte sie finanziell. Er hatte ihr nie vergessen, dass sie bei ihm, als er im Alter von sechs Jahren zur Halbwaise wurde, die Mutterrolle übernommen hatte.

Außerdem war er ihr dankbar, dass sie ihm in der Porzellanmanufaktur eine fundierte Ausbildung ermöglicht hatte. Ludwig beglich nun nicht nur alle Nebenkosten am Haus, er zahlte auch Kostgeld, weil meine Mutter seine Wäsche in Ordnung hielt, sein Zimmer putzte und für ihn sämtliche Mahlzeiten bereitete. Allerdings musste sein Essen stets pünktlich um zwölf Uhr auf dem Tisch stehen, denn die Zeit seiner Mittagspause war knapp bemessen.

Seine selbst übernommene Aufgabe, mir wie ein Vater zu sein, nahm er sehr ernst. Jedoch bestand ein großer Unterschied dazu, wie mein Großvater diese Rolle ausgeübt hatte. Opa war stets der Gütige, der Lehrmeister, der Verständnisvolle gewesen. Gewiss lag das auch daran, dass er den ganzen Tag zu Hause gewesen und dadurch jederzeit für jedes Problem ansprechbar gewesen war.

Der Onkel meinte, er müsste den strengen Aufpasser herauskehren, aber nicht nur für mich, sondern auch für Stefan, meinen Bruder. Da er den ganzen Tag außer Haus war, versuchte er nun, uns in den verbleibenden wenigen Abendstunden zu erziehen. Zwar kam er bereits um 17 Uhr von der Arbeit heim, aber danach verschwand er oft mit Freunden oder mit einer Freundin. Diese brachte er allerdings nie mit zu uns. Obwohl er wechselnde Damenbekanntschaften hatte, hat er nie geheiratet. An jeder hatte er etwas auszusetzen. Vermutlich waren wir ihm Familie genug.

Meist bekam ich ihn nur beim Nachtessen zu sehen, denn während seiner Mittagspause war ich noch in der Schule. Den Opa hatten wir geliebt, vor dem Onkel hatten wir heiligen Respekt. Was er sagte, war für uns das Evangelium. Dagegen wagte selbst unsere Mutter nichts einzuwenden.

Dass der Onkel sich so rührend um uns kümmerte, brachte mir nicht nur Vorteile. Unangenehm wurde es, als ich auf das Teenageralter zuging. Er überwachte jeden meiner Schritte. Doch davon später. Zunächst will ich berichten, wie sich Onkel Ludwig als Lebensretter betätigte. Das trug sich etwa ein Jahr nach dem Tod unseres Großvaters zu. Es war im August, an einem sonnigen Nachmittag. Wie jeden Samstag nahm der Onkel ein Wannenbad in dem Badezimmer, das er 1961 hatte einbauen lassen. Danach wollte er sich mit seiner neuen Eroberung treffen. Mama und ich saßen plaudernd und strickend auf der Gartenbank, und mein Bruder spielte friedlich im Sandkasten. Immer wieder hatten wir ein Auge auf ihn. Plötzlich rief meine Mutter erschrocken aus: »Wo ist denn der Bub?«

Wie elektrisiert sprangen wir beide auf und machten uns, laut seinen Namen rufend, auf die Suche. Da das Badfenster gekippt war, bekam Ludwig durch unser verzweifeltes Rufen mit, dass sein Neffe verschwunden war. Während Mama im Garten hinter jeden Strauch und Busch schaute sowie in und hinter jede Holzhütte, rannte ich in Richtung Bach. Doch auf dem Brückerl und auch auf der anderen Seite war er nicht zu entdecken. Deshalb rannte ich in Richtung Straße, weil ich vermutete, er könne sich auf Entdeckungsreise begeben haben.

Ich war noch nicht weit gekommen, da vernahm ich den verzweifelten Schrei meiner Mutter: »Hilfe! Der Bub ist im Bach!«

Sofort raste ich zurück. Meine Mutter deutete auf das jenseitige Ufer. Dort erkannte ich zwischen Ästen und Büschen, die ins Wasser ragten, so etwas wie Kleidung. Das musste mein Bruder sein. Kopflos wie Hennen, deren ausgebrütete Gänseküken ins Wasser gehen, liefen wir oberhalb der Böschung hin und her. In dem Moment stürzte mein Onkel aus dem Haus, lediglich mit einer weißen Feinrippunterhose bekleidet. Ungeachtet des Gestrüpps und der Dornen stürmte er den Steilhang hinunter und sprang in die eisigen Fluten. Er packte das klatschnasse und reglose Kleiderbündel und entstieg damit auf der anderen Seite dem Bachbett. Während Mama und ich hüben weinten, hielt er drüben den Buben an den Füßen hoch und klopfte ihm kräftig auf Rücken und Po. Daraufhin schrie der kleine Kerl aus Leibeskräften. Deshalb tat er mir furchtbar leid. Als der Onkel endlich mit ihm über die Brücke zu uns zurückkehrte, übernahm ihn die Mama und rannte mit ihm ins Haus. Ich aber machte dem Onkel Vorwürfe: »So hart brauchtest du ihn aber nicht zu strafen. Durch sein kaltes Bad im Bach ist er für sein Weglaufen doch schon gestraft genug.«

Schmunzelnd klärte Onkel Ludwig mich auf: »Ach geh, du kleines Dummchen, den Stefan habe ich doch nicht strafen wollen. Der muss schon eine Menge Wasser in der Lunge gehabt haben, er war ganz blau. Ich musste ihn mit dem Kopf nach unten halten, damit das Wasser aus der Lunge läuft. Mit dem Klopfen wollte ich ihn zum Schreien bringen, damit er wieder atmet. Du hast ja gehört, es hat geklappt.«

Erleichtert und etwas beschämt zugleich atmete ich auf. »Nichts für ungut«, entschuldigte ich mich gewissermaßen bei meinem Onkel. »Du bist ganz schön gescheit«, bewunderte ich ihn. »Weil dir genau das Richtige eingefallen ist, denn gewiss hast du das nirgendwo gelernt, wie man einen Ertrinkenden wiederbelebt.«

Huldvoll nahm er das Lob zur Kenntnis und begab sich, nachdem er an diesem Tag gleich zweimal ein Bad genommen hatte, ein warmes und ein kaltes, zurück ins Haus. Dort warf er sich in Schale und machte sich auf den Weg zu seinem Rendezvous. Von diesem Tag an war er in meinen Augen ein Held, weil er sich selbstlos ins Wasser gestürzt und meinem Bruder das Leben gerettet hatte.

Die Mama, die unterdessen mit ihrem Sohn ins Haus gelaufen war, hatte ihm die nassen Klamotten vom Leib gerissen und das unterkühlte Kind in das warme Badewasser gesetzt, das noch von ihrem Bruder in der Wanne war. Dadurch kehrten Stefans Lebensgeister schnell wieder zurück. Als er frisch angezogen auf Mutters Schoß saß, hielten wir beide ihm abwechselnd eine Predigt, dass er nie wieder an den Bach gehen dürfe. Schluchzend und schluckend versprach er es. Von diesem nassen und kalten Erlebnis war er offensichtlich so geschockt, dass er noch ein paar Tage lang verstört wirkte. Danach konnten wir zu unserer Erleichterung beobachten, wie er wieder der fröhliche Lausbub von vorher wurde und dass er tatsächlich nie wieder in die Nähe des Baches ging.

Ab September besuchte er den Kindergarten, sehr zur Entlastung meiner Mutter. Im Gegensatz zu mir ging er gerne hin. Es gefiel ihm, Gleichaltrige um sich zu haben, während er sich daheim mit der Mama allein gelangweilt hätte. Auch das Spielen mit der großen Schwester hätte ihm nicht genügt. Für mich war das auch angenehmer, denn ich hatte keine Lust, die Kindsmagd zu spielen, da ich anderen Interessen nachging.

Obwohl ich meinen Onkel seit der Rettung meines Bruders für einen Helden hielt, gab mir sein Verhalten oft genug Anlass, mich zu ärgern, so zum Beispiel einmal beim Nachtessen. Meine Mutter zog in ihrem Garten alles an Gemüse, was in unseren Breiten wächst, vor allem auch Kopfsalat. In den Sommermonaten kam dieser häufig auf den Tisch. Die großen Salatblätter zerrupfte sie, wie das üblich ist. Den innersten Teil des Kopfes aber, den wir Herz nannten, gab sie als Ganzes in die Schüssel. Beim Essen war dann jeder von uns darauf aus, das Herz zu erwischen. Einmal hatte ich es schon mit dem Salatbesteck gepackt, da funkte Ludwig dazwischen, indem er es mit seiner Gabel aufspießte und an sich zog. Lautstark äußerte ich meinen Unmut darüber. Da schob er mir das Herz mit seiner Gabel auf den Teller. Dies wehrte ich jedoch mit meiner Gabel ab: »Jetzt will ich es auch nicht mehr!«

Mir war es nämlich nicht darum gegangen, unbedingt das Herzstück zu essen, sondern darum, es in der Schüssel entdeckt und herausgefischt zu haben. Dies waren aber nur Banalitäten, verglichen mit dem, was noch auf mich zukommen sollte. Denn je älter ich wurde, desto öfter geriet ich mit dem Onkel aneinander.

Mädchenträume

Nach Opas Tod vermietete Mama fleißiger als zuvor, denn jetzt stand ihr ein weiteres Doppelzimmer zur Verfügung. Auch war sie noch mehr als früher auf die Mieteinnahmen angewiesen. Die Sommerfrischler, überwiegend Stammgäste, kamen gern, zumal sie ihnen inzwischen mehr Komfort zu bieten hatte. Bereits 1961 hatte ihr Bruder auf ihren Wunsch hin in jedes Zimmer ein Waschbecken einbauen lassen, mit einem kleinen Warmwasserspeicher darunter, sodass die Gäste fließendes warmes und kaltes Wasser hatten. Natürlich bedeuteten Sommergäste, dass wir alle uns wieder auf den Dachboden zurückziehen mussten. Doch das taten wir ohne Murren, weil wir wussten, wie nötig Mama die Einnahmen brauchte. Für jeden sprang aber auch immer eine kleine Belohnung heraus. Meiner Mutter war klar, dass sie mich, als ich zehn war, nicht mehr mit einer Tafel Schokolade abspeisen konnte, deshalb versprach sie mir, dass sie mir von dem eingenommenen Geld ein Sonntagsgewand kaufe. Darüber freute ich mich sehr, denn ich wollte sonntags gerne in die Kirche gehen, hatte aber nichts Gescheites zum Anziehen. Mit meinen Schulkleidern hätte ich mich nur blamiert.

Die ganze Arbeit mit den Fremdenzimmern machte die Mama allein. Wenn die Gäste nach zwei oder drei Wochen abreisten, mussten die Betten ab- und wieder bezogen und die Fenster sowie der Boden geputzt werden. Anschließend war ein Berg Wäsche zu waschen und zu bügeln, abgesehen von den täglichen Arbeiten wie abstauben, Betten machen, Waschbecken reinigen, Frühstück richten. Im Nachhinein wundere ich mich, dass sie mich bei diesen Arbeiten nie eingespannt hat. Gewiss, ich kam immer erst gegen 13.30 Uhr von der Schule heim, dann war das meiste bereits erledigt. Aber auch in meinen Sommerferien brauchte ich in den Gästezimmern keinen Finger zu rühren. Vermutlich hatte Mama ihren eigenen Rhythmus, dabei hätte ich sie nur gestört. Was aber die privaten Räume betraf, spannte sie mich ab meinem neunten Lebensjahr ganz schön ein. Das war in Ordnung, auf diese Weise lernte ich alles, was man im Haushalt können muss. Kochen und Backen lernte ich allerdings nicht, sie ließ mich nicht an ihren Herd.

Während sich die Sommerfrischler bei uns aufhielten, gab es nicht nur Sonnentage. Um sich die Regentage zu versüßen, kauften sich die weiblichen Gäste am nahe gelegenen Kiosk Groschenromane. Bei uns nannte man diese Schnulzenromane, Liebesromane oder Schmöker. Mein Onkel nannte sie gar abschätzig Schundhefte. Als ich elf war, brachte die Mama die »Lektüre« nach der Abreise der Gäste zu uns ins Esszimmer. Das war das erste Mal, dass ich solche Hefte bewusst sah. Die wunderschönen bunten Titelbilder sprachen mich sofort an. Wie ausgehungert stürzte ich mich darauf. Kein Wunder, es gab ja wenig Zerstreuung für mich. Fernseher hatten wir noch keinen, ins Kino durfte ich nicht, das hätte was gekostet. Taschengeld erhielt ich auch keines, sonst hätte ich mir schon mal am Kiosk eines der bunten Hefte kaufen können, die einem da ins Auge sprangen. Ein bisschen Geld »verdiente« ich, indem ich Rabattmarken einklebte, die man beim Einkaufen im Lebensmittelgeschäft bekam. War das Hefterl voll, erhielt ich 1,50 Mark dafür. Die setzte ich immer gleich in Süßigkeiten um, denn auch damit wurden wir sehr knapp gehalten. Allerdings, als ich zwölf war, kaufte mir die Mama auf mein Drängen hin jede Woche für fünfzig Pfennig die »Bravo«. Daraus bezog ich Informationen über Filme und Filmstars, über Schlager und Schlagerstars, sodass ich in der Schule mitreden konnte. Aber nicht nur das, es waren auch Adressen von Agenturen angegeben, über die man an Autogramme von Berühmtheiten kommen konnte. So hatte ich in meiner Sammlung bald Autogramme von Marikka Röck, Josef Meinrad, Rex Gildo, Gitte, Marika Kilius und Hans-Jürgen Bäumler. Eine Rubrik, die mich nicht im Geringsten interessierte, war die von einem gewissen Dr. Vollmer. Unter dem Titel »Knigge für Verliebte« gab er Ratschläge in Beziehungsfragen.

Von den Romanen, die Mama aus den Gästezimmern mitbrachte, gab es drei Kategorien: Arztromane, Adelsromane und Heimatromane. Zunächst las ich alle der Reihe nach durch. Danach aber konzentrierte ich mich auf die »Heimatromane«. Diese waren auf den ersten Blick daran zu erkennen, dass im Hintergrund ein prächtiger Bauernhof zu sehen war und im Vordergrund ein Bursche in Lederhose und

Trachtenjacke, der ein Mädchen im Dirndlkleid zärtlich in den Armen hielt. Jedes dieser Hefterl, die Mama in den Fremdenzimmern »erbeutet« hatte, verschlang ich in wenigen Stunden. Sie hielten wirklich das, was das Titelbild versprach. Nach einigen Verwicklungen und Intrigen bekam die arme Magd immer den geliebten wohlhabenden Bauernsohn. Durch diese Lektüre wurde es ein wundervoller Sommer für mich. Bei schönem Wetter las ich sie auf der Gartenbank, bei trübem Wetter im Esszimmer. Anschließend schloss ich die Augen, und in mir erwachten wieder die Träume, die ich als Fünfjährige gehabt hatte: Ich erträumte mir eine Zukunft als Bäuerin. Ich sah mich Kühe melken, ich sah mich Schweine füttern, ich sah mich die Eier aus dem Nest nehmen, ich sah mich auf der Wiese bei der Heuarbeit. An meiner Seite arbeitete der große kräftig gebaute Bauer, der mich über alles liebte, und den ich ebenfalls unsagbar liebte. Wir würden einige Kinder haben, die munter auf dem Hof mit Katze und Hund herumtollten.

In dieser Zeit bestand mein Leben aber nicht nur aus Lesen und Träumen. Wenn mein Vorrat an Lesestoff erschöpft war, half ich dem Onkel auf seinem Geflügelhof, soweit er das zuließ. Schließlich wollte ich mir eine gewisse Praxis aneignen, damit ich als zukünftige Bäuerin bestehen konnte. Ludwig hatte bereits in Opas letzten Lebensmonaten die Versorgung des Federviehs übernommen. Nach dem Tod seines Vaters kniete er sich mit aller Kraft in diese Aufgabe hinein. Er begnügte sich nicht damit, die Tiere zu füttern, ihre Eier aus den Nestern zu nehmen und sie zu schlachten, er besuchte auch Geflügelausstellungen und Geflügelmärkte. Von dort kam er immer wieder mit interessanten Neuzüchtungen zurück. Aber nicht nur das, eines Tages brachte er einen jungen Mann mit, den Helmut, der ebenfalls ein begeisterter Geflügelhalter zu sein schien. Helmut war wesentlich jünger als er und obwohl er im selben Ortsteil wohnte wie wir, hatte ich ihn noch nie gesehen. Die beiden Männer fachsimpelten über Hühner, Gänse und Enten, tauschten auch schon mal das eine oder andere Tier und fuhren gemeinsam zu Messen und Märkten. War Helmut anfangs nur sporadisch bei uns aufgetaucht, so kam er bald jeden Sonntagvormittag zu uns.

Daher machte meine Mutter eines Tages beim Mittagessen die Bemerkung: »Ich weiß nicht, ich glaube, der Helmut kommt nicht nur wegen der Enten und Gänse.«

»Meinst du etwa, er kommt meinetwegen her?«, fragte ich kokett. Mittlerweile war ich nämlich zu einem flotten Teenager von 13 Jahren herangewachsen.

»Das kann schon sein«, bestätigte die Mama.

Aha, das brachte mich auf eine Idee. Bei seinem nächsten Besuch stellte ich ihm eine wichtige Frage: »Bist du ein Bauer?«

»Nein, Dirndl, ich bin Zimmerer«, lachte er. »Warum willst denn das wissen?«

»Weil du dich so intensiv mit Federvieh beschäftigst«, antwortete ich ausweichend.

»Da geht es mir grad so wie dem Ludwig. Meine Eltern haben einen großen Garten, in dem darf ich

Geflügel halten als Hobby. Dafür dürfen sie die Eier ›ernten‹, und die Viecher landen als Sonntagsbraten auf dem Tisch, bevor sie zu alt werden.«

Nun ja, dass er kein Bauer war, enttäuschte mich nicht allzu sehr. Denn von seinem Aussehen her entsprach er nicht gerade meinem Traummann. Er war zu klein, zu schmal und er war blond. Der Mann meiner Träume hatte eine stattliche Figur und dunkles Haar. Von da an ließ ich mich am Sonntagmorgen kaum noch auf dem Hühnerhof sehen.

Mein Onkel wurde, wie gesagt, immer strenger damit, was das Ausgehen anbetraf. Gerade noch erlaubte er, dass ich übers Brückerl ging, um meiner Freundin im Stall zu helfen. An einem Samstagnachmittag kam Nanni mit dem Vorschlag: »Lass uns mal auf den Dorfplatz gehen?«

»Was soll ich denn auf dem Dorfplatz?«, fragte ich erstaunt.

»Um die alte Eiche herum hat man eine Sitzbank angebracht. Dort treffen sich jeden Samstag junge Leute. Dahin kommen auch welche aus anderen Ortsteilen und sogar aus Nachbardörfern.«

»Und was macht man da?«

»Man ratscht und lacht, man singt und macht Musik, denn Rainer bringt immer seine Ziach (Ziehharmonika) mit. Grad lustig ist's.«

»Das klingt gut. Und wann trifft man sich dort?«

»Ab 15 Uhr.«

»Das passt. Um 18 Uhr muss ich nämlich wieder daheim sein.«

Also zogen wir los. Nanni hatte nicht zu viel versprochen. Es war wirklich interessant, so viele junge

Leute beieinander zu sehen. Mit einigen Mädchen, die ich nicht kannte, kam ich ins Gespräch. Besonders aber das gemeinsame Singen gefiel mir. Deshalb war ich auch an den folgenden Samstagen wieder dabei. Doch plötzlich fehlte der Bursche mit der Ziach. Der sei nach München gezogen, hieß es, weil er jetzt dort arbeite. Danach begleitete ich die Nanni noch zwei oder drei Mal zu den Treffen. Dann benutzte ich immer eine andere Ausrede, weil ich nicht mehr mitgehen wollte. In Wirklichkeit hatte ich keine Lust mehr, weil es mir ohne Musik zu fad war. Die Burschen waren meist damit beschäftigt, sich gegenseitig ihre Mopeds oder Motorräder vorzuführen und damit zu prahlen, wer das schnellere Fahrzeug habe. Manchmal knatterten auch zwei los, um sich ein Wettrennen zu liefern. Mit den auswärtigen Mädchen wusste ich auch bald nichts mehr anzufangen, die gängigen Themen waren bereits abgehakt. Die Mädchen aus unserem Ortsteil würde ich nach den Sommerferien eh wieder in der Schule treffen.

Wie ich beobachtet hatte, versuchten die Jungmänner immer wieder, mit einem der Mädchen anzubandeln, was diese meist mit einem albernen Kichern beantworteten. Aber auch das interessierte mich herzlich wenig. Nachdem ich so einem Samstagstreffen zum dritten Mal ferngeblieben war – mein Onkel war gerade außer Hörweite –, flüsterte Helmut mir an einem Sonntagmorgen zu: »Warum kommst du nicht mehr zum Dorfplatz?«

»Wieso interessiert dich das? Ich habe dich noch nie dort gesehen.«

»Mich selbst interessiert das nicht, aber mein Freund, der Wastl, hat ein Auge auf dich geworfen.«

»Der Wastl? Wie kommst du denn darauf?«

»Er hat nach dir gefragt.«

Diese Aussage schmeichelte mir, deshalb wollte ich wissen: »Wer ist denn das?«

Nach Helmuts Beschreibung konnte ich mir jedoch kein Bild von diesem Wastl machen. Die bei den Treffen anwesenden Burschen hatte ich mir nicht genau angeschaut. Die meisten von ihnen hatten sich nämlich abseits von den Mädchen aufgehalten und nur Augen und Ohren für ihre Knatterkisten gehabt. Nun wollte ich es genau wissen: »Wieso bist du sicher, dass er ausgerechnet nach mir gefragt hat? Er weiß doch bestimmt meinen Namen nicht.«

»Da hast recht. Er fragte, ob ich vielleicht die flotte Biene mit den rotgoldenen Locken kenne, die müsse aus meinem Ortsteil stammen. Damit kannst nur du gemeint sein.«

Neugierig, wie ich war, hatte ich plötzlich wieder Zeit, mit Nanni am Samstag auf den Dorfplatz zu gehen. Wir gehörten zu den Ersten, die dort eintrafen. Nacheinander trudelten andere Mädchen ein, und die stolzen Mopedhelden brausten heran. Damals gab es noch keine Integralhelme. Man trug nur Helme, die den Kopf schützten. Damit ihnen weder Fliegen noch Staub in den Mund flogen, hatte jeder Fahrer ein Tuch umgebunden, was ihn unkenntlich machte. Daher betrachtete ich jeden Neuankömmling sehr aufmerksam, nachdem er seinen Helm abgesetzt und sein Tuch abgebunden hatte. Dabei entdeckte ich schon einige, die mir gefallen hätten, aber auf keinen passte die Beschreibung, die mir Helmut gegeben hatte. Wieder brauste einer heran, auf einem schwarzen Motorrad, mit einem schwarzen Helm und einem roten Tuch. Nachdem er seinen Kopf frei gemacht hatte, schaute er sich suchend um. Dann steuerte er zielstrebig auf mich zu. »Grüß Gott! Ich bin der Wastl«, stellte er sich vor. Vor Verwirrung bekam ich zunächst den Mund nicht auf. Das gibt's doch nicht! Ausgerechnet der Schönste von allen interessiert sich für mich! Er übertraf sogar die Männer, die ich mir nach dem Lesen der Romane in meinen kühnsten Träumen vorgestellt hatte. Groß und breitschultrig war er, sein Haupt zierte dunkles welliges Haar, sein Gesicht zeigte markante Züge, und beim Lächeln blitzten zwei Reihen tadelloser Zähne hervor. Das war wirklich ein Mannsbild zum Verlieben. Bevor ich aber mein Herz auf die Reise schickte, brannte mir eine wichtige Frage auf der Seele, mit der ich jedoch nicht gleich herausplatzen wollte. Unmerklich hatte mich der Wastl von der Gruppe der Mädchen abgedrängt.

Vorsichtig tastete ich mich mit harmlosen Fragen an ihn heran. Ich erkundigte mich, ob er schon öfters hier gewesen sei, was für eine Maschine er fahre und wo er wohne. Demnach lebte er in einem Ortsteil, der am entgegengesetzten Ende des Gemeindebereichs lag. Darum war er mir noch nie begegnet. Unsere Gemeinde bestand nämlich aus mehreren kleinen Dörfern, die man erst kürzlich aus verwaltungstechnischen Gründen zusammengelegt hatte. In jedem Ortsteil stand noch eine eigene Kirche, und bis vor Kurzem hatte noch jeder eine eigene Schule gehabt.

Schließlich wagte ich die alles entscheidende Frage: »Was machst du von Beruf?«

»Ich bin Bauer. Stört dich das vielleicht?«

»Aber nein«, antwortete ich kurz und bescheiden, obwohl ich am liebsten gejubelt hätte: ›Das ist ja großartig! Von einem Bauern habe ich schon immer geträumt!‹

Beiläufig erwähnte er, dass er 18 sei. »Das habe ich mir gedacht, weil du schon ein richtiges Motorrad fährst.«

Seine Frage nach meinem Alter beantwortete ich selbstbewusst mit: »13 ½.«

Darauf regierte er mit den Worten: »Donnerwetter! Dafür bist du aber gut entwickelt.«

Wir unterhielten uns noch über dieses und jenes, dann verabschiedete er sich, weil er in den Stall müsse. Vorher musste ich ihm noch versprechen, dass ich am folgenden Samstag wieder da sein würde. Das tat ich in euphorischer Stimmung und mit klopfendem Herzen. Ich konnte es kaum erwarten, ihn am nächsten Samstag wiederzusehen. Auch bei diesem Treffen unterhielt ich mich nur mit dem Wastl, was der Nanni nicht verborgen blieb. Auf dem Heimweg neckte sie mich: »Mir scheint, du bist in den Wastl vom Kistlerhof verliebt.«

»Ja«, gab ich offen zu, »wenn du nichts dagegen hast«.

»Ich habe bestimmt nichts dagegen. Er scheint ebenfalls in dich verknallt zu sein. Wie er dich immer anschaut!«

»Dann passt's ja«, war mein Kommentar dazu. »Dass er Wastl heißt, weiß ich schon. Dass er aber vom Kistlerhof stammt, ist mir neu. Vielen Dank für die Information.«

»Da hast einen guten Fang gemacht«, äußerte meine Freundin anerkennend. »Der Kistlerhof ist eines der größten Anwesen in der Gemeinde, meint mein Papa.«

Bereits am Samstag darauf fragte mich der Wastl, ob ich mit ihm eine Runde auf seiner Honda drehen wolle. Und ob ich das wollte! Was für eine Frage! Für mich war das eine große Ehre, dass er mich auf seinem geliebten Motorrad mitnehmen wollte. Mich, ein Mädchen! Normalerweise blieben die Buben beim Fahren unter sich. Um gegenseitig anzugeben, was für eine tolle Maschine man hatte, machte schon mal der eine mit einem anderen eine Spritztour.

Voller Stolz nahm ich auf dem Sozius Platz, auf dem er eine Wolldecke befestigt hatte. Wie umsichtig von ihm, dachte ich, in der Annahme, er habe die Decke eigens aufgelegt, damit ich weich sitze. Einen Helm hatte er nicht für mich. Das störte mich aber nicht. In jener Zeit sah man das mit den Helmen noch nicht so eng. Als ich so hinter ihm saß, meine Hände um ihn gelegt, um mich festzuhalten, fühlte ich mich wie im siebten Himmel. Es war herrlich, mit ihm durch die Gegend zu brausen und zu spüren, wie mir der Wind um die Ohren pfiff und meine Haare flattern ließ. Zu meinem Bedauern war die Fahrt schneller zu Ende, als ich gedacht hatte. Wir waren aber nicht wieder auf dem Dorfplatz angekommen, sondern an einem Rohbau, der etwas außerhalb eines Nachbardorfes stand.

»Was wollen wir denn hier?«, fragte ich erstaunt. »Ist dir etwa das Benzin ausgegangen?«

Er lachte: »Nein, ich will dir nur den Rohbau zeigen, an dem ich mitgearbeitet habe. Um mir etwas dazuzuverdienen, helfe ich gelegentlich einer Baufirma beim Mauern.«

Sein Besichtigungsprogramm war mir gerade recht, denn ich hatte noch nie einen Rohbau von innen gesehen. Bevor wir das Gebäude betraten, hängte mein Begleiter seinen Helm an den linken Arm und klemmte die Decke darunter. Darüber wunderte ich mich, er befürchtete wohl, ein Passant könne sie mitgehen lassen. Die Wahrscheinlichkeit schien mir allerdings nicht groß, denn mein Begleiter hatte seine Maschine an der Rückseite des Hauses geparkt. Aber er musste ja wissen, was er tat. Von dort betraten wir durch den Terrasseneingang das zukünftige Haus. Dann zog er mich ziemlich eilig durch den Bau, während er mit der rechten Hand in die verschiedenen Nischen deutete: »Das wird das Wohnzimmer, das wird die Küche, das wird die Speisekammer, das wird die Gästetoilette.«

Unter Besichtigung hatte ich mir etwas anderes vorgestellt. In jedem der zukünftigen Räume hätte ich gerne etwas länger verweilt, um sie im Geiste einzurichten. Doch ehe ich mich versah, waren wir bereits im ersten Stock angelangt. Weiter ging es mit den Blitzerklärungen: »Das wird ein Kinderzimmer, das wird auch ein Kinderzimmer, das wird das Arbeitszimmer der Hausherren, das wird das Bad.«

In den letzten Raum endlich trat er ein mit der Bemerkung: »Das wird das Elternschlafzimmer.«

Ruckzuck hatte er seine Decke auf dem Boden ausgebreitet. Noch ehe ich eine Frage stellen konnte, riss er mich in die Arme und verschloss meinen Mund mit einem Kuss. Aber mit was für einem! Innerlich jubilierte ich. Erkannte ich doch an dem leidenschaftlichen Kuss, dass auch er mich liebte. Allerdings war dieser Kuss für mich nicht so berauschend, wie ich das immer in den Romanen gelesen hatte. Er schmeckte intensiv nach Zigarettenrauch, denn Wastl hatte kurz zuvor noch einen Glimmstängel zwischen den Lippen gehabt. Aber egal, Augen zu und durch. Nachdem er endlich seinen Mund von dem meinen gelöst hatte, ließ er sich mit mir langsam auf die Decke nieder und machte sich an meiner Bluse zu schaffen. Verwundert ließ ich ihn gewähren. Als er aber meinen Rock hochschob und mir zwischen die Oberschenkel griff, rückte ich energisch von ihm ab und fauchte ihn an: »Was soll das?«

»Aber geh, Tschaperl, stell dich nicht so an. Schlafen will ich mit dir, das ist doch klar.«

»Du weißt, dass ich erst 13 bin«, wies ich ihn zurecht.

»Klar, ich weiß, dass du noch das Gesetzbuch zwischen den Beinen hast. Das stört mich nicht. Im Gegenteil, das gibt mir erst den gewissen Kick.«

»Kick hin oder her. Wenn das aufkommt, landest du im Knast wegen Verführung einer Minderjährigen«, warnte ich ihn.

»Wie soll das aufkommen?«, hielt er dagegen. »Ich werd's gewiss niemandem erzählen, und du wirst uns auch nicht verraten.« Das klang geradezu beschwörend.

»Nein, verraten werde ich dich nicht. Aber ich kriege bereits meine Tage. Du wirst wissen, dass ein Mädchen schwanger werden kann, wenn es Verkehr hat. Und wenn ich ein Kind erwarte, kommt es auf, und dann bist du dran.«

Selbst dieses Argument schien ihn nicht abzuschrecken. Er zog mich wieder zu sich heran und fummelte weiter an mir herum. Da ich mich noch immer sträubte, sah er sich zu folgender Erklärung genötigt: »Du brauchst keine Angst zu haben. Selbstverständlich werde ich Kondome benutzen.«

Dieses Wort hatte ich schon mal gehört, wusste aber nicht genau, was es damit auf sich hatte. Deshalb gelang es ihm nicht, mit dieser Aussage meine Bedenken zu zerstreuen. Mit einem Ruck rollte ich von ihm weg und sprang auf meine Füße. Während ich meine Unterhose zurechtrückte und meinen Rock wieder nach unten strich, fuhr mir folgender Gedanke durch den Kopf: Wieso verwendet er das Wort Kondom in der Mehrzahl? Liegt darin die Andeutung, dass er das üblicherweise so macht? Oder will er das, was er mit mir vorhat, gleich mehrmals ausführen?

In meine Gedanken hinein hörte ich ihn sagen: »Auch gut. Wenn du nicht willst, ist das deine Sache. Mich wundert es nur, dass du mitgefahren bist. Du hättest doch damit rechnen müssen.«

»Habe ich aber nicht. Du hast nur von einer Motorradrundfahrt gesprochen.«

»Ja, so naiv kannst du doch nicht sein, auch wenn du erst 13 bist. In dem Alter solltest du schon wissen, dass ein junger Mann immer nur das eine will.«

Während ich meine Bluse zuknöpfte und wieder in den Rock steckte, spielte er seinen letzten Trumpf aus: »Na gut, wenn du es so willst, bringe ich dich jetzt zurück. Für mich ist es kein Problem, heute noch eine andere zu finden, die nicht so zickig ist wie du.«

Das gab mir einen Stich ins Herz. Als zickig wollte ich nicht gelten. Vor allem aber wollte ich ihn nicht verlieren. Ich liebte ihn doch über alles und war stolz darauf, dass mich ein so gut aussehender Mann liebte. Außerdem war es nicht zu verachten, dass hinter ihm ein Bauernhof stand. Also ließ ich mich langsam wieder auf die Decke sinken mit dem Gedanken: Lässt es halt über dich ergehen.

Ungestüm zerrte er mich in seine Arme, bedeckte mein Gesicht mit Küssen und bald auch andere Körperstellen. Bevor er sich aus seiner Hose pellte, fischte er daraus ein kleines Packerl, riss es hektisch auf und entnahm ihm etwas, das ich nicht erkennen konnte. Dieses Etwas streifte er über seine bewusste Körperstelle und versuchte, in mich einzudringen. Dabei ging er so behutsam vor, dass ich dachte, er muss Übung darin haben.

Um 4 Uhr musste er wieder im Stall sein, daher war ich an diesem Nachmittag trotz dieses außerordentlichen Erlebnisses früher zu Hause als sonst. Am Samstag darauf wiederholte sich das Spiel, in einem anderen Rohbau, in einem anderen Dorf. Diesmal war es mir nicht mehr ganz so unangenehm. Am dritten Samstag verzichtete ich auf eine

Motorradtour mit der Begründung, dass ich meine Tage habe. »Das stört mich nicht«, antwortete er.

»Mich aber schon«, entgegnete ich.

Für diesen Tag verlor er sogleich das Interesse an mir und verabschiedete sich eiligst:

»Also dann bis nächsten Samstag.«

Diesem fieberte ich die ganze Woche entgegen. Würde er wirklich kommen? Oder hatte ich ihn durch meine Ablehnung verschreckt?

Wie wild klopfte mein Herz, als am Dorfplatz endlich seine Honda um die Ecke bog. Äußerlich blieb ich aber cool. Er sollte sich nur nicht zu viel einbilden. Wieder steuerte er einen Rohbau an, wieder in einem anderen Dorf. Es war erstaunlich, wie viele Rohbauten er kannte. Wenn mir auch am Sex und an den nach Tabakrauch schmeckenden Küssen nichts lag, so freute ich mich doch auf jeden Samstag und ließ alles über mich ergehen, weil ich darin die einzige Möglichkeit sah, ihn mir zu erhalten. Unter der Woche träumte ich natürlich von ihm. Er hatte mal erwähnt, dass er einen roten Traktor besitze, einen Hanomag. Wenn er zu seinen nördlich gelegenen Feldern wollte, fuhr er an meiner Schule vorbei. Ein solches Ereignis wollte ich mir nicht entgehen lassen. Deshalb hing ich ständig mit einem Ohr auf der Straße. Vernahm ich das Brummen eines Traktors, machte ich einen langen Hals und setzte ich mich so hin, dass ich auf die Fahrbahn sehen konnte. Manchmal erblickte ich tatsächlich »meinen« Hanomag. Als ich wieder einmal meinen Blick aufmerksam auf die Straße gerichtet hatte, rief der Lehrer: »Lisi, schau her! Nicht da draußen spielt die Musik, sondern hier vorne.«

Mit dem Gefühl, eine ertappte Sünderin zu sein, bin ich bestimmt rot angelaufen. Diese Zurechtweisung hinderte mich jedoch nicht daran, weiterhin nach »meinem« Traktor Ausschau zu halten, allerdings ging ich es etwas unauffälliger an.

Als Mitte Oktober die Tage kühler und kürzer wurden, schienen Wastl die unfertigen Bauten nicht mehr der angemessene Rahmen für sein Liebesleben. Er lenkte sein Gefährt in Richtung eines fremden Heustadls, natürlich nicht ohne die obligatorische Wolldecke. Im Heu schlief es sich doch wesentlich angenehmer als auf dem harten und kalten Betonboden. Daher fand ich allmählich auch Gefallen daran. Nach dem zweiten Besuch in einer Feldscheune verabschiedeten wir uns mit den Worten: »Also bis zum nächsten Samstag.«

Doch daraus sollte nichts werden. Obwohl ich pünktlich zu Hause eintraf, entlud sich über meinem Haupt ein Donnerwetter. Der Onkel war vorzeitig von seinem Stammtischbesuch heimgekehrt, und kaum, dass ich das Esszimmer betreten hatte, ging es schon los. Aber wie! In mir bis dahin unbekannter Lautstärke brüllte er mich an. Die Ausdrücke, die er dabei benutzte, will ich gar nicht wiedergeben. Erst als er sich etwas beruhigt hatte, erfuhr ich, was ihn so in Rage versetzt hatte. Einer seiner Stammtischfreunde hatte ihn gewarnt: »Du, pass mal auf, deine Nichte habe ich mit dem Kistler-Wastl gesehen.« Ein anderer wusste zu berichten: »Die zieht schon seit Wochen mit dem durch die Lande.«

Anschließend hatten die Stammtischbrüder meinen Freund gründlich durchgehechelt: »Der ist ein

Weiberer!«, »Der lässt nichts anbrennen!«, »Der hat in jedem Dorf ein Gspusi!«

Nachdem der Onkel mir das alles berichtet hatte, ermahnte er mich in väterlichem Ton: »Lisi, lass bloß die Finger von dem. Der hat einen ausgesprochen schlechten Ruf. Für den musst du dir zu schade sein. Außerdem bist du noch viel zu jung für eine Liebschaft.«

Das alles konnte und wollte ich nicht glauben. Ich schlug die Hände vors Gesicht und weinte wie ein Schlosshund. Dennoch bekam ich mit, wie mein Onkel gegen meine arme Mutter wetterte: »Du warst zu nachlässig! Du hast sie nicht anständig erzogen! Du lässt ihr zu viele Freiheiten! Du bist ihr ein schlechtes Vorbild gewesen!«

Unter seiner Schimpfkanonade wurde sie immer kleiner und wagte kein Wort zu erwidern.

Ab da wurde mein Onkel noch strenger. Er verzichtete sogar darauf, am Samstagabend auszugehen, nur damit er mich daheim unter Kontrolle hatte. Todunglücklich schlich ich in den folgenden Tagen herum, weil ich meinen Wastl nicht mehr sehen durfte. Ich liebte ihn doch über alles. Was sollte nun aus dieser Liebe werden? Wenn ich am Samstag nicht an der verabredeten Stelle erschien, war der Kontakt für alle Zeiten abgebrochen. Er würde sich ganz schnell mit einer anderen trösten. Bei ihm zu Hause gab es zwar schon Telefon, aber bei uns nicht. Am Montag, auf dem Heimweg von der Schule, wagte ich es, von einer Telefonzelle aus bei ihm anzurufen. Zu meiner Enttäuschung meldete sich eine weibliche Stimme, vermutlich seine Mutter. Hastig legte ich wieder auf.

Ich wollte ihn nicht in Schwierigkeiten bringen. Nach seiner Aussage wusste seine Mutter nichts von mir und sie sollte auch von mir nichts erfahren. Über Freundin Nanni konnte ich ihm auch keine Nachricht zukommen lassen, denn für die Treffen auf dem Dorfplatz war es mittlerweile zu kalt geworden.

Zwei Wochen trauerte ich still vor mich hin. Da schob mir Helmut, Onkels Geflügelfreund, heimlich ein Briefchen zu. Eine Nachricht vom Wastl! Um nur ja keinen Verdacht zu erregen, begab ich mich gemessenen Schrittes auf mein Zimmer. Dort überflog ich die Zeilen. Der erste Liebesbrief meines Lebens! Im eigentlichen Sinne war es aber kein Liebesbrief. Wastl wollte nur wissen, was los sei und warum ich an dem vereinbarten Tag nicht an der vereinbarten Stelle gewesen wäre. Diese Anfrage machte mich überglücklich. Demnach interessierte er sich noch für mich! In Windeseile verfasste ich eine Antwort. Darin erklärte ich ihm, dass ich vorerst keine Chance für ein Treffen sehe, da mich der Onkel streng bewache. Dieses Schreiben steckte ich dem Helmut zu, bevor er den Hof verließ.

Am Sonntag darauf spielte Helmut wieder den Postillion d'Amour. In seinem neuen Brief machte Wastl mir einen bemerkenswerten Vorschlag: »Wenn du schon nicht zu mir kommen darfst, dann komme halt ich zu dir. Wir sollten den alten Brauch des Kammerfensterlns wieder aufleben lassen. Du brauchst mir nur zu beschreiben, wo dein Fenster liegt. Auf eurem Grundstück gibt es gewiss eine Hütte für Gartengeräte. Ist diese offen und befindet sich eine Leiter darin, die lang genug ist?«

Mit fliegenden Fingern beschrieb ich ihm alles wunschgemäß. Auch dieses Brieflein drückte ich Helmut unbemerkt in die Hand.

Als Treffzeit hatte ich Samstag ab 22 Uhr vorgeschlagen. Um diese Zeit saß Onkel Ludwig wie angewurzelt vorm Fernseher und würde nichts von dem mitbekommen, was im und ums Haus vorging. Er hatte nämlich erst kürzlich ein Fernsehgerät gekauft und war fasziniert von diesem Apparat.

Meist saß ich bis 21.45 Uhr mit davor. Deshalb durfte ich keinesfalls früher nach oben verschwinden, das würde auffallen.

Noch nie hatte ich einem Wochenende so entgegengefiebert wie diesem. Würde mein Liebster kommen? Würde alles so klappen, wie ich mir das vorstellte? Als ich in der Stube »Gute Nacht« wünschte, bumperte mein Herz so stark, dass ich fürchtete, man könnte es hören.

Nachdem ich mich bettfein gemacht hatte, öffnete ich das Fenster einen Spalt breit, damit ich es nur ja nicht verpasste, wenn mein Romeo sich anpirschte. Die Deckenleuchte schaltete ich aus und das Nachttischlamperl an. In mein Bett verkrochen, lauschte ich aufmerksam nach draußen. Bald hörte ich, wie die Leiter angelegt wurde. Mit einem Satz war ich aus dem Bett und riss das Fenster weit auf. Im fahlen Mondlicht sah ich Wastl, der behände wie eine Katze die Leiter emporstieg. Kaum hatte ich das Fenster geschlossen, huschte ich wieder in mein Bett. Wastl konnte sich gar nicht schnell genug seiner Kleider entledigen, dann machte er sich über mich her. Das war natürlich ein ganz anderes Erlebnis als im Heustadl!

Auch wussten wir es zu schätzen, dass es im Zimmer ein Waschbecken gab. Nachdem wir uns gewaschen hatten, kuschelten wir uns wieder ins Bett, und nach geraumer Zeit begann die Prozedur von Neuem.

Um Mitternacht zog sich mein Liebhaber an und öffnete leise das Fenster. Aber – o Schreck – die Leiter war weg! Was tun?

Vorsichtig öffnete ich meine Kammertür und lauschte nach allen Seiten. In dem spärlichen Lichtschein, der von der Nachttischlampe aus auf den Gang fiel, fand mein Freund die Treppe. So vorsichtig er sich auch nach unten bewegte, bei jedem Schritt knarrte die alte Stiege. Bevor er die letzten Stufen erreicht hatte, flammte das Licht auf, und unten nahm ihn ein Racheengel in Empfang. Noch ehe der nächtliche Gast begriff, wie ihm geschah, hatte ihm der Onkel rechts und links eine kräftige Watschn versetzt. Dann riss er die Haustür auf, packte den Besucher am Kragen und warf ihn hinaus, wobei er schrie: »Wenn du es noch einmal wagst, dich auf meinem Grundstück blicken zu lassen, verjag ich dich mit der Mistgabel.«

Vor Kälte und vor Aufregung zitternd, zog ich mich in mein Bett zurück. Lange Zeit konnte ich nicht einschlafen. So viele Gedanken kreisten in meinem Kopf: Jetzt ist es aus für alle Zeiten! Nach dieser Behandlung wird sich der Wastl nie wieder bei mir blicken lassen. Nun habe ich meine große Liebe verloren und mit ihr zugleich den stattlichen Bauernhof, auf dem ich so gerne Bäuerin geworden wäre. Endlich kamen die erlösenden Tränen, und ich weinte mich in den Schlaf.

Am anderen Morgen traute ich mich kaum nach unten, weil ich fürchtete, nun werde sich des Onkels Gewitter über mir entladen. Zu meiner Überraschung erwähnte er den nächtlichen Vorfall mit keinem Wort. War er vielleicht der Ansicht, es sei nicht mehr nötig, mit mir ins Gericht zu gehen, nachdem er meinen Liebhaber auf so unsanfte Weise aus dem Haus entfernt hatte?

Bald merkte ich, dass er eine andere Taktik verfolgte. Er sprach nicht mehr mit mir. Das war für mich schlimmer, als wenn er losgebrüllt hätte. Nach seiner Anweisung durfte ich nur in die Schule und sonst nirgendwo hin. Außer, dass meine Mama streng darauf achtete, dass ich pünktlich von der Schule heimkam, verhielt sie sich so, als ob sie nicht wisse, was vorgefallen war. Hatte sie vielleicht wirklich nichts von dem nächtlichen Spuk mitbekommen? Zumindest musste ihr der Bruder etwas darüber berichtet haben.

Wie auch immer, in den folgenden Tagen hing ich herum wie eine Trauerweide. Im Unterricht war ich abgelenkt und fahrig, sodass ich manchen Tadel von meinen Lehrern einstecken musste. Daheim wusste ich nichts mit mir anzufangen. Plötzlich kam mir eine rettende Idee. Ich zog mich in meine Kammer zurück und kramte meine ganzen Heimatromane hervor, die ich sorgfältig gesammelt hatte. Dann verkroch ich mich in mein Bett und tauchte ab in das Leben meiner Romanheldinnen. Wenn mir selbst ein solches Glück verwehrt war, wollte ich mich wenigstens an deren Glück erbauen. Beim Lesen fand ich tatsächlich Ablenkung von meinem Schmerz.

Nach ein paar Tagen redete der Onkel wieder mit mir, da wurde es mir schon sehr viel leichter ums Herz.

Nach den Weihnachtsferien kam ein neues Mädchen in unsere Klasse. Sie stammte aus der Nähe von Köln. Da wir schon öfters Feriengäste aus der Gegend gehabt hatten, war mir ihre Sprache vertraut. Ihre Familie war in unsere Nähe gezogen, daher hatten wir ein Stück des Schulweges gemeinsam, und ich freundete mich schnell mit ihr an. Im Januar und im Februar zeigte sich der Winter mit reichlich Schnee von seiner besten Seite. Also zog ich jeden Tag nach dem Mittagessen mit meiner neuen Freundin los zum Rodelberg, wo wir auch Nanni und Dieter und einige andere Kinder aus der Nachbarschaft trafen. Beim fröhlichen Treiben im Schnee wurde ich wieder ganz zum Kind und vergaß für Stunden meine unglückliche Liebe. Mit geröteten Wangen und einem gesunden Appetit kehrte ich bei Anbruch der Dunkelheit nach Hause zurück. Beim Nachtessen berichtete ich begeistert von unseren aufregenden Erlebnissen im Schnee. Bald ließ Onkel Ludwig die Zügel wieder etwas lockerer. Wahrscheinlich dachte er, mittlerweile sei genug Gras über die Sache gewachsen und es sei nichts mehr zu befürchten. Daher durfte ich mich auch nach der Rodelsaison mit meinen Freundinnen treffen. Mal besuchte ich die eine, mal die andere, mal kam die eine zu uns, mal die andere. Mit beiden gemeinsam traf ich mich nie. Zu dritt, das tut nicht gut. Da kommt leicht Eifersucht auf.

Sobald das Wetter es erlaubte, traf man sich samstags wieder an der alten Eiche. Gemeinsam mit Nanni wanderte ich hin. Wir hatten Corinna angeboten, sie mitzunehmen. Sie aber hatte abgelehnt, ihr liege nichts an solchen Treffen. Zu meiner großen Enttäuschung tauchte auch Wastl nicht auf dem Dorfplatz auf. Am nächsten und am übernächsten Samstag erschien er ebenfalls nicht. Deshalb verzichtete ich auf weitere Besuche dort.

Helmut, der Geflügelfreund, hatte sich den ganzen Winter über nicht bei meinem Onkel blicken lassen. Das war verständlich, denn mit Geflügelkauf und Geflügeltausch ging in der kalten Jahreszeit nichts. Endlich, Ende März erschien Freund Helmut wieder bei uns. Doch meine Freude schlug gleich in Enttäuschung um, denn er hatte kein Brieflein dabei. Sollte ich ihm etwa eines für Wastl mitgeben? Nein, ich hatte auch meinen Stolz. Bei meinem Verflossenen wollte ich nicht den Eindruck erwecken, ich laufe ihm nach. Wenn ihm noch etwas an mir lag, würde er von sich aus Mittel und Wege finden, mit mir in Kontakt zu treten. In der Schule versuchte ich allerdings immer wieder unauffällig, die vorbeituckernden Traktoren zu erspähen, die zur Frühjahrsarbeit unterwegs waren. Manchmal erblickte ich tatsächlich den roten Hanomag. Dann klopfte mein Herz wie wild.

Um mich von meinem Herzeleid abzulenken, intensivierte ich den Kontakt zu Corinna. Mit der Zeit wurde sie immer zugänglicher. Kurz vor den Osterferien vertraute sie mir unter dem Siegel der Verschwiegenheit ihr großes Geheimnis an. Sie sei unsterblich verliebt. Seit einigen Monaten habe sie einen festen Freund. »Er ist ein Bild von einem Mann«, schwärmte sie. »Er ist groß und breitschultrig und hat schwarzes gewelltes Haar.«

Das machte mich hellhörig. Nun wollte ich noch mehr über diesen Wunderknaben wissen. Er sei 19 Jahre alt und heiße Wastl. Da krampfte sich mir das Herz zusammen. Doch mutig fragte ich weiter: »Fährt er etwa eine schwarze Honda?«

»Nein, einen blauen VW-Käfer.«

Diese Antwort beruhigte mich einigermaßen. Es mochte gewiss noch einen anderen Burschen geben, der 19 Jahre alt war, Wastl hieß und gut aussah. Es lagen ja genügend Dörfer um das unsere herum. Als sie im Laufe unseres Gespräches allerdings erwähnte, dass er am anderen Ende der Gemeinde wohne, wurde es für mich immer mehr zur Gewissheit, dass es sich nur um meinen Wastl handeln konnte, denn so viele Zufälle auf einem Haufen gibt es nicht. Nun gab sie auch noch damit an, dass er schon öfters mit ihr geschlafen habe.

»Wirklich? Hast du denn gar keine Angst, schwanger zu werden?«, spielte ich die mütterliche Freundin.

»Nicht im Geringsten«, antwortete sie selbstsicher. »Er benutzt doch Kondome.«

»Ach ja?«, tat ich erstaunt und hatte gleichzeitig das Gefühl, als bekomme ich einen Stoß in die Magengrube.

»Hat er denn keine Angst, dass er mit dem Gesetz in Konflikt geraten könnte?«, zeigte ich mich als besorgte Freundin.

»Nach meinem Alter hat er nicht gefragt, und von mir aus habe ich nicht erwähnt, dass ich erst 14 bin.«

»Das sollte er sich eigentlich denken können, da du noch ein Schulmadl bist.«

»Das ist sein Problem, nicht das meine«, tat sie die Geschichte leichthin ab.

Meine Neugier trieb mich zur nächsten Frage, obwohl mir dabei das Herz blutete: »Und wo schlaft ihr miteinander?«

Die befürchtete Antwort »Rohbau« blieb aus, stattdessen beschrieb sie mir ziemlich ausführlich ihre Schäferstündchen: »Natürlich in seinem Auto. Mit seinem VW-Käfer fährt er mit mir in den Wald auf ein verschwiegenes Plätzchen, wo uns niemand sieht.«

»Ist es nicht ziemlich kalt im Auto?«

»I wo, er lässt doch die Standheizung laufen.«

»Ja, und wo im Auto?«, plagte mich meine Neugier.

»Auf der Rückbank«, gab sie freimütig zu. »Es ist zwar ein bisschen eng, aber es macht trotzdem Spaß.«

»Und wann trefft ihr euch?«, wollte ich noch wissen, obwohl ich die Antwort bereits kannte.

»Am Samstag um 15 Uhr. Leider kann er nie lange bleiben. Um 16 Uhr muss er pünktlich im Stall sein.«

Diese Aussage versetzte mir einen weiteren Stich ins Herz. »Demnach ist er Bauer?«

»Ja, aber das stört mich nicht. Er ist lieb und zärtlich und riecht überhaupt nicht nach Stall.«

Damit war mein Verhör noch nicht beendet. »Wissen deine Eltern davon, dass du dich mit einem Mann triffst?«

»Gott bewahre! Nein!«

»Und was erzählst du denen, wenn du mit schöner Regelmäßigkeit am Samstag das Haus verlässt?«

»Denen verklickere ich, dass ich mich mit dir treffe.«

Ironie des Schicksals! Nicht nur, dass sie mir meinen Freund weggeschnappt hatte, jetzt musste ich auch noch als Alibi herhalten!

Mein eigenes verflossenes Liebesglück erwähnte ich mit keiner Silbe. Corinna schien auch gar nicht daran interessiert zu sein, dass ich von mir erzählte. Ihr war es wichtig, einmal jemandem ihr übervolles Herz ausschütten zu können. Tief bedrückt und gedankenschwer lenkte ich meine Schritte nach Hause, nachdem sie in ihre Straße abgebogen war. So schnell hatte der Wastl mich also abgeschrieben und sich einer anderen zugewandt.

An diesem Abend fand ich noch nicht mal Trost in meinen Romanen. Gleich nach dem Nachtessen, das ich kaum angerührt hatte, schlüpfte ich in mein Bett und weinte mich in den Schlaf.

Am Tag nach den Osterferien, Corinna hatte diese bei ihrer Oma in Köln verbracht, befand ich mich mit ihr auf dem Heimweg von der Schule. Wir unterhielten uns über alles Mögliche, nur nicht über ihren Liebhaber. Kurz nachdem sich unsere Wege getrennt hatten, fiel mir hinter der Kurve ein parkender blauer VW auf. Sollte das etwa der Wagen meines treulosen Liebhabers sein? Vor Schreck blieb mir fast das Herz stehen. Auf wen wartete er hier? Als ich näherkam, sah ich, wie die rechte Seitenscheibe heruntergekurbelt wurde. Eindeutig, das war er. Mir lag schon auf der Zunge, zu fragen: »Wartest du hier auf Corinna, oder auf mich?« Zum Glück kam ich nicht dazu, weil er mich anstrahlte und mir leise zurief: »Komm, steig ein! Ich muss mit dir reden.«

Das ließ ich mir nicht zweimal sagen. Ich riss die Tür auf und schon saß ich neben ihm. Während ich die Scheibe hochkurbelte, stieß ich hervor: »Ich hab nicht viel Zeit, ich muss pünktlich zu Hause sein.«

»Keine Sorge, es dauert nicht lange.« Er lenkte sein Fahrzeug in eine unbelebte Seitengasse und parkte am Straßenrand. Dann beugte er sich zu mir herüber und küsste mich. Obwohl mir sein Kuss nicht schmeckte, da er kurz zuvor offenbar geraucht hatte, war ich selig. Zeigte es mir doch, dass er mich noch mochte. Nach einigen Sekunden gab er meinen Mund frei, sodass ich fragen konnte: »Was hast du mir so Wichtiges zu sagen?«

»Ich kann dich nicht vergessen. Wir müssen uns unbedingt wiedertreffen.«

Vor Freude schlug mein Herz einen Purzelbaum. Wie gut, dass ich keine bösartige Bemerkung von mir gegeben hatte! Auf die Schnelle fiel mir allerdings nicht ein, wann und wo wir uns sehen könnten. Deshalb bat ich ihn, am nächsten Tag wieder an dieser Stelle auf mich zu warten. Er ließ den Motor an und setzte mich in der Nähe meines Elternhauses ab, sodass ich noch pünktlich zu Hause sein konnte. Die letzten Meter legte ich zurück wie auf Wolken schwebend.

Am anderen Tag stand der blaue VW pünktlich in der Seitengasse. Ich schlug Wastl vor, am kommenden

Dienstag um 15 Uhr an derselben Stelle auf mich zu warten. Das akzeptierte er sofort.

Für mein erstes Rendezvous nach der langen Auszeit verwendete ich Corinna als Alibi. Was die kann, kann ich auch, dachte ich. Ob Wastls Beziehung zu ihr noch bestand? Ich wagte es nicht, dieses Thema zu berühren, weder bei ihm noch bei ihr. Auch bei allen folgenden Treffen benutzte ich Corinna als Alibi, nach dem Motto: Was ihr recht ist, ist mir billig.

In den letzten Monaten unserer Schulzeit sollten wir im Handarbeitsunterricht eine Baby-Ausfahrgarnitur stricken, also Jäckchen und Mützchen. Damit wir Maß nehmen konnten, hatte die Lehrerin eine lebensgroße Babypuppe mitgebracht. Alle waren eifrig bei der Sache. Die meisten hatten blaue oder rosa Wolle gewählt. Ich selbst hatte mich für Seegrün entschieden, damit würde die Garnitur sowohl für einen Buben als auch für ein Dirndl passen. Außerdem dachte ich, wenn das Kind meine rotgoldenen Locken erbte, würde ihm Grün ausgezeichnet stehen. Während ich fleißig strickte, träumte ich nämlich davon, dass ich in wenigen Jahren Bäuerin sein und mit Wastl ein süßes Baby haben würde. Dieses könnte ich dann stolz in der selbst gestrickten Garnitur ausfahren.

Etwa einen Monat, bevor ich aus der Schule entlassen wurde, erlebten meine Mutter und ich eine herbe Enttäuschung, was meine Berufswahl anging. Seit einem Jahr hatten wir uns in dem sicheren Gefühl gewiegt, es sei alles bestens geregelt. Nämlich noch bevor Wastl meinen Weg gekreuzt hatte, zu einer Zeit also, als ich noch nicht daran denken konnte, jemals Bäuerin zu werden, hatte mein Onkel meine künstlerische Ader entdeckt. Er meinte, ich hätte das Zeug dazu, in seine Fußstapfen zu treten und Porzellanmalerin zu werden. Diese Idee gefiel mir. Also packte ich am Ende der siebten Klasse auf sein Anraten hin einige meiner »Werke«, die im Kunstunterricht entstanden waren, zusammen und begleitete ihn zu seinem Chef. Dieser blätterte in der Mappe und ließ anerkennend verlauten: »In der Tat, das Madl scheint Talent zu haben. Du kannst im nächsten Jahr bei uns als Lehrling anfangen.«

Er führte mich noch durch den Betrieb, und was ich sah, gefiel mir. Ja, ich konnte mir sehr gut vorstellen, dass ich in diesem Beruf glücklich werden würde.

Als dann zu Beginn des letzten Schuljahres eine Berufsberaterin in die Klasse kam, verzichtete ich leichtfertig auf deren Beratung, indem ich erklärte, man habe mir bereits eine Lehrstelle als Porzellanmalerin zugesagt. Nun aber, einen Monat bevor ich die Schule verließ, erhielten wir ein Schreiben von Ludwigs Chef. Mit großem Bedauern teilte er uns mit, dass die Aufträge zurückgingen und dass zu befürchten sei, die Filiale müsse geschlossen werden. Um sie eventuell noch retten zu können, sei für die gesamte Belegschaft Kurzarbeit angeordnet worden. Er wage es nicht, neue Lehrlinge einzustellen, weil er nicht garantieren könne, dass die Filiale noch drei Jahre bestehen bleibe.

Mama und ich schauten uns betreten an. Dann warteten wir auf die Rückkehr Ludwigs, um mit ihm die Lage zu besprechen. Er selbst, ebenfalls von Kurzarbeit betroffen, hoffte wie alle anderen, dass sich die Auftragslage wieder besserte. Sein Rat an meine Mutter und mich war: »Fahrt gleich morgen zur Berufsberatung. Vielleicht können die euch noch was vermitteln.«

Auf gut Glück fuhren wir am folgenden Nachmittag, es war Ende Juli, mit der Bahn nach Starnberg. Wir hatten Glück, wir fanden nicht nur sehr schnell das richtige Gebäude, an diesem Nachmittag hatte man sogar Sprechstunde. Mit spürbarem Vorwurf in der Stimme meinte die Berufsberaterin, wir seien ziemlich spät dran, um noch zum 1. September eine Lehrstelle zu finden. Wir schilderten ihr das Malheur mit der Porzellanmalerei. Danach wurde sie wesentlich freundlicher und fragte, welche Neigung und Begabung ich sonst noch habe. Ich traute mich nicht, ihr zu gestehen, dass ich gerne Bäuerin werden würde und mir schon berechtigte Hoffnungen machte, dieses Ziel zu erreichen. Zum einen wagte ich das nicht in Anwesenheit meiner Mutter zu erwähnen, zum anderen befürchtete ich, die Dame würde mich auslachen oder mich zur Lehre in einem bäuerlichen Betrieb, weiß Gott wohin, schicken. Mir aber war daran gelegen, eine Lehrstelle zu finden, bei der ich zu Hause wohnen konnte, um meinen Liebsten weiterhin treffen zu können. Also ließ ich sie wissen, dass ich eine heimatnahe Lehrstelle bevorzuge, gleich welcher Art, da ich mit einer weiteren Neigung oder Begabung nicht aufwarten konnte. Deshalb blätterte sie, scheinbar ziellos, in ihrer Kartei, wobei sie immer wieder den

Kopf schüttelte. Plötzlich fischte sie eine Karte heraus und hielt sie wie eine Siegestrophäe in die Höhe. »Das könnte etwas für dich sein. Hier habe ich einen Friseurmeister, der sucht noch einen weiblichen Lehrling.«

»Was meinst du dazu?«, fragte ich meine Mutter.

»Lisi, was ich meine, ist nicht entscheidend. Du musst wissen, ob du das magst.«

»Warum nicht?«, antwortete ich. »Friseuse ist ein sauberer Beruf. Vielleicht macht er mir sogar Spaß, wenn ich erst mal dabei bin.« In Gedanken fügte ich hinzu, dass ich diesen Beruf eh bald an den Nagel hängen und auf Bäuerin umsatteln würde.

Die Berufsberaterin schrieb uns die Adresse des Salons auf einen Zettel und meinte, er befinde sich in der Nähe des Bahnhofs und sei ganz leicht zu finden. Das traf sich gut, da wir ja wieder mit dem Zug zurückfahren mussten. Also tippelten wir in Richtung Bahnhof. Schräg gegenüber entdeckten wir den Salon, über dem in großen Lettern die Aufschrift prangte: **Damen- und Herrenfriseur**.

Verschüchtert betraten wir den vornehm wirkenden Laden und blieben wie bestellt und nicht abgeholt an der Tür stehen. Erstaunt über so viel Geschäftigkeit, stand mir der Mund offen. Vor uns lag ein großer Raum, der durch einen Vorhang geteilt war. Der kleinere Teil zu unserer Linken war eindeutig für die Herren bestimmt. Zwei Mitarbeiter in kurzen rosa Kitteln schnitten gerade zwei älteren Männern die Haare. In der rechten Abteilung standen wesentlich mehr Stühle, die alle besetzt waren. Mädchen, ebenfalls in rosa Kitteln, waren mit verschiedenen Aufgaben an den Köpfen ihrer Kundinnen beschäftigt. Eines der Mädchen, offensichtlich ein Lehrling, kehrte gerade die Haare auf dem Boden zusammen. Das wird wohl bald meine Aufgabe sein, ging es mir durch den Kopf. Endlich hatte eine der Friseusen die kunstvolle Frisur ihrer Kundin fertiggestellt. Während diese an der Kasse bei einem Herrn mittleren Alters bezahlte, eilte die Friseuse auf uns zu und versuchte, uns in den Wartebereich des Salons zu komplimentieren: »Nehmen Sie einstweilen Platz. Sobald eine Mitarbeiterin frei ist, werden Sie bedient.«

Wir aber blieben wie angewurzelt stehen und beobachteten, wie die Friseuse einer der beiden wartenden Frauen ein Zeichen gab, ihr zu folgen. »Passt etwas nicht?«, wandte sie sich uns wieder zu.

Meine Mutter antwortete: »Wir wollen nicht bedient werden. Meine Tochter möchte sich um die freie Lehrstelle bewerben.«

»Ach, das ist ja großartig!« Zu ihrer Kundin gewandt säuselte sie, indem sie auf den freien Frisierstuhl deutete: »Nehmen Sie schon mal Platz, Frau Weiß. Ich bin gleich bei Ihnen.«

Uns aber geleitete sie zur Kasse, wo sie den graumelierten Herrn ansprach: »Herr Wallner, diese junge Dame möchte sich als Lehrling bei Ihnen vorstellen.«

Da gerade nichts zu kassieren war, erhob sich der Angesprochene und geleitete uns in sein Büro. »Das ist ja schön, dass du dich bei uns bewerben willst.«

Er fragte uns ein bisschen über unsere Lebensumstände aus und wollte wissen, ob ich im September anfangen könne. Da wir bejahten, versprach er, uns den Lehrvertrag in den nächsten Tagen zuzuschicken.

Am 1. September 1966, pünktlich um 8 Uhr, trat ich meine Stelle als Friseurlehrling an. Vorher waren bereits Kosten auf mich zugekommen. Ich hatte mir zwei rosa Kittel kaufen müssen, in denen ich mich sehr schick fand. Dann folgte eine harte Zeit für mich. Um 7.30 Uhr verließ ich mein Zuhause und kehrte erst um 19.30 Uhr wieder heim. Der einzige Lichtblick in dieser Zeit war der Tag der Berufsschule. Diese begann zwar auch um 8 Uhr, aber sie endete um 16 Uhr, sodass ich den 17-Uhr-Zug nehmen konnte. An den anderen Tagen wurde ich in einem Pkw mitgenommen. Zu meinem Glück war es meinem Onkel gelungen, rechtzeitig eine Mitfahrgelegenheit für mich zu finden, sonst wäre ich noch länger unterwegs gewesen. Am Stammtisch hatte Ludwig den Fredi ausfindig gemacht, 35 Jahre alt, der in Starnberg in einem Teppichgeschäft arbeitete. In seiner Fahrgemeinschaft, bestehend aus Ernst, 28 Jahre alt, der in einem Möbelhaus arbeitete, und Lena, ein Jahr älter als ich, die Lehrling in einem Schuhgeschäft war, gab es noch einen Platz für mich. Wenn Fredi mich am Morgen an der verabredeten Stelle abholte, saßen die beiden anderen bereits im Wagen. In Starnberg am Bahnhof stiegen wir alle aus und jeder strebte seinem Arbeitsplatz zu. Am Abend holte uns unser Chauffeur wieder an derselben Stelle ab. Eines Abends allerdings tauchte er nicht zur ausgemachten Zeit auf. Anfangs dachten wir uns noch nichts dabei. Doch bald schauten wir abwechselnd auf die Bahnhofsuhr und in die Richtung, aus der unser »Taxi« kommen sollte. »Er wird uns doch nicht versetzt haben«, äußerte ich ängstlich.

»Ach, was. Der Fredi ist die Zuverlässigkeit in Person. Es kommt allerdings schon mal vor, dass er bei einem Kunden nicht so schnell wegkommt«, beruhigte mich Ernst.

Doch der Fredi kam und kam nicht. »Jetzt könnte ich noch den Zug erwischen«, gab ich beunruhigt von mir.

»Geh, Lisi, das Geld kannst du dir sparen«, meinte Lena. »Bis du dir die Fahrkarte gekauft hast, ist der Fredi längst da.«

Minute um Minute verrann, aber wer nicht auftauchte, war unser Fahrer. Wir befanden uns ja noch in der Vor-Handy-Ära, sonst hätten wir bei ihm anrufen können, oder er hätte sich gemeldet. Endlich, nach qualvollen 45 Minuten brauste sein Auto um die Ecke. »Tut mir leid, Kinder, ich bin mal wieder mit dem Verlegen eines Teppichbodens nicht früher fertig geworden.«

Das sah ich ein. Aber würde mein Onkel das auch einsehen? Ich war noch nicht richtig im Esszimmer, da servierte er mir schon eine. Er hat mir eine solche Watschn verpasst, dass ich dachte, der Kopf würde mir davonfliegen. Dann schimpfte er mordsmörderisch über meine 45-minütige Verspätung. Erst als er Luft holte, kam ich dazu, ihm zu erklären, warum ich so spät dran war. Er glaubte mir aber kein Wort. »Dann frag den Fredi doch selbst«, empfahl ich ihm.

Beim nächsten Stammtischtreffen tat er das auch. Anschließend kam er jedoch nicht auf die Idee, sich bei mir für die Watschn und die Schimpftirade zu entschuldigen. Da ihm der Fredi erklärt hatte, so eine kleine Verspätung könne bei ihm berufsbedingt öfter mal vorkommen, hörte mir der Onkel zukünftig zumindest erst mal zu, wenn ich mit Verspätung nach Hause kam.

Weil ich jetzt als berufstätiges Wesen den ganzen Tag unterwegs war, musste ich mein Liebesleben neu organisieren. An meinem Berufsschultag war ich zwar schon kurz nach 17 Uhr daheim, aber um diese Zeit hatte Wastl noch im Stall zu tun. In dieser Situation kam uns ein glücklicher Umstand zu Hilfe. Um die Jugendlichen von der Straße zu holen, bot man im Pfarrzentrum als neueste Attraktion jeden Sonntag von 18 bis 22 Uhr Tanz und Unterhaltung an. Großzügig erlaubte mir Onkel Ludwig, daran teilzunehmen, dort befürchtete er offenbar keine Gefahr für meine Tugend. Allerdings schaute er jeden Sonntagabend kurz vorbei, um sich davon zu überzeugen, dass ich auch wirklich anwesend war und ob sich nicht eventuell mein »Verführer« dort aufhalte. Bei der ganzen Aktion hatten wir unglaubliches Glück. Der Wastl blieb unsichtbar, indem er an einer verschwiegenen Ecke in seinem Auto sitzen blieb. Sobald mein Onkel seinen Kontrollbesuch beendet hatte, stieg ich zu meinem Freund ins Auto und fuhr mit ihm in den Wald. Das, was er erledigen wollte, war in wenigen Minuten getan. Daher fiel es den Besuchern im Pfarrsaal kaum auf, dass ich zwischendurch mal verschwunden war.

Eines Tages begann mein Liebster damit, mich »mein Schatz« zu nennen, was mir sehr schmeichelte. Es dauerte aber nicht lange, da kam mir ein Verdacht. Er schien wohl mehrere Freundinnen zu haben, die er alle »Schatz« nannte, damit er sich nicht verplappern konnte. Eigentlich konnte ich ihm das nicht verdenken. Er war ein junger Mann und hatte seine Bedürfnisse. Diese konnte ich ihm nicht ausreichend erfüllen, weil ich ihn ja nur einmal in der Woche treffen konnte. Aber egal, Hauptsache, er verließ mich nicht. Für mich würden gewiss noch bessere Zeiten kommen.

Mutterfreuden?

Mit der Zeit verlor Onkel Ludwig das Interesse daran, mir im Pfarrheim nachzuspionieren. Dennoch galt es weiterhin, auf der Hut zu sein. Länger als eine halbe Stunde wagte ich es nicht, mit Abwesenheit zu glänzen. Hatten mir die Tanzabende anfangs ganz gut gefallen, so fand ich sie mit der Zeit öd, sodass ich am liebsten noch lange vor dem Ende nach Hause gegangen wäre. Das durfte ich aber nicht riskieren. Sonst hätte der Onkel womöglich vermutet, dass mir am Tanzen nicht viel liegt, sondern dass ich andere Interessen verfolgte, die schneller erledigt waren. Also hielt ich tapfer bis 22 Uhr durch, obwohl ich mich langweilte.

So war es Ende Februar geworden, ohne dass ich erwischt worden war. Kurz nach meinem 15. Geburtstag kam mein Freund mit einem ausgefallenen Wunsch daher: »Das mit den Kondomen finde ich saublöd. Bis ich es angelegt habe, ist schon der halbe Spaß flöten. Außerdem ist das Gefühl nicht so intensiv mit der Gummiwand dazwischen.«

Erstaunt schaute ich ihn an. Sollte er etwa Erfahrung haben mit »ohne«? Eine diesbezügliche Frage sprach ich aber nicht aus. Stattdessen fragte ich: »Was sollen wir sonst machen? Wir haben doch keine andere Wahl.«

»Doch, haben wir. Kürzlich habe ich davon gehört, dass es bei der Frau fruchtbare und unfruchtbare

Tage geben soll. Wenn wir uns die unfruchtbaren Tage aussuchen, haben wir den vollen Spaß und es kann trotzdem nichts passieren.«

Interessiert hakte ich nach: »Und wann sollen diese Tage sein?«

»Keine Ahnung. Ich dachte, du weißt vielleicht etwas darüber.«

»Ich habe noch weniger Ahnung als du. Ja, ich wusste noch nicht mal, dass es so etwas gibt.«

Nun schlug er vor: »Du solltest jemanden fragen, der sich damit auskennt. Vielleicht deine Mutter.«

»Um Gotteswillen! Nein! Sie würde doch sofort Verdacht schöpfen. Außerdem glaube ich, dass sie selbst keine Ahnung hat, sonst wäre ihr der Ausrutscher mit meinem Bruder nicht passiert.«

Nach einigem Nachdenken machte ich den Vorschlag: »Kannst du nicht deine Mutter fragen?«

»Wo denkst du hin?«, wies er mein Ansinnen vehement zurück. »Mein Liebesleben geht sie einen Dreck an. Außerdem bin ich mir ziemlich sicher, dass sie ebenso ahnungslos ist wie deine Mutter.«

Plötzlich reifte in mir ein Gedanke: »Ende Juni kommen wieder die Sommerfrischler zu uns, die Schulzes aus Hamburg. Deren Tochter Claudia ist 17 und hat schon seit zwei Jahren einen festen Freund. Die kennt sich vermutlich aus.«

»Also gut, warten wir bis Juni und machen einstweilen weiter wie bisher.« Damit war das Thema vorerst abgehakt.

Sobald die Schulzes angereist waren, führte ich mit Claudia ein Gespräch von Frau zu Frau. Bereitwillig klärte sie mich ausführlich über die bewussten

Tage auf. »Warum interessierst du dich dafür?«, wollte sie anschließend wissen.

»Nur so«, schwindelte ich. »Falls mir mal ein Mannsbild begegnen sollte, das mir gefällt.«

Den Wastl wollte ich partout nicht erwähnen. Wie leicht hätte sich Claudia bei meiner Mutter oder meinem Onkel verplappern können.

Mein Liebhaber zeigte sich hocherfreut, als ich ihm mit dem Wissen von Claudia dienen konnte. Da die Zeit für uns günstig war, probierte er es gleich aus. Ich muss gestehen, auf diese Weise machte es mir auch mehr Spaß. Allerdings bedeutete diese Methode, dass wir uns nur alle zwei Wochen sehen konnten. Wenn ich meine Periode hatte, mochte ich nicht, und wenn meine fruchtbaren Tage waren, durften wir nicht, um kein Risiko eingehen. Das lief ganz gut. Allerdings plagte mich in dieser Zeit immer wieder die Eifersucht. Ich vermutete, dass sich Wastl in den Zwischenzeiten mit anderen Freundinnen traf, ich konnte es mir nicht vorstellen, dass er es 14 Tage »ohne« aushielt.

An einem Samstag Mitte Januar veranstaltete einer unserer Dorfwirte einen Faschingsball. Zu diesem durfte ich sogar hin, obwohl ich erst einen Monat später 16 wurde. Allerdings hatte ich die Auflage, um 22 Uhr wieder daheim zu sein.

Die meisten Besucher waren bunt verkleidet und zum Teil maskiert, und es ging sehr lustig zu. Mitten im schönsten Tanzen flüsterte mir mein Freund ins Ohr: »Komm, wir fahren in den Wald.«

»Heute besser nicht«, lehnte ich ab. »Es ist noch zu früh. Warte bis morgen, dann bin ich ja wieder im Pfarrheim.«

»Warten, warten! Warum warten? Gerade jetzt habe ich Lust auf dich«, zeigte er sich eigensinnig wie ein kleines Kind. Wahrscheinlich war er deshalb so leichtsinnig, weil er etwas getrunken hatte. Im Wald bat ich: »Dann wenigstens mit Kondom.«

»Ach was«, tat er meinen Wunsch einfach ab. »Erstens habe ich keines dabei und zweitens will ich dich direkt spüren. Es wird schon nichts passieren.«

Die nächsten Tage schlich ich ziemlich bedrückt herum. Als nach zwei Wochen meine Tage ausblieben, sah ich meinen Verdacht bestätigt, redete mir aber zunächst ein, sie könnten ja mal verspätet einsetzen.

Am 19. Februar wurde ich 16. Nun hatte ich es nicht mehr nötig, mich am Sonntagabend im Pfarrheim zu langweilen. Ab diesem Datum erlaubte mir der Onkel ganz offiziell, die Diskothek zu besuchen, die kurz zuvor in unserem Dorf eröffnet worden war. Ursprünglich war das ein Kino gewesen, das ein wohlhabender Münchner einige Jahre nach dem Krieg hatte erbauen lassen. Menschen aller Altersklassen waren stets hineingeströmt, sodass er gute Geschäfte gemacht hatte. Gleich daneben hatte er eine Eisdiele eingerichtet, die an einen Italiener verpachtet war. Dort pflegte man vor oder nach dem Kinobesuch einzukehren. In den Sechzigerjahren aber wurde das Fernsehen immer populärer, daher ließen die Besucherströme im Kino merklich nach, und der Kinobesitzer sah seine Einnahmen schwinden. Schon entwickelte er eine neue gewinnbringende Idee und ließ das Kino umbauen zu einer Diskothek. Außer am Montag war dort jeden Abend

Musik und Tanz. Damit lockte er zwar nur jugendliche Besucher an, diese aber kamen auch aus allen umliegenden Dörfern. Daher war der Laden immer voll, besonders an den Wochenenden. Im Sommer wimmelte es zusätzlich von jungen Touristen, wie man die Urlauber mittlerweile nannte. So machte der Mann weiterhin gute Geschäfte, zumal die Eisdiele ein Anziehungspunkt für Jung und Alt blieb. Wenn ich gewollt hätte, hätte ich jeden Abend in die Disco gehen dürfen, allerdings nur bis 22 Uhr. Danach stand mir aber nicht der Sinn. Nach meinem anstrengenden Arbeitstag war ich so kaputt, dass ich nur noch Sehnsucht nach meinem Bett verspürte. Am Samstag wagte ich mich jedoch in den »Schuppen«, weil ich am Sonntag ausschlafen konnte. Doch mit der Zeit verspürte ich immer weniger Lust dazu. Ich wurde zusehends deprimierter, weil die Hoffnung, dass meine Periode doch noch kommen würde, von Tag zu Tag schwand. Nachdem sie zum zweiten Mal ausblieb, war ich mir ganz sicher, schwanger zu sein, noch dazu, weil mir jeden Morgen schlecht wurde. Eines Morgens erwischte mich meine Mutter, als ich mich in der Küche ins Spülbecken erbrach. »Bist du etwa schwanger?«, fragte sie.

»Ja«, gestand ich verschämt. Sie nahm es zur Kenntnis, ohne ein weiteres Wort zu verlieren. Wahrscheinlich wagte sie es nicht, mir Vorwürfe zu machen, da sie ja selbst zweimal schwanger geworden war, ohne verheiratet gewesen zu sein.

Abends nach dem Nachtessen, mein Bruder lag schon im Bett, wurde meine Schwangerschaft dann zum Thema am Familientisch. Mein Onkel blieb erstaunlich ruhig: »Weiß der werdende Vater es schon?«

»Nein, ich wollte erst mit euch sprechen.«

»Mach dir nichts vor, Lisi«, äußerte der Onkel sachlich. »Der Mann wird dich nicht heiraten. Er ist ein Bauer und braucht für seinen Betrieb eine Bäuerin.« Meine Mutter stieß ins gleiche Horn. Dann machte der Onkel eine Bemerkung, für die ich ihm sehr dankbar war, sie stärkte mir nämlich den Rücken: »Wenn er dich auch nicht heiratet, Lisi, hier bleibt immer dein Zuhause. Ein drittes Kind ziehen wir auch noch auf.«

Mit dieser Zusicherung im Hinterkopf fiel es mir einigermaßen leicht, meinem Freund zu begegnen. Nachdem wir unseren obligatorischen Waldbesuch absolviert hatten, schenkte ich ihm reinen Wein ein: »Du, Wastl, ich erwarte ein Kind.«

Seine erste Reaktion auf diese Eröffnung hatte ich nicht erwartet. »Das macht nichts.« Über seine folgende Äußerung aber war ich entsetzt: »Ich werde dir eine Adresse geben, da kannst du es wegmachen lassen. Die Kosten dafür übernehme ich.«

Ob dieser Kaltschnäuzigkeit blieb mir zunächst die Sprache weg. In meinem Inneren aber arbeitete es: Wieso kennt er eine solche Adresse? Hat er vielleicht schon andere Mädchen dorthin geschickt?

Gleich darauf erwachte mein Kampfgeist: »Deine Adresse kannst du dir an den Hut stecken. Ob es dir passt oder nicht, ich werde dieses Baby zur Welt bringen. Du kannst von mir nicht verlangen, dass ich mein eigenes Kind umbringen lasse.«

»Wie du willst«, antwortete er achselzuckend. »Aber eines sollst du wissen, heiraten werde ich dich auf keinen Fall. Für meinen Hof brauche ich keine Friseuse, sondern eine Bäuerin.«

»Wo ist da die Schwierigkeit?«, wagte ich zu entgegnen. »Was eine Bäuerin können muss, lässt sich alles lernen. Bei meiner Freundin Nanni habe ich schon öfters im Stall mitgeholfen und kenne mich mit vielen Arbeiten aus. Den Rest könntest du mir ja beibringen.«

»Das ist nicht das Problem. Das Problem ist meine Mutter. Der darf ich keine Schwiegertochter ins Haus bringen, die nichts hat. Von meiner Zukünftigen erwartet sie eine anständige Mitgift, bestehend aus einem fruchtbaren Acker oder einem ansehnlichen Waldstück. Sach muss zu Sach, ist ihre Devise. Zumindest müsste die Braut eine ansehnliche Barschaft auf den Tisch legen.«

Dagegen konnte ich kein Argument vorbringen. Weder an Grund und Boden noch an Geld hatte ich etwas vorzuweisen. Von den paar Mark, die ich als Lehrling bekam, konnte ich nichts wegsparen. Das reichte nicht einmal für meinen Anteil an der Fahrgemeinschaft, für Arbeitskittel, Kleidung und Schuhe, obwohl ich in dieser Hinsicht nicht anspruchsvoll war. Damit ich über die Runden kam, musste meine Mutter noch ganz schön zuschießen.

Mit einem Mal spürte ich, wie in mir eine Wandlung vorging. Bisher hatte ich immer alles still über mich ergehen lassen und zu allem Ja und Amen gesagt, nur um den Wastl halten zu können. Nun aber, da ich nichts mehr zu verlieren hatte, wagte ich es, meinen Schnabel aufzureißen: »Mit deinen 21 Jahren bist du alt genug, um eigene Entscheidungen zu treffen und deiner Mutter eine Braut zu präsentieren nach deiner Wahl.«

»Das kann ich eben nicht«, kam es kleinlaut von seiner Seite. »Wenn ich eine Frau auf den Hof bringe, die ihr nicht passt, übergibt sie mir nicht.«

»Dass ich nicht lache! Über kurz oder lang wird sie dir übergeben müssen. Und wenn nicht, spätestens nach ihrem Ableben würdest du Bauer auf dem Hof sein. Sie kann das Sach doch nicht mit ins Grab nehmen.«

»Das kann sie freilich nicht. Aber wenn ich nicht so spure wie sie will, wird sie das Anwesen meinem Bruder überschreiben.«

»Deinem Bruder?«, staunte ich. »Du hast nie erwähnt, dass du einen Bruder hast.«

»Bisher bestand dazu ja auch keine Veranlassung. Sie hat mir schon mehrmals gedroht, dass sie an ihn übergibt, wenn ich ihr nicht die passende Braut präsentiere.«

»Dein Bruder ist wohl jünger als du?«

»Ja, er ist erst zehn.«

»Dann muss sie aber noch lange warten, bis der den Hof übernehmen kann. Außerdem weiß sie bei ihm auch nicht, ob er die richtige Frau daherbringt. Sie weiß ja noch nicht einmal, ob er überhaupt Interesse für die Landwirtschaft entwickelt. Bei dir dagegen weiß sie es gewiss.«

»Das kann sie abwarten. Mit ihren 42 Jahren ist sie jung genug und hat das Heft noch fest in der Hand.«

So sah das also aus. Die Erkenntnis, dass ich auf verlorenem Posten stand, war sehr schmerzlich für mich. Weil ich Wastl liebte, durfte ich ihn keinesfalls dazu bringen, sich mit seiner Mutter zu überwerfen, sonst war der Hof für ihn verloren. Das wäre schlimm für ihn gewesen. Er war ja mit Leib und Seele Bauer. Er hing an seinen Tieren und an der Erde, die er bearbeitete. Außerdem, wenn seine Mutter ihn vor die Tür setzte, wovon sollte er leben? Er hatte ja nichts anderes als Ackerbau und Viehzucht gelernt. Er hätte sich allenfalls als Hilfsarbeiter irgendwo sein Brot verdienen können. Dabei wäre er bestimmt todunglücklich geworden. Doch mit einem unglücklichen Mann zu leben, war sicherlich nichts Erstrebenswertes. Abgesehen davon, wäre mein Traum, Bäuerin zu werden, auf diese Weise ebenso ausgeträumt gewesen. Nachdem mir all diese Gedanken durch den Kopf gegangen waren, kam von Wastl auf einmal ein Vorschlag: »Wenn ich dich auch nicht heiraten kann, könnten wir uns doch weiterhin treffen.«

Ob meiner grenzenlosen Enttäuschung fühlte ich mich nicht in der Lage, ihm spontan zu antworten. Deshalb vertröstete ich ihn: »Lass mir ein paar Tage Bedenkzeit. Nächsten Samstag in der Disco werde ich dir meine Antwort geben.«

In meiner stillen Kammer überdachte ich wieder und wieder verschiedene Möglichkeiten. Wenn mir auch der Kistlerhof verloren war, so könnte ich ja nach einem anderen Bauernhof Ausschau halten. Irgendwo musste es doch einen braven Bauern geben, der mich ohne Mitgift und sogar mit dem Kind eines anderen Mannes nehmen würde. Von meiner Seite aus würde das eine reine Vernunftheirat sein. Könnte ich dabei glücklich werden? Kam es überhaupt darauf an, dass ich glücklich wurde? Wäre es für mich und mein Kind nicht genug, wenn wir versorgt waren? Zwar bekam ich den Mann meiner Träume nicht, aber so ließe sich zumindest mein Traum vom Leben als Bäuerin verwirklichen.

Doch gefühlsmäßig flogen meine Gedanken immer wieder zum Wastl hin. Wenn ich schon nicht seine Frau werden durfte, so schien er doch bereit, mich weiterhin als seine Geliebte halten zu wollen. Das war immerhin etwas. Aber was würde sein, wenn er eines Tages die Frau fand, die seiner Mutter passte, eine, die ihm eine ansehnliche Mitgift einbrachte? Ihm würde es sicherlich nichts ausmachen, mich neben seiner Ehefrau als Geliebte zu halten. In der Vergangenheit hatte er mir ja zur Genüge bewiesen, dass er in diesen Dingen nicht zimperlich war. Von verschiedenen Seiten war mir nämlich hinterbracht worden, dass er da und dort eine Freundin hatte, abgesehen von Corinna, die mir selbst von ihrem Verhältnis zu Wastl erzählt hatte. Doch könnte ich das seiner Frau antun, mich hinter ihrem Rücken mit ihrem Mann zu treffen? Und ich selbst? Würde ich so leben wollen? Immer Versteck spielen müssen, immer die heimliche Geliebte sein? So durchlebte ich in den folgenden Tagen ein Wechselbad der Gefühle. Den einen Tag war ich wild entschlossen, ihm am Samstag den Laufpass zu geben. Den andern Tag aber sagte mir mein Herz: Nein, das machst du nicht. Sei dankbar dafür, einen solchen Mann lieben zu dürfen. Genieße die Zweisamkeit mit ihm, so lange er dich mag.

Am Samstag endlich, auf dem Weg zur Disco, hatte ich den festen Entschluss gefasst, dem Wastl abzusagen. Als er dann vor mir stand, mich anlächelte und mich auf die Tanzfläche führte, geriet mein Vorsatz ins Wanken. Nein, diesen Mann, den ich mit allen Fasern meines Herzens liebte, konnte ich doch nicht laufen lassen. Als er gar zärtlich wurde, mich in Richtung Ausgang drängte und mit mir im Auto landete, schmolz ich vollends dahin und ich raunte ihm zu: »Den Weg in den Wald kannst du dir sparen. Der Onkel meint, da es nun schon passiert sei, könnten wir es uns künftig in meinem Bett gemütlich machen.«

Das ließ sich mein Liebhaber nicht zweimal sagen, obwohl er gehörigen Respekt davor hatte, dem Onkel zu begegnen. Der war aber an diesem Abend gar nicht zu Hause.

Von da an besuchte mich mein Freund alle zwei oder drei Tage. Deshalb blieb es nicht aus, dass er auch mal Ludwig begegnete. Beide taten so, als ob nie was gewesen wäre.

Das war die eine Seite der Geschichte. Es gab aber auch noch die andere. Ich war schwanger und das konnte ich nicht einfach ignorieren. Es wurde Zeit, einen Arzt aufzusuchen. Dieser sollte mir nicht nur die Schwangerschaft bestätigen, er sollte auch feststellen, ob bei mir und beim Kind alles in Ordnung war. Einer Kollegin, mit der ich mich besonders gut verstand, vertraute ich mich an. Sie hatte bereits zwei Kinder und empfahl mir ihren Frauenarzt, mit dem sie sehr zufrieden war. Dr. Bertram hatte seine

Praxis gleich um die Ecke. Bei der Anmeldung musste ich meine Personalien angeben, die von der Dame am Empfang gewissenhaft auf einem Formular eingetragen wurden. Auch musste ich einige Fragen beantworten, unter anderem, wann ich zum letzten Mal meine Periode gehabt habe. Da bedachte sie mich mit einem abschätzigen Blick, vermutlich weil ich meinen Familienstand mit »ledig« angegeben hatte. Völlig verschüchtert setzte ich mich ins Wartezimmer, wo ich mit Abstand die jüngste Patientin war. Es dauerte lange, bis ich endlich von einer Sprechstundenhilfe ins Sprechzimmer gerufen wurde. Dr. Bertram, ein Herr mit grauen Haaren, saß am Schreibtisch und studierte offenbar mein Anmeldeformular. Dann kam er freundlich lächelnd auf mich zu: »Grüß Gott, Lisi. Was führt dich zu mir?«

»Ich vermute, dass ich schwanger bin.«

»Dann schau'n wir mal. Nimm bitte Platz.« Dabei zeigte er auf ein Ungetüm, wie ich noch nie eines gesehen hatte. Vermutlich bezeichnete man es als »Stuhl«. Mit gemischten Gefühlen begab ich mich darauf und legte nach seiner Anweisung die Beine auf die dafür vorgesehenen »Ablagen«. Nach der Untersuchung setzte sich der Arzt wieder hinter seinen Schreibtisch und bedeutete mir, auf dem Stuhl Platz zu nehmen, der davor stand.

»Tja, Lisi«, begann er in väterlichem Ton. »Wenn du eine glücklich verheiratete Frau wärst, würde ich jetzt sagen: Du siehst Mutterfreuden entgegen. So aber ...« Diesen Satz vollendete er nicht. Stattdessen fing er einen neuen an: »Weiß der Kindsvater schon von seinem Glück?«

Ich nickte.

»Und will er dich heiraten?«

»Leider nein«, seufzte ich abgrundtief.

»Dann stehen wir vor einem Problem.« Dabei sah er mich mit seinen blauen Augen durch seine Brille so gütig an, dass ich spontan Vertrauen zu ihm fasste und ihm alles ausführlich erzählte, was einer Heirat im Wege stand.

Die nächste Frage des Mediziners war: »Wissen deine Eltern schon von dem Kind?«

Ich nickte.

»Wie sehen sie das?«

»Mein Vater lebt nicht mehr, aber meine Mutter und ihr Bruder halten voll zu mir.«

Irgendwie schien er über diese Antwort erleichtert zu sein. »Dann stehst du immer noch besser da als manches andere Menschenkind, das in eine ähnliche Situation geraten ist.«

Nun wurde der Gynäkologe sachlich: »Das voraussichtliche Entbindungsdatum ist der 15. Oktober. Aber du musst wissen, die meisten Babys halten sich nicht an den errechneten Termin. Manche kommen früher, andere kommen später.«

Zum Abschluss unseres Gespräches gab mir der Doktor den wohlgemeinten Rat: »Nach der Entbindung kommst du her, dann verschreibe ich dir die Pille, damit es nicht gleich wieder zu einem Malheur kommt. Vorher aber werden wir uns noch einige Male sehen, damit ich deine Gesundheit und die deines Babys überwachen kann. Dazu lässt du dir an der Anmeldung einen Mutterpass geben. In diesem stehen alle Termine drin.«

Am 31. August 1969 lief mein Lehrvertrag aus. Der Chef würde mich nicht übernehmen. Das war bereits bei Abschluss des Vertrages festgelegt worden. Er übernahm grundsätzlich keine Lehrlinge, die bei ihm die Ausbildung gemacht hatten. Er vertrat die Meinung, nach der Lehre solle man sich den Wind in einem anderen Betrieb um die Nase wehen lassen. Wenn aus seinem Salon eine Mitarbeiterin ausschied, was äußerst selten vorkam, ersetzte er sie lieber durch eine aus einem Fremdbetrieb. So stand ich ab dem 1. September praktisch auf der Straße und somit ohne Einkünfte da. Ein Glück war es noch, dass ich mit meiner Mutter krankenversichert war, so würden wenigstens die Arzt- und Entbindungskosten gedeckt sein. Noch nicht einmal die Gesellenprüfung konnte ich ablegen, die war nämlich für den 15. Oktober angesetzt, also genau an dem Tag, an dem mein Kind auf die Welt kommen sollte. Doch das war mein geringstes Problem. Auf die Gesellenprüfung legte ich keinen Wert, weil ich nicht weiterhin in diesem Beruf arbeiten wollte; er sagte mir nicht zu.

Die letzten Wochen vor der Entbindung verbrachte ich also zu Hause, wo ich meiner Mutter zur Hand ging und wieder einmal seufzend in meinen Romanheften las. Daneben kontrollierte ich die Babyausstattung, die mir Tante Klara überlassen hatte. Sie war noch einwandfrei, obwohl drei Kinder sie getragen hatten. Nur waschen musste ich die kleinen Sächelchen, weil sie immerhin vier Jahre in einem Karton auf dem Dachboden gelegen hatten. Von dieser Tante bekam ich auch die rosa

Babywanne. Sollte ich einen Buben kriegen, würde ihm das gewiss nichts ausmachen. Auch den Stubenwagen bekam ich, er war blau-weiß-kariert ausgeschlagen, würde also für einen Buben und ein Madl passen.

Meinem Liebhaber eröffnete ich am 1. September, dass dies vorerst das letzte Schäferstündchen gewesen sei. Der Arzt habe mir erklärt, dass sechs Wochen vor der Entbindung kein Geschlechtsverkehr mehr sein dürfe, damit das Baby keinen Schaden erleide. Ebenso solle ich in den sechs Wochen nach der Niederkunft auf Sex verzichten, weil mir das schaden könne. Der Wastl brummelte etwas von »drei Monate sind eine lange Zeit«, sah die Zwangspause aber nicht weiter als tragisch an. Mir war auch klar, warum. In dieser Zeit würde er sich anderswo schadlos halten. Den Gedanken sprach ich aber nicht aus. In den ganzen Wochen vor dem Geburtstermin ließ sich mein Verehrer kein einziges Mal blicken, und er fragte auch nicht nach, wie es mir ging. Am 15. Oktober rief ich von einer Telefonzelle aus bei ihm an und hatte Glück, er war gleich am Apparat. Ich erinnerte ihn daran, dass heute der errechnete Termin sei, dass sich aber noch nichts tue. Ich hatte erwartet, dass er mir anbieten würde, mich in die Klinik zu bringen, wenn die Wehen einsetzten. Stattdessen war seine einzige Sorge: »Hoffentlich lässt sich das Kind nicht zu viel Zeit, sonst muss ich noch länger auf dich verzichten.«

Ich war tief enttäuscht. Nun ja, so ganz verlassen war ich nicht. Mein Onkel hatte angeboten, er werde mich, wenn es so weit sei, ins Krankenhaus fahren. Dazu müsste er aber im entsprechenden Moment daheim sein. Um eine gewisse Rückversicherung zu haben, rief ich Wastls Freund Helmut, den Geflügelzüchter, an. Der war inzwischen glücklich mit einer Helga verheiratet. Die beiden hatten mir schon vor längerer Zeit angeboten, mir beizustehen, wenn ich Hilfe bräuchte. Sie sicherten mir auch jetzt zu, sie würden mich jederzeit in die Klinik bringen, meine Mutter müsse nur anrufen. Für mich war es sehr beruhigend, solche Freunde zu haben. Die Tage vergingen, einer nach dem anderen, aber wehenmäßig tat sich bei mir nichts. Am 24. Oktober suchte ich noch mal meinen Frauenarzt auf. Er schrieb mir eine Überweisung fürs Krankenhaus mit der Auflage, ich solle mich gleich am nächsten Morgen dorthin begeben, egal ob ich Wehen habe oder nicht. Bevor ich mein Elternhaus erreichte, rief ich von einer Telefonzelle aus bei Helmut an und schilderte ihm den Stand der Dinge. Am anderen Morgen waren er und seine Frau zur Stelle und luden mich in ihr Auto, mitsamt meinem Koffer, der bereits seit Wochen gepackt bereitstand. Bei der Anmeldung in der Klinik gab ich Helmuts Telefonnummer an, mit der Bitte, man möge ihn nach der Geburt meines Kindes anrufen, damit er den Kindsvater und meine Mutter verständige.

Dummerweise war es ein Samstag, als ich in der Klinik abgegeben wurde. Da geschah nicht mehr viel. Man steckte mich in ein Zimmer und sagte mir, ich solle mich melden, sobald ich Wehen verspüre. In diesem Raum lagen vier Frauen, die bereits entbunden hatten. Ihre Babys befanden sich im Kinderzimmer.

Viermal am Tag wurden sie zum Stillen zu ihren Müttern gebracht. Dazwischen war Zeit genug, in der die Frauen meinten, sie müssten mir unbedingt die Horrorgeschichten über ihre Entbindungen erzählen. Das war nicht gerade dazu angetan, mich aufzumuntern. Nur eine, sie hatte vor zwei Tagen ihr drittes Kind zur Welt gebracht, redete mir gut zu: »Hör nicht auf das dumme Geschwätz. Es ist alles halb so schlimm. Bei mir waren immer nur die Nachwehen furchtbar.« Mit Nachwehen war also auch noch zu rechnen.

Am Sonntag ließ sich tatsächlich eine Hebamme blicken. Sie tastete meinen Bauch ab und setzte ihr Hörrohr an. »Alles in Ordnung. Die Herztöne sind normal. Wenn sich bis morgen früh nichts getan hat, wird die Geburt eingeleitet. Aber nicht von mir. Meine Kollegin Berner hat dann Dienst. Du brauchst keine Angst zu haben, sie ist eine sehr nette Person.«

Bis Montag in der Früh um 5 Uhr hatte sich bei mir noch nicht die geringste Wehe bemerkbar gemacht. Deshalb gab mir die Hebamme, sie war wirklich sehr nett, Rizinusöl und heißen Tee zu trinken, damit sich der Darm entleere. Bis 10 Uhr war der Darm leer, aber Wehen hatte ich noch immer nicht. Deshalb setzte mir die Geburtshelferin eine Wehen fördernde Spritze. Nach etwa einer Stunde bekam ich die zweite Spritze. Dann endlich ging es los. Bevor sich Frau Berner einer anderen Gebärenden zuwandte, gab sie mir den Auftrag, bei jeder Wehe auf die Uhr zu schauen, damit ich ihr nachher berichten könne, in welchem Abstand die Wehen kamen. Zunächst waren die Abstände so groß, dass ich mich dazwischen ein bisschen erholen konnte. Dann aber ging es drauf und drauf, und die Schmerzen wurden schier unerträglich. Es war so schlimm, dass ich mir schwor: So etwas lässt du nie wieder über dich ergehen.

Um 17.08 Uhr war diese Tortur endlich vorüber und ich total erschöpft. Eigentlich hatte ich erwartet, dass man mir zur Belohnung einen süßen rosigen Säugling in die Arme legen würde. Aber nichts in der Art geschah. Ich vernahm auch keinen Schrei. Stattdessen stürzte die Hebamme mit einem weißen Frotteebündel im Arm davon. Bei ihrer Rückkehr erklärte sie: »Der Bub war ganz blau. Wir mussten ihn sofort unter ein Sauerstoffzelt legen. Ob wir ihn durchbringen, wissen wir noch nicht. Offensichtlich hat er zu lange im Fruchtwasser gelegen. Es war schon ganz grün und ziemlich eingetrocknet.«

Ich war zu erschöpft, um wirklich traurig zu sein. Schon während der dreistündigen Überwachungszeit dämmerte ich immer wieder ein und war froh, als man mich endlich in mein Bett packte, wo ich sofort in einen bleiernen Schlaf fiel.

Meine Freunde besuchten mich gleich am nächsten Vormittag, und meine Mutter kam am Nachmittag. Der Kindsvater ließ sich erst zwei Tage später blicken, allerdings mit einem pompösen Strauß roter Nelken. Wenn schon Blumen, dann hätte ich Rosen erwartet, egal in welcher Farbe. Aber doch nicht Nelken. Für mich waren das Friedhofsblumen. Das konnte der Wastl aber nicht wissen. Deshalb tat ich so, als freue ich mich und bedankte mich herzlich.

Mein Kind bekam ich erst zwei Tage nach der Geburt zu sehen. Sein Anblick bedeutete für mich eine erneute Enttäuschung. Man legte mir kein rundliches Baby mit Pausbacken, wie mein Bruder eines gewesen war, in den Arm, sondern ein ausgesprochen armseliges Kind. Es war lang und dürr mit verschrumpeltem Gesicht und verschrumpelten Fingerchen. Die Hebamme, die ihn mir gebracht hatte, erklärte, bei einer Länge von 54 Zentimetern wiege er nur knapp fünf Pfund. Das Kerlchen hatte kaum Kraft, die Milch, die mittlerweile eingeschossen war, aus meiner Brust zu saugen.

Auf der Wochenstation wurden wir von Ordensschwestern gepflegt. Diese waren durchwegs nett und zu allen Müttern gleich freundlich. Nur eine war dabei, die war zu allen anderen nett, mich aber behandelte sie wie eine Aussätzige. Es passte ihr wohl nicht, dass ich eine ledige Mutter war.

Sechs Tage nach der Entbindung war die Taufe in der Krankenhauskapelle. Für den Bub hatte ich den Namen Sebastian ausgewählt, zu Ehren seines Vaters. Dieser hielt es aber noch nicht mal für nötig, bei der Taufe anwesend zu sein. Außer mir und meiner Mutter waren nur Helmut und Helga dabei, die das Patenamt übernahmen.

Am Tag danach hätte ich entlassen werden sollen. Weil ich aber Fieber bekam, hielt man mich zur Beobachtung noch ein paar Tage da. Zum Glück stellte sich bald heraus, dass es kein Kindbettfieber war. So durften Helga und Helmut mich am zehnten Tag nach Hause bringen.

Bereits zwei Tage später bekamen wir Besuch. Aber nicht vom Kindsvater, wie ich erwartet hatte, sondern eine wildfremde Frau begehrte Einlass. Verwundert fragte meine Mutter, was sie bei uns wolle. Sie käme vom Jugendamt und müsse nachschauen, wie es Elisabeth und dem kleinen Sebastian gehe. Die Mutter führte sie ins Esszimmer, wo ich auf der Eckbank saß und Windeln faltete, das schlafende Baby neben mir im Körbchen.

»Sie sind also die Elisabeth Poldinger?«, sprach mich die unbekannte Person freundlich an. »Ja, schon. Aber lieber wäre es mir, wenn Sie mich Lisi nennen, daran bin ich gewöhnt.«

»Ist schon recht, Lisi, ich bin Frau Schreiner. Und das ist also dein kleiner Sebastian? Pack ihn doch bitte mal aus, damit ich ihn mir anschauen kann.«

Ich machte mir nicht die Mühe, ihn ins Bad auf den Wickeltisch zu bringen. Ohne Umstände zu machen, legte ich sein Deckbett auf den Esstisch, ein Frotteetuch darüber und zog auf Wunsch der Dame das Kind aus bis auf die Haut. »O mein Gott!«, rief Frau Schreiner entsetzt aus. »Der ist ja halb verhungert. Es war höchste Zeit, dass ich nach ihm geschaut habe.«

»Den hätten Sie mal gleich nach seiner Geburt sehen sollen. Da bestand er nur aus Haut und Knochen. Inzwischen habe ich ihm schon ein bisschen was angefüttert.«

Um meine Worte zu untermauern, legte ich ihr den Babypass vor, den man mir vom Krankenhaus mitgegeben hatte. Diesen Pass studierte sie sehr aufmerksam und äußerte, sich quasi entschuldigend:

»Ja, das ist kein Wunder, da er bei einer Länge von 54 Zentimetern nur 2490 Gramm gewogen hat. Demnach hast du bis jetzt alles richtig gemacht.«

Nun erkundigte sie sich, wie oft und womit ich das Kind füttere. Ich erklärte: »Da mein Sohn kaum Kraft hat, die Milch aus meiner Brust zu saugen, werden die Brustdrüsen nicht genügend angeregt, daher kommt immer weniger Milch. Deshalb hat man in der Klinik schon beigefüttert mit Pulvermilch aus der Flasche. Das mache ich auch, und zwar jedes Mal, wenn er sich meldet, egal ob bei Tag oder bei Nacht. Mit dem Saugen aus der Flasche tut er sich wesentlich leichter.«

»Dann mach mal schön so weiter«, zeigte sich die Fürsorgerin zufrieden. In einer Gesprächspause schaltete sich meine Mutter ein: »Woher wisst ihr vom Jugendamt überhaupt, dass die Lisi ein Kind bekommen hat?«

»Das ist ganz einfach zu erklären. Wenn ein Kind von einer ledigen Mutter im Krankenhaus geboren wird, ist dieses verpflichtet, es beim dortigen Standesamt anzumelden. Dieses wiederum ist verpflichtet, wie bei anderen Müttern auch, die Geburt dem Heimatstandesamt mitzuteilen. Bei ledigen Müttern, und erst recht bei minderjährigen Müttern, muss es noch zusätzlich Meldung an das Jugendamt machen.«

Zum Abschluss ließ sich Frau Schreiner noch mein Schlafzimmer zeigen, weil ich angegeben hatte, dass mein Sohn auch dort schlafe. Im Bad wollte sie die Wickelkommode sehen und überprüfte deren Inhalt. Sie gab uns einige Ratschläge und ließ uns eine Broschüre da mit wichtigen Informationen. Bevor sie ging, teilte sie uns noch mit, dass es zu ihren Aufgaben gehöre, mit dem Kindsvater Kontakt aufzunehmen und ihn zur Zahlung der Alimente zu veranlassen. Auch wollte sie noch wissen, ob ich nach dem Mutterschutz eine Arbeit aufnehmen und ob meine Mutter dann das Kind betreuen würde.

Als sie sich, offenbar mit allem zufrieden, was sie angetroffen hatte, verabschiedete, ließ sie uns wissen, dass sie künftig alle zwei Wochen bei uns nachschauen und einen Bericht an das Jugendamt schreiben werde. Für den Fall, dass zwischendurch ein Problem auftauche oder ich eine Frage hätte, ließ sie mir ihre Visitenkarte da.

Sie kam wirklich mit ziemlicher Regelmäßigkeit und fand nichts zu beanstanden.

Nun hatte ich also ein Kind. Aber von dem bisschen, was an Alimenten und an Kindergeld einging, konnten wir nicht leben. Von meiner Mutter war auch nichts zu erwarten, da sie, wie bereits erwähnt, selber am Rande des Existenzminimums lebte. Sie hatte ja schon während der dreieinhalb Monate meines Mutterschaftsurlaubs voll für mich aufkommen müssen, weil ich mich dummerweise in keinem Arbeitsverhältnis befand. Einen Kinderwagen brauchte ich auch für meinen Sprössling. Von der Tante konnte ich keinen erben. Da der ihre nach dem dritten Kind völlig aufgearbeitet war, hatte sie ihn weggeworfen. Der Wagen, in dem mein Bruder gelegen hatte, war nur geliehen gewesen. Nicht, dass ich meinen Buben hätte groß in der Gegend herumfahren mögen, im Gegenteil, ich hielt es für besser, mich möglichst wenig mit ihm sehen zu lassen, um den Leuten keinen Anlass für Klatsch und Tratsch zu bieten. Aber ich wollte das Kind bei schönem Wetter in den Garten stellen können. Auch später, wenn ich wieder arbeitete, sollte meine Mutter die Möglichkeit haben, das Kind mitzunehmen, wenn sie ihre Einkäufe machte. In der Samstagszeitung fand ich einige interessante Angebote. Sogar eines aus unserem Dorf war dabei. Diesen Kinderwagen schaute ich mir erst gar nicht an. Ich befürchtete, es könne den Leuten peinlich sein, wenn sie mich im Dorf mit ihrem Wagen antreffen würden. Mir jedenfalls wäre es unangenehm gewesen, ihnen damit zu begegnen. Also bat ich Onkel Ludwig, mit mir ins Nachbardorf zu fahren. Schon der erste Wagen, den wir uns anschauten, war der richtige. Für sechzig Mark kaufte ich den schicken Korbwagen mit hohen Rädern und grünem Kunststoffverdeck. Nach zehn Monaten würde ich ihn wieder für achtzig Mark verkaufen.

Da ich meinem halbverhungerten Kind ständig beifüttern musste – nach drei Wochen versiegte der Milchfluss völlig –, wurde ich bald Stammkundin in der Drogerie, die nur drei Fußminuten von uns entfernt lag. Wenn ich dort anstehen musste, schaute ich mich wohlwollend um. Alles wirkte auf mich so sauber und ordentlich, dass ich dachte: Hier zu arbeiten, würde mir gefallen.

Eines Tages brachte ich dann den Mut auf, diesen Gedanken bei der Verkäuferin auszusprechen, als ich an die Reihe kam.

»Meinst du das im Ernst?«, forschte sie.

»Freilich meine ich das im Ernst.«

»Dann komm mal mit.« Sie führte mich ins Büro zu ihrem Chef. Der war begeistert und hätte mich am liebsten schon zum 1. Dezember eingestellt, damit ich ihn beim Weihnachtsgeschäft unterstütze. Zu seinem Bedauern war ich aber noch im Mutterschutz. Also schlossen wir einen Arbeitsvertrag mit Beginn zum 1. Januar.

Am 2. Januar 1970 pünktlich um 7.30 Uhr trat ich frohgemut meine neue Stelle an. Damit ich ebenso adrett wie meine Kolleginnen aussah, musste ich mir allerdings vorher weiße Kittel kaufen, die bis über das Knie reichten. Weil ich so knapp bei Kasse war, leistete ich mir zunächst nur zwei davon. Doch bald merkte ich, dass ich damit nicht auskam. Während der Arbeit kam es schon mal vor, dass man den Kittel beim Abfüllen von Säure oder Lauge versaute. Dann musste man gleich wechseln. In einem fleckigen Kittel konnte man ja nicht vor die Kundschaft treten. Von meinem ersten Gehalt am Ende des Monats kaufte ich mir sofort einen dritten Kittel. Zu meiner großen Freude schenkte der Chef seinen Mitarbeiterinnen zu Weihnachten einen Kittel als Geschenk. Und da er jedes Jahr so großzügig war, hatte ich kittelmäßig ausgesorgt.

Dass meine Arbeitsstelle so nah an meinem Zuhause lag, hatte nicht nur den Vorteil, dass ich nichts für Fahrten ausgeben musste, ich sparte auch Zeit und konnte in der Mittagspause an Mamas Esstisch sitzen. Für den Onkel musste das Essen eh Punkt zwölf auf dem Tisch stehen, ich brauchte mich also nur dazuzusetzen. Manchmal begann meine Mittagspause erst um 13 Uhr, dann wärmte die Mama mir etwas auf.

Nun zu meinem Liebhaber. Nachdem der Mutterschutz abgelaufen war, stand er pünktlich auf der Matte. Wie gut, dass mir mein Arzt rechtzeitig die Pille verschrieben hatte. Bevor sich der Wastl aber mit mir ins Bett begab, schaute er sich doch immerhin seinen Sprössling an. Ab da bürgerte es sich ein, dass er zwei- oder dreimal die Woche erschien, meist kurz nach 19.30 Uhr, und zuschaute, wie ich unseren Sohn wickelte. Wenn dieser dann sauber und appetitlich vor ihm lag, tupfte er ihm mit zwei Fingern auf die Brust, wobei er ein »Eideidei« von sich gab, um seinem Sohn ein Lächeln zu entlocken. Dann legte er ihn eigenhändig in sein Bettchen und anschließend sich in das meine. Er blieb niemals über Nacht. Meist verschwand er zwischen 21 und 22 Uhr, weil ja in der Früh um fünf seine Kühe auf ihn warteten.

An jedem ersten eines Monats überreichte er mir gewissenhaft die siebzig Mark in bar, zu deren Zahlung ihn das Jugendamt verpflichtet hatte.

An meinem ersten Muttertag erlebte ich eine große Überraschung. Am Abend tauchte mein Liebster auf mit einer großen Pralinenschachtel und einem Steiff-Tier, einem Eichhörnchen. Dies war nicht für seinen Sohn gedacht, sondern für mich. Darüber war ich sehr gerührt. Bei einem unserer Schäferstündchen im Wald hatte ich nämlich mit Begeisterung ein Eichhörnchen beobachtet, das munter in den Zweigen herumhüpfte. Dass er sich das gemerkt hatte!

Wenn ich meinen Liebsten auch nicht ganz für mich haben konnte, so war ich doch einigermaßen glücklich, dass er mich regelmäßig besuchte.

Der Heiratsgrund

So lief mein Leben in geordneten Bahnen. Den ganzen Tag war ich in der Arbeit, während meine Mutter den Kleinen versorgte. Allerdings bedauerte ich es sehr, dass ich ihn nur am Abend zu sehen bekam. Wenn ich morgens aus meiner Kammer schlich, schlief er noch, und wenn ich Mittagspause hatte, hielt er bereits seinen Mittagsschlaf.

Weil ich das Kind hatte, brauchte ich Ende Mai meine Kammer nicht mehr für die Sommerfrischler zu räumen. Die Mutter verzichtete großmütig auf die Mieteinnahmen, weil ich ja nun richtig verdiente und für mich und mein Kind aufkam. Sie selbst, der Onkel und mein Bruder zogen jedoch wie alljährlich auf den Dachboden.

Anfang August erschien Wastl, wie üblich gegen 19.30 Uhr. Nachdem er seinen Sohn zu Bett gebracht hatte, erklärte er mir, er müsse gleich wieder weg, weil er sich mit seinem Kumpel Manni, den ich kannte, treffen wolle. Mit einem Augenzwinkern versicherte er mir, er komme aber zwischen 22 und 22.30 Uhr zurück, um das Versäumte nachzuholen. Da er aber bis 23 Uhr noch nicht aufgetaucht war, ging ich zu Bett. Telefonisch Bescheid sagen konnte er nicht, da wir noch immer keinen Fernsprechanschluss hatten.

Am nächsten Morgen, kurz nach 8 Uhr, ich hatte einen freien Tag, weil ich am Sonntag Dienst gemacht hatte – in der Saison war die Drogerie auch am Sonntag ein paar Stunden geöffnet –, standen plötzlich zwei Polizeibeamte bei uns vor der Tür. Um nicht dort mit ihnen verhandeln zu müssen, bat meine Mutter sie ins Esszimmer, wo ich mit dem Kleinen auf dem Arm auf der Eckbank saß, den Kinderwagen neben mir.

»Wir möchten mit Lisi Poldinger sprechen«, äußerte der Ältere.

»Das bin ich«, meldete ich mich, nichts Gutes ahnend.

»Stimmt es, dass Sie mit Sebastian Fischer befreundet sind?«

»Ja«, kam es zaghaft von meiner Seite.

»Stimmt es, dass er gestern Abend hier war?«

»Auch das stimmt.«

»Wann kam er? Und wie lange ist er geblieben?«

»Er kam gegen 19.30 Uhr, blieb aber nur kurz und versprach zwischen 22 und 22.30 Uhr wiederzukommen. Er kam aber nicht.«

Nun schaltete sich meine Mutter in die Unterhaltung, der sie aufmerksam gefolgt war, ein: »Was ist los? Was wollen Sie von ihm? Hat er etwas angestellt? Oder hat er einen Unfall gehabt?«

»Machen Sie sich keine Sorgen. Es ist nur eine Routineüberprüfung. Wir müssen einer bestimmten Sache nachgehen.« Bevor die beiden Uniformierten sich verabschiedeten, schauten sie noch im Kinderwagen unter die Matratze.

Nachdem sie weg waren, diskutierten die Mama und ich lebhaft darüber, was dieser Besuch wohl zu bedeuten habe. »Heute Abend werde ich den Wastl danach fragen«, beendete ich schließlich unseren Gedankenaustausch, weil er doch zu keinem Ergebnis führte.

Wer am Abend aber nicht kam, war mein Freund. Deshalb begannen unsere Gedanken sich erneut im Kreis zu drehen.

»Einen Unfall hatte er offensichtlich nicht«, überlegte ich laut. »Sonst hätten wir das irgendwie erfahren.«

»Das glaube ich auch«, stimmte mir die Mutter zu. »Demnach muss er etwas angestellt haben. Ohne Grund kommt die Polizei nicht.«

Das leuchtete mir ein. Am anderen Tag nach dem Mittagessen las die Mama wie immer genüsslich ihre Zeitung. Denn diese wurde bei uns erst gegen 13 Uhr zugestellt. Sie konnte es kaum erwarten, mir die Zeitung am Abend unter die Nase zu halten. »Da, schau, Lisi, was da steht!« Mit wachsendem Interesse las ich:

Automatenknacker erneut am Werk

Wie schon mehrfach in unserer Zeitung berichtet, treiben Automatenknacker seit Januar dieses Jahres im Landkreis ihr Unwesen. Mehrfach rissen sie Zigarettenautomaten aus ihrer Verankerung und ließen sie verschwinden. Inzwischen hat die Polizei Hinweise auf die Täter bekommen, sodass man hofft, ihrer bald habhaft zu werden.

»Warum zeigst du mir das, Mama?«, fragte ich verunsichert.

»Da steckt doch eindeutig dein sauberer Freund dahinter.«

»Ah, geh, Mama, wie kommst denn auf so was? Du hast eine blühende Fantasie«, tat ich gelassen, obwohl in mir ebenfalls dieser Verdacht aufgestiegen war.

»Da braucht's gar keine Fantasie. Was meinst, warum die Polizei gestern bei uns nach ihm gefragt hat?«

Am anderen Tag zeigte mir die Mutter einen neuen Bericht:

Automatenknacker dingfest gemacht

Endlich ist es der Polizei gelungen, das Automatenknacker-Duo (wir berichteten mehrfach darüber) festzunehmen. Ein aufmerksamer Bürger hatte im Wald ein verdächtiges Auto beobachtet und sich das Kennzeichen gemerkt. Bei den Tätern handelt es sich um zwei befreundete Bauernsöhne aus der Region, 19 und 23 Jahre alt. Es ist nicht anzunehmen, dass eine wirtschaftliche Notlage die beiden Burschen zu ihrer Tat trieb. Sie stammen nämlich beide aus stattlichen Bauernhöfen. Weil sie einen festen Wohnsitz nachweisen können, bleiben sie bis zum Prozessbeginn auf freiem Fuß. Zu gegebener Zeit werden wir darüber berichten.

Völlig verwirrt ließ ich die Zeitung sinken. Als ich »23-jähriger Bauernsohn« las, gab es auch für mich keinen Zweifel mehr, dass es sich um meinen Wastl handelte, zumal ich wusste, dass sein Spezi Manni 19 Lenze zählte. Dennoch sträubte sich alles in mir, daran zu glauben. Die Mutter aber brachte es auf den Punkt: »Das war kein anderer als dein feiner Freund. Das war also der Grund, warum die Polizei vor drei Tagen sein Alibi überprüft hat. Nachdem er seinen Sohn zu Bett gebracht hatte, ist er mit seinem Komplizen losgezogen zu einer neuen Tat.«

Ja, zuzutrauen war es ihm, aber ich wollte es noch immer nicht wahrhaben.

Am Abend erschien Wastl erstaunlicherweise wieder pünktlich am Wickeltisch seines Sohnes, als ob nichts gewesen wäre. Nachdem er ihn ins Bett gelegt hatte und mit mir ins Bett steigen wollte, sagte ich: »Moment mal, mein Lieber, ich muss dir erst etwas zeigen«, und zog ihn ins Esszimmer. Dort legte ich ihm die entsprechende Zeitungsseite vor.

»Was soll ich damit?«, fragte er mit Unschuldsmiene, nachdem er den Artikel überflogen hatte.

»Mit dem 23-jährigen Bauernsohn kannst nur du gemeint sein«, sagte ich ihm auf den Kopf zu.

»Wie kommst du denn auf so einen Schmarrn?«, brauste er auf. »In der Region gibt es gewiss mehrere Bauernsöhne, die 23 Jahre alt sind.«

»Das schon«, räumte ich ein. »Aber wie erklärst du dir dann, dass nach dem fraglichen Abend die Polizei bei uns war, um dein Alibi zu überprüfen?«

»O Scheiße!«, entfuhr es ihm. »Dann muss ich wohl mit der Wahrheit herausrücken.«

»Ja, bittschön. Das wäre jetzt angebracht.«

Statt mir aber flüssig von der Sache mit den Zigarettenautomaten zu erzählen, druckste er so herum, dass mir der Verdacht kam, er denke sich gerade eine Geschichte aus. Tatsächlich, er tischte mir eine Story auf, die nicht das Geringste mit dem Zeitungsbericht zu tun hatte. Nach seiner Version war ihm an dem bewussten Abend bei seiner Fahrt durch den Wald ein

Reh vor den Wagen gesprungen, das habe er angefahren. Da es aber mit großen Sprüngen im Unterholz verschwunden war, habe er gedacht, ihm sei nichts passiert. Er sei also weitergefahren, ohne den Vorfall zu melden. »Offensichtlich hat das aber jemand beobachtet und sich mein Kennzeichen notiert. Jedenfalls tauchte am nächsten Tag die Polizei bei mir auf.«

Als er seinen Bericht beendet hatte, war mein Kommentar: »Das Märchen kannst du deiner Großmutter erzählen. Die glaubt dir das vielleicht, aber ich nicht.«

»Wie kommst du auf meine Großmutter?«, versuchte er, dem Gespräch eine andere Wendung zu geben. »Woher weißt du überhaupt, dass ich noch eine habe?«

»Das weiß ich natürlich nicht. Es ist nur so eine Redensart.« Dann trieb ich ihn noch mehr in die Enge: »Allein die Tatsache, dass du so aufgebraust bist, als ich die Vermutung äußerte, du könntest der erwähnte Bauernsohn sein, zeigt mir, dass ich ins Schwarze getroffen habe.«

Schließlich gab er zu, dass er mit Manni an besagtem Abend das Ding gedreht hatte. Aufgrund meiner natürlichen Neugier wollte ich nun von ihm wissen, wie das genau abgelaufen sei, wie viele Automaten sie insgesamt geknackt hätten, warum sie das überhaupt getan hätten und wie sie auf diese Schnapsidee gekommen seien. Doch aus ihm war nichts mehr herauszubekommen. Über alle Punkte schwieg er beharrlich. Wenn ich Näheres erfahren wollte, würde ich wohl warten müssen, bis darüber wieder etwas in der Zeitung stand.

So lange brauchte ich mich aber gar nicht zu gedulden. Bereits am nächsten Abend kehrte mein Onkel vorzeitig vom Stammtisch zurück und versorgte uns mit Neuigkeiten. Inzwischen sei die Geschichte Ortsgespräch, berichtete er. Man hatte nicht nur die Namen der beiden Täter ungeniert genannt, man konnte auch mit anderen Einzelheiten aufwarten. Demnach hatten die beiden Freunde in sieben verschiedenen Orten zwischen Januar und August neun Automaten mit einem Brecheisen aus ihrer Verankerung gehebelt. Die kompletten Geräte hatten sie ins Wastls Auto geladen und in den Wald gebracht. Dort hatten sie die Automaten aufgebrochen, Zigaretten und Geld entwendet und die ausgeplünderten Behälter einfach ins Gebüsch geworfen oder in einen Bach.

Nach zwei Tagen ließ sich mein Freund wieder blicken, machte bei seinem Sohn »Eideidei« und legte ihn fürsorglich ins Bett. Noch bevor er aber mit mir, wie es sonst seine Art war, zu Bett ging, suchte er ein Gespräch mit mir, was außergewöhnlich war. »Kannst du dir vorstellen, mich zu heiraten?«

Ich fiel aus allen Wolken. Vor lauter Überraschung ließ ich mich erst einmal auf die Bettkannte nieder. Es dauerte eine Weile, bis ich meine Sprache wiederfand. »Wie kommst du jetzt darauf?«, fragte ich vorsichtig. »Du hast doch behauptet, du könntest mich nicht heiraten. Zum einen, weil ich keine Bäuerin bin, und zum anderen, weil deine Mutter strikt dagegen sei, da ich kein Heiratsgut mitbringe.«

»Ja, weißt«, erklärte er. »Die Mutter ist jetzt nicht mehr dagegen.

»Woher dieser plötzliche Sinneswandel? Ich bin noch immer arm wie eine Kirchenmaus und habe weder Geld noch Land, das ich einbringen könnte.«

»Sie hat es sich eben anders überlegt. Sie meint, da wir jetzt einen Buben haben, sähe die Sache anders aus. Das Kind, sagt sie, solle nicht ohne Vater aufwachsen. Der Sohn gehöre auf den Hof seines Vaters. Das ist auch meine Meinung. Ich selbst habe ohne Vater aufwachsen müssen und du ebenfalls. Du weißt selbst, wie schlimm das war.«

Dass er mich aus Liebe heiraten wolle, erwähnte er bei diesem überstürzten Antrag mit keinem Wort. Doch das fiel mir erst wesentlich später auf.

»Jaa … jaa …«, antwortete ich gedehnt. »Das kommt jetzt so plötzlich. Ich kann doch nicht so Knall auf Fall heiraten. Das muss gut überlegt sein.«

»Darüber brauchst nicht lange nachzudenken. Sag einfach Ja«, drängte er.

»Nein, nein, darüber muss ich erst mit meinem Onkel und mit meiner Mutter reden. Schließlich bin ich noch minderjährig und brauche dazu ihre Einwilligung.«

»Die wird sie dir schon geben. Sie wird froh sein, dass du mit deinem ledigen Kind unter die Haube kommst.« Diese Formulierung gefiel mir nicht besonders, aber irgendwie hatte er recht.

Beim Frühstück am anderen Morgen hatten wir nur ein Thema. Da es Sonntag war, reichte die Zeit, um ausgiebig zu diskutieren. Die Mutter riet mir spontan von der Heirat ab, der Onkel ebenfalls: »Lass die Finger von diesem Hallodri. Mit dem wirst du nicht glücklich.«

Ich hielt dagegen, dass ich durch diese Heirat eine ehrbare Ehefrau würde. Im Dorf würde ich sehr wohl die scheelen Blicke bemerken, mit denen sie mich als ledige Mutter bedachten. Außerdem sei es von Kindesbeinen an mein Traum gewesen, Bäuerin zu werden.

Die Mama spürte, dass ich meinen Entschluss eigentlich schon gefasst hatte, deshalb lenkte sie ein: »Wenn du ihn dir unbedingt einbildest, dann heirate ihn halt. Überleg dir aber gut, ob du das alles schaffst. Du kämst auf einen großen Hof und hast von Landwirtschaft keine Ahnung.«

»Wahrscheinlich mehr, als du denkst. Bei Nannis Eltern habe ich oft im Stall mitgeholfen.«

»Stallarbeit ist nicht alles, was eine Bäuerin können muss«, wandte sie ein.

»Alles, was mir noch fehlt, kann ich leicht dazulernen.«

»Daran habe ich keinen Zweifel. Aber bedenke, da ist eine Schwiegermutter auf dem Hof. Die kennst du noch nicht. Ich aber kenne sie, wir haben dieselbe Klasse besucht. Mit der war damals schon nicht gut Kirschen essen.«

Diese Information war für mich neu, ich maß ihr aber keine große Bedeutung bei.

Nun schaltete sich wieder Mamas Bruder ins Gespräch: »Dieser Heiratsantrag kommt mir komisch vor. Warum möchte er dich so plötzlich heiraten? Glaub mir, irgendwas steckt dahinter.«

»Aber geh, Onkel Ludwig, so misstrauisch musst du nicht sein. Vielleicht hat er keine Lust mehr, Alimente zu zahlen«, versuchte ich der Geschichte eine heitere Note zu geben. »Wegen dem Buben brauchst nicht zu heiraten«, blieb der Onkel weiterhin ernst. »Den kriegen wir auch noch groß.«

Diese Worte von ihm freuten mich. Aber er merkte, dass es eigentlich nicht das war, was ich hören wollte. Deshalb fügte er nach einer kleinen Pause hinzu: »Dirndl, von mir aus kannst den Wastl heiraten. Wenn es draußen aber nicht klappt, kannst du jederzeit mit deinem Buben zu uns kommen. Die Tür steht für euch immer offen.«

Am selben Abend noch kam der Wastl, um sich meine Antwort zu holen. Mir aber machte es Spaß, ihn noch ein bisschen zappeln zu lassen. »Und? Hast du es dir überlegt?«

»Ja.«

»Heißt das, du willst mich heiraten?«

»Nein, das heißt, ich habe es mir überlegt.«

»Und zu welchem Entschluss bist du gekommen?«, drängte er.

»Noch zu gar keinem. Einerseits möchte ich gern heiraten, damit ich geordnete Verhältnisse habe und damit unser Sohn nicht ohne Vater aufwachsen muss. Andererseits habe ich Angst vor diesem Schritt. Ich müsste ja dann mit deiner Mutter in einem Haushalt leben, und ich weiß nicht, ob wir miteinander klarkommen. Ich kenne sie ja noch nicht einmal.«

»Aber geh, Schatz, das ist doch das geringste Problem. Natürlich wirst du sie vorher kennenlernen. Sehr bald sogar schon. Sie hat dich mit dem Kleinen nämlich für den nächsten Sonntag zum Kaffee eingeladen.«

»Das ist doch immerhin etwas«, rutschte es mir heraus.

Das überhörte er geflissentlich, denn er fuhr fort, mir die Heirat schmackhaft zu machen: »Wegen der Haushaltsführung musst du dir keine Sorgen machen. Die Mutter lebt weiterhin unten, und wir haben im ersten Stock unsere eigene Wohnung mit Schlafkammer, Stube und Küche, wo du selbstständig schalten und walten kannst.«

»Das hört sich ja geradezu verlockend an.« Gleichzeitig ging mir durch den Kopf: Jetzt geht meine Geschichte doch noch gut aus, so wie in meinen Romanen, in denen die arme Magd letztlich ihren reichen Bauern kriegt.

»Also ja. Ich werde dich heiraten«, gab ich ihm schließlich die Antwort, die er hören wollte. »Das muss aber nicht gleich sein.«

»Warum nicht?«, zeigte er sich enttäuscht. »Wir sollten so bald wie möglich heiraten. Dann kann ich unseren Sprössling jeden Abend ins Bett bringen, bin jede Nacht bei dir und muss mir nicht immer die Zeit zu einem Besuch bei euch stehlen.«

Das klang sehr lieb und stimmte mich weich. Doch er setzte noch eins drauf: »Am Tag nach der kirchlichen Trauung machen wir eine Hochzeitsreise. Eine ganze Woche machen wir Urlaub.«

Hochzeitsreise – das klang für mich äußerst reizvoll. Urlaub! Endlich mal Urlaub. In meinem ganzen Leben hatte ich noch keinen Urlaub gemacht. Ich konnte es kaum glauben. »Ist das wirklich wahr?«, vergewisserte ich mich. »Wo soll's denn hingehen?«

»Lass dich überraschen.«

Sogleich setzte meine Fantasie ein: Eine ganze Woche mit ihm zusammen! Mit dem Mann meiner Träume, mit dem Mann, den ich liebte! Endlich würden wir Zeit füreinander haben. Ich würde mich nicht mehr mit den wenigen Stunden begnügen müssen, die er bisher für mich abgezwackt hatte.

»Also gut«, antwortete ich. »Heiraten wir also so bald wie möglich. Was ist jetzt zu tun?«

»Das erfahren wir auf dem Standesamt und vom Pfarrer.«

Am folgenden Tag ließ ich mir von meinem Chef für Dienstagvormittag freigeben, damit wir auf dem Standesamt das Aufgebot bestellen konnten, und beim Pfarrer machten wir einen Termin für die kirchliche Trauung aus. Mit meiner Mutter besprach ich, wie und wo wir feiern wollten. Nun erhob sich die Frage nach einem Brautkleid, das nicht allzu viel kosten durfte. Nach dem Mittagessen studierte die Mama in der Samstagszeitung aufmerksam die Anzeigen und legte mir diese vor. In einem Nachbarort war eines für fünfzig Mark angeboten. Um zu erfahren, ob es noch da sei, rief ich von der nächsten Telefonzelle aus an. Sodann machte ich mich mit dem Radl auf ins Nachbardorf. Ich probierte das bodenlange Kleid, und es passte, als sei es eigens für mich geschneidert worden. Den kurzen Schleier und das Kranzl bekam ich gratis dazu. Über diesen günstigen Einkauf war meine Mutter ebenso erfreut wie ich.

Am nächsten Tag sollte ich zum ersten Mal mein künftiges Zuhause betreten. Um einen guten Eindruck zu machen, zog ich mein bestes Dirndl an und putzte meinen Sohn fein heraus, nämlich mit der seegrünen Ausgehgarnitur, die ich im letzten Schuljahr gestrickt hatte. Zu meiner Freude passte sie ihm noch. Etwas beklommen war mir schon zumute, als ich den Kinderwagen durchs Dorf schob, und nicht nur wegen der Blicke, die ich hinter den Fensterscheiben vermutete. Vor allem hatte ich Respekt davor, wie man mich aufnehmen würde. Nach etwa 15 Minuten erblickte ich das stattliche Haus, das noch ganz im alten Stil bestand. Es verfügte über kleine Sprossenfenster und einen dreiseitigen Balkon mit üppigen roten Hängegeranien. Dieses Haus sah ich zum allerersten Mal. Meine Neugier hätte mich schon eher hingetrieben, aber ich hatte mich bisher schlichtweg nicht getraut. Abgesehen davon, dass mir immer die Zeit dazu fehlte, weil ich ja den ganzen Tag in der Arbeit war, hatte ich befürchtet, der Wastl könnte mich entdecken, wenn ich um sein Elternhaus schlich.

Vom Küchenfenster aus muss man meine Ankunft beobachtet haben. Die Haustür stand weit offen, und vom Hausgang her trat eine alte Frau in den Türrahmen. Sie begrüßte mich freundlich. Sollte sie etwa meine Schwiegermutter werden? So alt hatte ich sie mir nicht vorgestellt, und vor allem nicht so freundlich. Durch die fast herzliche Begrüßung wich ein Teil meiner Verzagtheit.

In der Küche erblickte ich zwei weitere Frauen, die wesentlich jünger waren. Beide machten ein griesgrämiges Gesicht und passten eher zu der Vorstellung, die ich mir von meiner zukünftigen Schwiegermutter gemacht hatte. Die drei Weiberleute schauten nacheinander in den Kinderwagen, in dem Sebastian friedlich schlief. Sie gaben keinen Kommentar ab. Dann wies mir die alte Frau einen Platz an der Kaffeetafel zu, an der bereits mein Zukünftiger saß und ein Bub, der zwölf Jahre alt sein mochte. Das musste sein kleiner Bruder sein, den er mal erwähnt hatte. Die Alte legte jedem eine Scheibe von dem Kastenkuchen, der aufgeschnitten mitten auf dem Tisch stand, auf den Teller, während die jüngste Frau Kaffee einschenkte. Der Kaffee war gut und der Kuchen ebenfalls. An Rosinen hatte man nicht gespart, und es gab frisch geschlagene Sahne dazu. Während wir dem Kaffee und dem Kuchen zusprachen, erklärte die Seniorin, indem sie auf einen nach dem anderen deutete: »Das ist die Wally, die Mutter vom Wastl. Das ist ihre Schwester Berta, und ich bin die Antonia, die Stiefmutter von den beiden. Den Wastl kennst ja schon, und das ist Barthl, sein Bruder.«

Außer den beiden Brüdern sah ich kein Mannsbild im Haus. Da erinnerte ich mich, dass der Wastl kürzlich erwähnt hatte, er sei ohne Vater aufgewachsen. Bei passender Gelegenheit musste ich ihn fragen, wann und woran sein Vater gestorben sei.

Eigentlich hatte ich erwartet, man werde mich nach dem Kaffeetrinken im Haus und in den Wirtschaftsgebäuden herumführen, damit ich als zukünftige Bäuerin sehen konnte, was auf mich zukommen würde. Aber nichts. Kaum war der letzte Schluck Kaffee getrunken und der letzte Krümel Kuchen gegessen, komplimentierte man mich aus dem Haus. Mein Wagerl schiebend, bewegte ich mich wieder in die entgegengesetzte Dorfrichtung. »Was? Du bist schon zurück?«, empfing mich meine Mutter überrascht.

Zur standesamtlichen Trauung, die am 4. September 1970 um 17 Uhr stattfand, trug ich mein Festtagsdirndl. Vorher musste meine Mutter allerdings unterschreiben, dass sie mit meiner Heirat einverstanden war, denn damals war man erst mit 21 volljährig. Als Trauzeugen waren mein Onkel Erich, Tante Klaras Mann, und Michael, ein Freund des Bräutigams, dabei. Mit der standesamtlichen Trauung wurde unser Sohn automatisch für ehelich erklärt, da Wastl ja als Kindsvater eingetragen war. Nach der Heirat gab es also auch keine Besuche vom Jugendamt mehr.

Nach dem Besuch auf dem Standesamt lud uns der Bräutigam zu einer Brotzeit in eine Wirtschaft ein. Danach nahm er mich mit zu sich, wo ich die erste Nacht in meinem neuen Zuhause verbrachte. Wie für mich unschwer zu erkennen war, hatte man uns als Ehegemach eines der Fremdenzimmer überlassen. Denn auch diese Familie vermietete schon seit geraumer Zeit Zimmer an die »Preißn«. Am nächsten Morgen bat ich Wastl, nachdem er seine Stallarbeit beendet hatte, er möge mir den Rest unserer gemeinsamen Wohnung zeigen. Offensichtlich hatte er keine Lust dazu. Er redete sich heraus, dass er keine Zeit habe und wichtige Termine erledigen müsse, und schickte mich nach Hause.

Wir trafen uns erst wieder am Tag der kirchlichen Trauung, am 13. September. Hatte ich beim Kauf des Brautkleides schon eine Menge Geld gespart, so sollte es noch günstiger werden. Eine Freundin von mir, die ich von der Berufsschule her kannte, die also auch Friseuse war und die im Gegensatz zu mir sogar die Gesellenprüfung abgelegt hatte, steckte mir am Hochzeitsmorgen meine Haare hoch zu einer eleganten Frisur. Während sie Kranz und Schleier daran befestigte, erklärte sie: »Du, Lisi, dein Kleid gefällt mir ausnehmend gut. Was machst du nachher damit?« Noch bevor ich darauf antworten konnte, fuhr sie fort: »In zwei Monaten will ich auch heiraten. Würdest du es mir für achtzig Mark verkaufen?«

Innerlich jubelnd, äußerlich völlig cool, antwortete ich: »Ja, ist schon recht.«

Bei der kirchlichen Trauung fungierten wieder dieselben Personen als Trauzeugen wie auf dem Standesamt. In beiden Fällen hatte ich dieses Amt zunächst meinem Onkel Ludwig angetragen. Der aber hatte abgelehnt mit der Begründung: »Lisi, dein Antrag ehrt mich. Bei deiner Hochzeit werde ich zwar anwesend sein, aber ich will nicht Zeuge machen, wenn du sehenden Auges in dein Unglück rennst.« An diese Aussage musste ich später noch oft denken.

Nach der Brautmesse fanden wir uns zum Mahl im Wirtshaus ein. Wir waren 25 Personen, also nur die engsten Verwandten und Freunde. Zu meiner Verwunderung zahlte die Schwiegermutter sogar das Hochzeitsmahl.

Einige der Gäste flüsterten mir zu: »Lisi, du bist eine ganz süße Braut.« Meinem Bräutigam kam aber nicht das geringste Kompliment über die Lippen. Nach dem Essen holte er mit mir aus meinem Elternhaus den Koffer ab, den ich bereits für die Hochzeitsreise gepackt hatte. Am folgenden Morgen sollte es nämlich zeitig losgehen. Wir brachen tatsächlich schon früh auf, wie er das versprochen hatte. Es wurde aber dann nicht das, was ich mir unter einer Hochzeitsreise vorgestellt hatte. Unser erstes Ziel war Wien. Aber an statt hier auszusteigen, fuhr er nur durch die Stadt, sodass ich vom Auto aus ein bisschen was sehen konnte, unter anderem einige Fiaker mit fröhlichen Menschen darin. Wie gerne wäre auch ich in einem solchen Fiaker gefahren. Mittags hielt er an einer Frittenbude an und kaufte für jeden von uns eine Tüte Fritten und eine Currywurst. Am Abend waren wir schon wieder weit außerhalb der Stadt, wo wir in einem einfachen Gasthaus einen Kaiserschmarrn aßen und anschließend in einem schäbigen Zimmer übernachteten, das noch nicht mal fließendes Wasser hatte. Am zweiten Tag erreichten wir Ungarn und verbrachten zwei Nächte am Plattensee. Dann jagte er wieder gen Westen. Wir überquerten den Brenner und landeten in Südtirol, inmitten von wunderbaren Obstgärten. Das gefiel mir sehr, und ich wäre gerne ein bisschen darin spazieren gegangen. Aber nein, er quartierte uns gleich in einer bescheidenen Pension ein, und ich war der irrigen Annahme, jetzt würden die »Flitterwochen« beginnen. Fehlanzeige. Den ganzen folgenden Tag düste mein Angetrauter rastlos in Südtirol herum, sodass man sich kaum unterhalten konnte. Am Abend landeten wir erschöpft wieder in unserer Pension. Nach dem

Abendessen zogen wir uns früh zurück. Nun versuchte ich, endlich mit meinem Mann ein Gespräch zu führen. Ich wollte ein bisschen mehr über seine Familie erfahren. Unter anderem interessierte es mich, wieso er ohne Vater aufgewachsen war. Statt einer ausführlichen Geschichte, die ich erwartet hatte, bekam ich nur die knappe Aussage: »Mein Vater ist kurz nach meiner Geburt gestorben.«

Gewiss, irgendwie war das einleuchtend für mich, denn bei mir lag der Fall ja ähnlich. Dann aber fing es in meinem Gehirn an, zu arbeiten. »Wenn dein Vater schon bald nach deiner Geburt gestorben ist, wie bist du dann zwölf Jahre später an einen Bruder gekommen?«

»Darüber weiß ich nichts. Dazu musst du schon meine Mutter befragen.«

Ihm muss klar gewesen sein, dass ich das niemals tun würde. Also reimte ich mir mein Zeug zusammen. Selbst in diesem Punkt sah ich eine Parallele zu meiner Familie. Vermutlich war der Barthl, ebenso wie mein Bruder, das Ergebnis eines Fehltritts seiner Mutter. Demnach war er Wastls Halbbruder.

Am anderen Morgen weckte mich mein Gemahl schon in aller Herrgottsfrühe mit den Worten: »Pack schnell alles zusammen, wir fahren heim.«

»Wieso heute?«, protestierte ich. »Wir sind doch erst seit fünf Tagen unterwegs. Du hast aber versprochen, wir bleiben sieben Tage.«

»Ich hab's mir halt anders überlegt. Red nicht lange, beeil dich.«

Was blieb mir anderes übrig, als zu gehorchen. Eigentlich war ich noch nicht mal wirklich enttäuscht, denn das, was ich mir unter Urlaub vorgestellt hatte, war es nicht im Entferntesten gewesen. Wir waren ja nur im Auto herumgejagt. Während der Heimfahrt gestand er mir dann auf meine Nachfrage, er brauche die zwei gewonnenen Tage dringend, um mit seinem Anwalt zu reden. Denn in wenigen Tagen sollte sein Prozess stattfinden. Das muss er doch schon vorher gewusst haben. Er hatte mich also wissentlich getäuscht und mir eine Woche Urlaub vorgegaukelt, um mir die überstürzte Heirat schmackhaft zu machen.

Das genaue Datum für seinen Prozess wollte er mir nicht nennen. Nach unserer Rückkehr fuhr er zunächst mit mir zu meinem Elternhaus. Dort luden wir meine bescheidene Habe ins Auto: Kleidung, Geschirr, Gläser, Besteck, Bettwäsche, alles Dinge, die ich mir inzwischen von meinem Einkommen angeschafft hatte. Meine Mutter steuerte noch zwei von ihren Töpfen, einen mit kleinem, einen mit größerem Durchmesser, und eine Pfanne bei. Bei unserer zweiten Fuhre holten wir unseren Sohn ab, nebst seiner Ausstattung, einschließlich Kinderwagen. Sein Bettchen mussten wir nicht mitnehmen, die Schwiegermutter hatte bereits das Kinderbett, das noch von ihren Söhnen existierte, in unsere Kammer gestellt.

Die Mama hatte mir zwei fertige Fläschchen mitgegeben, eines für den Abend und eines für den nächsten Morgen. Da ich das Abendfläschchen aufwärmen wollte, fragte ich Wastl nach der Küche. Er öffnete die Tür, die sich rechts neben unserem Schlafzimmer befand. Unter einer neuen Küche hatte ich mir etwas anderes vorgestellt. Das Mobiliar in dem Raum, den er mir als Küche präsentierte, sah ziemlich zusammengewürfelt aus, ein Resopalschrank, der schon bessere Tage gesehen haben mochte, dominierte die eine Längswand. Mitten im Raum stand ein kleiner klappriger Tisch mit zwei ebenso klapprigen Stühlen, vermutlich kürzlich vom Dachboden geholt. Selbst der Elektroherd und der Kühlschrank waren vorsintflutliche Modelle. Als Spüle diente das Waschbecken, unter dem sich ein kleiner Heißwasserspeicher befand. Damit das gespülte Geschirr abtropfen konnte, hatte man provisorisch eine Kommode aus Methusalems Zeiten daneben gestellt. In dieser würde ich später meine Töpfe und Pfannen unterbringen. Mit dem heißen Wasser ließ sich wenigstens Sebastians Abendfläschchen schnell warm machen. Nachdem sein Hunger gestillt war, wagte ich es, ihn auf dem museumsreifen Tisch zu wickeln, ständig mit der Angst im Nacken, dieser könnte zusammenbrechen. Deshalb nahm ich mir vor, am folgenden Tag die Wickelkommode aus meinem Elternhaus holen zu lassen. Anschließend musste ich mein Kind allein zu Bett bringen, der liebende Vater war ausgegangen. Ich nutzte die Zeit, um meine Küchenutensilien einzuräumen. Sobald mein Kleiner fest schlief, räumte ich sogar meine Kleidung und meine Wäsche in den Schlafzimmerschrank.

Im ersten Stock gab es nur eine Toilette. Das Bad befand sich im Erdgeschoss in einem kleinen Anbau zwischen Haus und Stall. Für die Bauersleute war das sehr praktisch, sie konnten sich dort vor und nach Betreten des Stalles umziehen und duschen. Die stinkende Stallkleidung hängten sie dort gleich an Haken auf. Dieses Bad wirkte nicht besonders anziehend auf mich, deshalb begnügte ich mich an diesem Abend damit, mich an dem Waschbecken im Schlafzimmer zu waschen. Sodann begab ich mich ins Bett und schlief auch gleich ein. Ich wurde erst wieder wach, als mein Sohn lautstark verkündete, dass er Hunger habe. Das war so gegen sechs Uhr. Vorsichtig tastete ich nach dem Bett neben dem meinen. Es war leer. Verständlich, mein Mann musste ja bereits um fünf Uhr im Stall sein.

Als ich mir später von ihm unser Wohnzimmer zeigen lassen wollte, natürlich hatte ich es nicht gewagt, in dem fremden Haus eigenmächtig auf die Suche zu gehen, erklärte er mir: »Wozu brauchen wir ein Wohnzimmer?«

»Du hast mir doch ein Wohnzimmer versprochen.«

»Ein Wohnzimmer für uns wäre völlig überflüssig. Wir arbeiten doch den ganzen Tag. Und zum Fernsehen setzen wir uns am Abend zu den anderen in die Stube.«

»Wird es da nicht ein Gerangel ums Fernsehprogramm geben?«

»Das glaube ich nicht. Die Weiberleut und der Barthl gehen früh zu Bett. Dann kannst du anschauen, was du magst.«

»Und was ist mit dir?«

»Ich brauche kein eigenes Wohnzimmer. Gelegentlich gehe ich auf ein Bier aus und zum Kartenspielen. Daran musst du dich gewöhnen.«

Das waren ja schöne Aussichten. So hatte ich mir meine Ehe nicht vorgestellt. Bevor ich es wagte, meinen Arbeitsplatz zu kündigen, hatte ich mir zunächst zwei Monate unbezahlten Urlaub geben lassen, damit ich meinem Sohn das Einleben auf dem Bauernhof erleichtern konnte. Er musste sich ja nicht nur an eine neue Umgebung gewöhnen, sondern auch an fremde Gesichter. Bisher war meine Mutter seine Hauptbezugsperson gewesen. Mich kannte er nur von der abendlichen Zeremonie her und seinen Vater ebenfalls, aber immerhin. Alle anderen dagegen waren ihm fremd.

Mit der Drogerie hatte ich mir ein Hintertürchen offengelassen, weil ich erst mal herausfinden wollte, wie es mir auf dem Bauernhof ergehen würde. Meinem Chef passte das ganz gut. Denn im Oktober und November war im Geschäft nicht viel los. Zum 1. Dezember aber, wenn das Weihnachtsgeschäft anlief, würde ich auf jeden Fall wieder zur Stelle sein. Danach würde man weitersehen.

An meinem ersten Tag auf dem Hof ging ich die Sache voller Elan an, glücklich darüber, dass sich mein Traum doch noch erfüllt hatte. Leider hinderte man mich von allen Seiten, etwas Nützliches zu tun, egal, was ich anpackte.

»Du brauchst nicht mit in den Stall«, stellte meine Schwiegermutter kategorisch fest. »Jeder von uns hat seine festgelegten Arbeiten, da können wir es nicht brauchen, dass du uns dazwischenpfuschst.«

Mit aufs Feld durfte ich auch nicht, außer, dass sie im Stall mitarbeitete, war das Bertas Revier, das sie vehement verteidigte. Schließlich versuchte ich mein Glück in der Küche. Doch diese war das angestammte Reich der Stiefmutter. Nicht, dass sie mich ebenso barsch wie die anderen abgewiesen hätte, aber ich war feinfühlig genug, ihr ihre Lebensaufgabe nicht wegzunehmen.

»Was soll ich denn den ganzen Tag machen?«, beschwerte ich mich am Abend enttäuscht bei meinem Mann.

»Gehst halt wieder in die Arbeit, dann bist hier aus den Füßen«, war seine Empfehlung. »Außerdem bringst du dann Bargeld heim. Damit ist uns mehr gedient.«

Also nahm ich mir vor, die beiden arbeitsfreien Monate auszukosten. Endlich hatte ich mal viel Zeit für mein Kind. Daneben brachte ich es auch immer wieder mit den anderen Hausbewohnern zusammen, damit sich der Bub an sie gewöhnen konnte. Denn wenn ich wieder in der Drogerie arbeitete, würden die sich um Sebastian kümmern müssen.

Auch genoss ich es, schon in aller Frühe die Zeitung zu lesen, während die anderen im Stall waren und Antonia noch auf ihrem Zimmer weilte. Am 10. Oktober verließ mein Mann völlig überraschend, gut gekleidet, schon am frühen Vormittag das Haus.

Auf meine Frage, was er vorhabe, bekam ich keine Antwort. Zum gemeinsamen Mittagessen in der Bauernküche war er wieder zurück.

Erst am anderen Tag sollte ich aus der Zeitung erfahren, wo mein Mann den gestrigen Vormittag verbracht hatte. Aus dem Lokalteil der Zeitung sprang mir eine fette Überschrift ins Auge: *Bauernsohn als Automatenknacker verurteilt.*

Mit immer größer werdenden Augen las ich von einem Prozess, der am Vortag im Amtsgericht stattgefunden hatte. Ein 23-jähriger Hoferbe stand vor Gericht, weil er sich mit einem Komplizen als Automatenknacker betätigt hatte. Der Mittäter werde sich zu einem späteren Zeitpunkt vor dem Jugendgericht verantworten müssen, da er erst 19 Jahre alt sei. Die beiden Täter hatten Geld und Zigaretten im Wert von insgesamt 1600 Mark erbeutet. Die entwendeten Zigaretten wurden in Pappschachteln verstaut und in einem Heustadl versteckt, der zum Anwesen der Mutter des Angeklagten gehörte. Angeblich hatten die beiden Burschen nicht vorgehabt, die Zigaretten zu verkaufen. Dieser große Vorrat war für den Eigenbedarf gedacht. Auf die Frage des Richters nach dem Sinn des so reichlichen Vorrats, erklärte der Angeklagte, seine Mutter halte ihn sehr kurz. Mit nur zwanzig Mark Taschengeld in der Woche komme man nicht weit. Das reiche gerade mal für einige Bier und zum Tanken. Für Zigaretten bleibe nichts mehr übrig. Auf die Frage, wie sie auf die Idee gekommen seien, Zigarettenautomaten von den Wänden zu reißen, gestand der Täter freimütig, eines Abends im Wirtshaus habe er mit seinem Spezi, der ebenfalls ständig unter Geldnot litt, den Plan ausgeheckt, Zigarettenautomaten auszuplündern. Zunächst hätten sie versucht, einen Automaten an Ort und Stelle leerzuräumen. Doch das habe so lange gedauert, dass sie fürchten mussten, dabei überrascht zu werden. Also stemmten sie kurzerhand den Apparat mit einem Brecheisen von der Wand, luden ihn in den Kofferraum und räumten ihn erst im Wald aus. Um keine Spuren zu hinterlassen, hatten sie den Automat in dichtes Gebüsch geworfen.

»Aha«, meinte der Staatsanwalt, »und weil der Nervenkitzel so schön war, mussten immer wieder Automaten daran glauben.« Das verneinte der Angeklagte. Im Gegenteil, er habe jedes Mal große Angst gehabt, erwischt zu werden. Gegen Ende der Verhandlung forderte der Staatsanwalt eine Freiheitstrafe von einem Jahr. Daraufhin plädierte sein Rechtsbeistand für ein milderes Strafmaß. Ein ganzes Jahr sei wohl zu hart für ihn, zumal sich der Täter geständig gezeigt habe. Außerdem habe er erst vor Kurzem geheiratet und sei Vater eines kleinen Kindes. Für den Buben sei es schlimm, der Vater würde ihm ja fremd werden, wenn er ihn ein Jahr lang nicht sehen dürfe. Und auch für die junge Ehe sei es belastend, wenn der Ehemann für ein Jahr weggesperrt werden würde. Durch seine Heirat habe sich auch seine finanzielle Situation verbessert, deshalb bestehe keine Rückfallgefahr mehr.

Der Richter, der offensichtlich ein Einsehen hatte, verurteilte den Täter zu zehn Monaten auf Bewährung und zu einer Geldbuße von 300 Mark.

Nach der Lektüre dieses Artikels war ich zunächst wie erschlagen. Blitzartig wurde mir klar, warum der Wastl mir so plötzlich einen Heiratsantrag gemacht hatte. Offensichtlich hatte ihm sein Rechtsanwalt dazu geraten. Als junger, verheirateter Familienvater hatte der Angeklagte vor Gericht wesentlich bessere Karten, als wenn er ein lediger Bauernbursch gewesen wäre. Seine Rechnung war voll aufgegangen, wie ich an dem milden Strafmaß erkennen konnte.

Es war mein Glück, dass ich diesen Artikel bereits so früh am Morgen gelesen hatte. Denn später, als ich ihn meinem Mann unter die Nase halten wollte, war die Zeitung nicht mehr aufzufinden.

Der Übergabevertrag

Das Leben im Hause meiner Schwiegermutter war wahrlich kein Zuckerschlecken für mich. Sie und ihre Schwester waren ein eingespieltes Team und setzten mir dermaßen zu, dass ich am liebsten schon nach zwei Wochen wieder meine Arbeit in der Drogerie aufgenommen hätte, nur um mit diesen bösartigen Weibern nicht dauernd zusammen sein zu müssen. Doch diese Blöße wollte ich mir nicht geben, weder vor meinem Chef noch vor den Mitarbeiterinnen. Täglich biss ich die Zähne zusammen, ertrug alle Kränkungen und sehnte den Tag herbei, an dem mein unbezahlter Urlaub zu Ende sein würde.

Wie befreit atmete ich auf, als ich am 1. Dezember um 7.10 Uhr das Haus verlassen konnte, um pünktlich um 7.30 Uhr meinen Dienst anzutreten. Vom Kistlerhof aus waren es 17 Minuten Fußmarsch zur Drogerie, während es von mir daheim aus nur drei Minuten zu gehen waren. Doch das flotte Marschieren in der frischen Luft tat mir richtig gut. Dennoch nahm ich mir vor, so bald wie möglich den Führerschein zu machen und mir ein Auto zu kaufen.

Da die Mittagspause zu knapp war, um im Haus meiner Schwiegermutter zu Mittag zu essen, setzte ich mich wieder an Mamas Tisch.

Als ich nach meinem ersten Arbeitstag zurück auf den Hof kam, erlebte ich eine böse Überraschung. Man hatte bereits zu Nacht gegessen, für mich aber nichts übrig gelassen. Das war es eigentlich noch nicht, was mich so erschütterte. Weil ich in meinem Kühlschrank im ersten Stock noch etwas Essbares vermutete, ging ich nach oben. Doch – welch ein Schreck – meine Küche war verschwunden. Der Raum war noch vorhanden, aber sämtliches Küchenmobiliar war weg. Stattdessen hatte man den Raum, was er vorher auch gewesen war, in ein Einzelzimmer für Feriengäste zurückverwandelt. Spontan wollte ich mich bei meinem Mann beschweren, doch der war schon wieder losgezogen. Weil ich aber meinem Herzen Luft machen wollte, stürmte ich ins Wohnzimmer, wo der Rest der Familie vorm Fernseher saß.

»Was hat das zu bedeuten?«, platzte ich heraus.

»Was hat was zu bedeuten?«, grinste mich die Schwiegermutter scheinheilig an.

»Du weißt genau, wovon ich rede.« Sie bequemte sich tatsächlich, mir in ihre Küche zu folgen und mir eine ausführliche Erklärung zu geben: »Du brauchst dich gar nicht aufzuregen. Eine Küche für dich wäre verschwendeter Raum. Wie du gesehen hast, haben wir wieder ein Gästezimmer daraus gemacht. Das bringt uns mehr ein. Was willst du denn mit einer Küche? Mittagessen tust du ja bei deiner Mutter und frühstücken und zu Nacht essen kannst du wie bisher bei uns in der Küche.«

»Und was, bittschön? Es war ja schon alles weggeräumt.«

»Schaust halt in den Kühlschrank, vielleicht findest noch was«, äußerte sie hämisch.

»Mehr als das Nachtessen interessiert es mich, wo meine Sachen geblieben sind, mein Porzellan, meine Gläser, mein Besteck, meine Töpfe.«

»Ach, das Glump ist eh nichts wert. Außerdem brauchst du es nicht mehr, weil du ja nicht selbst kochen musst. Aber keine Angst, ich habe nichts weggeworfen. Damit wir den Schrank wieder in die Speis stellen konnten, wo er vorher gestanden hat, mussten wir ihn aus- und wieder einräumen. Statt hier rumzumosern, solltest du mir dankbar sein, dass wir uns so viel Mühe gemacht haben.«

»Und wo sind der Elektroherd und der Kühlschrank geblieben?«

»Den Kühlschrank haben wir auch in die Speis gestellt, wo er wie zuvor als Zusatzkühlschrank dient. Der Elektroherd ist in der Futterküche, wo er hingehört.«

Nachdem ich mir kopfschüttelnd ihre Ausführungen angehört hatte, sah sie sich zusätzlich zu folgender Erklärung genötigt: »Du musst doch einsehen, da du nicht selbst kochst, wäre eine Küche für dich völlig überflüssig.«

»Es geht mir ja weniger darum, in meiner Küche zu kochen, sie war aber der einzige Raum, in den wir uns zurückziehen konnten, wenn der Bub schläft, da wir schon nicht das versprochene Wohnzimmer bekommen haben.«

Nach diesem Gespräch gingen mir die Augen auf. Die eigene Wohnung, die man mir in Aussicht gestellt hatte, war nur der Köder gewesen, damit ich überhaupt herkam. Die überstürzte Heirat war für ihren Sohn so wichtig gewesen, damit er bei Gericht ein geringeres Strafmaß kriegte. Nun, da seine Rechnung aufgegangen war, brauchte man mich nicht mehr. Jetzt begriff ich auch, warum man zu mir so bösartig war. Man setzte alles daran, mich aus dem Haus zu graulen. Die ganzen Sprüche vorher, das Kind brauche seinen Vater, es solle im Vaterhaus aufwachsen, waren nur scheinheiliges Getue gewesen, um mich arglose Person zu ködern. Aber so leicht räumte ich das Feld nicht. Von ihren Bosheiten würde ich mich nicht hinausekeln lassen.

Bei meinem Mann brauchte ich dieses Thema erst gar nicht anzuschneiden. Außer einem handfesten Streit würde es nichts bringen. Also tat ich so, als ob alles in bester Ordnung wäre. Ich bekam ihn eh kaum zu sehen. Morgens frühstückte ich allein, weil alle im Stall waren, und am Abend, wenn ich heimkam, hatte man bereits gegessen, und er war oft schon auf und davon. Bescheiden wie ich war, belegte ich mir ein Brot mit dem, was ich gerade im Kühlschrank fand. Mal war das ein Wurst- oder Schinkenzipfel, mal ein Stück Käse, manchmal aber auch nur Marmelade.

Mein erstes Weihnachtsfest auf dem Kistlerhof war das traurigste meines Lebens. Zum ersten Mal verbrachte ich den Heiligabend fernab von meinen Lieben. Stattdessen war ich hier von Menschen umgeben, unter denen mir zwei nicht mal die Butter aufs Brot gönnten. Schon beim Nachtessen hackten die beiden Schwestern auf mir herum und stritten auch miteinander. Zwischendurch gifteten sie meinen

Mann an und die liebe, gutmütige Oma, wie die Stiefmutter allgemein genannt wurde. Diese Stimmung setzte sich bei der Bescherung fort.

Natürlich wurde in erster Linie der Kleine beschenkt. Von jedem bekam er ein kleines Spielzeug. Auch der Bruder meines Mannes wurde mit kleinen Gaben bedacht. Von meiner Schwiegermutter bekam ich zwei Weingläser. Zu meinem Bedauern konnte ich keine Geschenke verteilen, weil ich meinen Lohn für Dezember ja erst zum Monatsende bekommen würde. Das bisschen Geld, das ich in den wenigen Monaten meines Arbeitsverhältnisses verdient hatte, war für Haushaltsanschaffungen draufgegangen. Für den Gabentisch steuerte ich lediglich eine Tüte Platzerl bei, die meine Mutter gebacken hatte.

Der einzige Lichtblick an diesem trüben Abend war das Geschenk meines Mannes. Er hatte mir ein Buch von Hans Ernst unter den Christbaum gelegt. Darüber freute ich mich sehr. Es zeigte mir doch, wie aufmerksam er sein konnte. Vor längerer Zeit hatte ich nämlich mal erwähnt, dass ich eine Schwäche für Heimatromane habe.

Um aller weiteren Streiterei aus dem Weg zu gehen, legte ich mein Kind schlafen, schnappte mir mein Buch und verzog mich in mein Bett. Damit nahm dieser erste Christabend im fremden Haus doch noch eine gute Wende.

Im Jahr darauf bekam ich von der Schwiegermutter zu Weihnachten wieder zwei Weingläser. Nun konnte auch ich mit Geschenken aufwarten. Für meinen Mann hatte ich mit ihm gemeinsam ein schickes Hemd ausgesucht. Für die Oma und Berta gab es je eine Dose Gesichtscreme, die ich in der Drogerie ja günstig erstehen konnte. Für Schwiegermama aber sollte es etwas Besonderes sein. Für sie kaufte ich zwei Garnituren feiner Bettwäsche, die mit einem roten Bändchen über Kreuz zusammengebunden waren. Diese würde sie auf jeden Fall brauchen können, wenn schon nicht für ihr eigenes Bett, so doch für die Gästebetten. Doch diese Wäsche sah ich niemals auf der Leine und auch nicht unter der Bügelwäsche. Das Bügeln hatte ich der Oma längst abgenommen. Das konnte ich leicht am Mittwoch oder am Samstag tun, denn da hatte ich nur bis 12 Uhr Dienst. Alles wurde von Hand gebügelt, selbst für die reichlich anfallende Bettwäsche hatte man noch keine Maschine. Anfangs schaute die Oma mir auf die Finger, aber schon bald kam von ihr das Lob: »Mei, Lisi, du bügelst ja so schön. So gut hab ich das nie hingekriegt.« Die Stiefmutter lobte mich immer wieder, auch auf anderen Gebieten, aber nur, wenn es die Stieftöchter nicht hören konnten.

Zu meinem dritten Weihnachtsfest auf dem Kistlerhof stürzte ich mich für die Schwiegermutter wirklich in Unkosten. Im einzigen Bekleidungshaus am Platze, in dem Tante Bärbel seinerzeit immer wieder für mich eingekauft hatte, verriet mir eine Verkäuferin, dass sie die Kistlerbäuerin immer berate, wenn diese ein Kleidungsstück brauchte. Weil meine Schwiegermutter noch immer nicht gut auf mich zu sprechen war, wollte ich ihr zu Weihnachten ein Kleid schenken, ein wirklich gutes, um mich bei ihr einzuschmeicheln. In der letzten Adventswoche ließ ich mich von besagter Verkäuferin beraten. Sie kannte nicht nur Wallys Kleidergröße, sie wusste auch, welchen Stil und welche Farbe sie bevorzugte. So wählte ich ein Kleid aus, welches aus reiner Schurwolle bestand, ein wirklich schönes Sonntagskleid. Die Damen im Hause Kistler unterschieden beim Tragen von Kleidung noch streng nach Werktag und Sonntag, obwohl sie stets eine Kittelschürze darüber trugen, sodass man vom Kleid fast nichts zu sehen bekam. Selbst die Kittelschürzen unterlagen einer strengen Kleiderordnung. Werktags trug man gemusterte Kittelschürzen und am Sonntag unifarbene. Für den Stall gab es wieder Extrakleidung, nämlich die ausrangierten Werktagskleider.

Nachdem ich das ausgewählte Kleid bezahlt hatte, es war wirklich nicht billig gewesen, gab mir die nette Verkäuferin noch den Rat, den Kassenzettel aufzuheben, dann könne Wally, falls wir doch nicht ganz ihren Geschmack getroffen haben sollten, es innerhalb von vier Wochen umtauschen.

In durchscheinendes Seidenpapier verpackt, legte ich es auf den Gabentisch. Gespannt beobachtete ich, wie sie reagierte. Interessiert packte sie es aus und fragte gleich darauf in die Runde: »Von wem ist das?«

Jetzt sah ich meinen großen Augenblick gekommen. Indem ich auf sie zutrat, erklärte ich: »Es ist von mir. Ich hoffe, es gefällt dir. Wenn nicht, kannst du es innerhalb von vier Wochen umtauschen. Den Kassenzettel habe ich extra aufgehoben.«

Bei meinen Worten verfinsterte sich ihr Gesicht, gerade noch, dass sie ein »Vergelt's Gott« zwischen den Zähnen hervorpresste.

Sonntag für Sonntag verging, ohne dass ich je das Kleid an ihr sah. Sie sprach mich aber auch nicht auf den Kassenbon an, um es umtauschen zu können.

Es mag zwei Monate nach Weihnachten gewesen sein, da brach die Wally mit ihrem Sohn wieder mal einen heftigen Streit vom Zaun. Nichtsahnend kam ich am Abend vom Dienst und spürte, dass etwas Ungutes in der Luft lag. Die Mutter redete nicht mehr mit ihrem Sohn. Da es zu ihren Gewohnheiten gehörte, Sippenhaft zu praktizieren, redete sie auch mit mir nicht mehr. Er, der wohl das Verhaltensmuster von seiner Mutter übernommen hatte, redete mit mir auch nicht. Was ihr könnt, kann ich auch, beschloss ich, und sprach die beiden meinerseits nicht mehr an.

Am folgenden Abend herrschte noch immer dicke Luft. Deshalb ging mein Angetrauter, wie so oft, angeblich ins Wirtshaus. Mir auch recht, dachte ich, und zog mich in meine Kammer zurück. Dort erwartete mich eine unangenehme Überraschung. Auf meinem Bett lagen die Geschenke, die ich meiner Schwiegermutter zu den beiden letzten Weihnachtsfesten gemacht hatte. Das blaue Kleid war noch eingehüllt in Seidenpapier, und die Bettwäsche zierte noch das rote Band, exakt so, wie ich es meiner Schwiegermutter auf den Gabentisch gelegt hatte. Nach dem ersten Schreck nahm ich die Sachen und stürmte damit in die Küche. Dort war die Bäuerin gerade dabei, sich eine Wärmflasche zu bereiten. Obwohl ich auf hundert war, legte ich die Geschenke sorgsam nebeneinander auf den Tisch und fragte: »Was hat das zu bedeuten?« Sie zuckte nur die Schultern. Mich sehr zusammennehmend, belehrte ich sie in ruhigem Ton: »Wenn man ein Geschenk bekommt, kann man damit machen, was man will. Aber es ist ungezogen, es dem Schenkenden zurückzugeben.«

Damit rauschte ich aus der Küche. Weil ich so aufgewühlt war, konnte ich lange nicht einschlafen. Um auf andere Gedanken zu kommen, vertiefte ich mich wieder in ein Buch von Hans Ernst. Denn inzwischen hatte mir der Wastl noch weitere Bücher von diesem Schriftsteller geschenkt.

Am nächsten Morgen waren die Weihnachtsgeschenke vom Küchentisch verschwunden. Diese habe ich jedoch niemals irgendwo im Hause erblickt. Seitdem habe ich meiner Schwiegermutter nie wieder etwas geschenkt.

Aber ich bin etwas vorausgeeilt. Zurück zu der Zeit nach meinem ersten Weihnachtsfest auf dem Kistlerhof. Am 31. Dezember brachte ich meine erste Lohntüte als Ehefrau nach Hause. Sogleich hielt mein Mann die Hand auf: »Ab sofort kriege ich jede Woche fünfzig Mark Taschengeld.«

»Wie kommst du auf diese Idee? Lass dir das doch von deiner Mutter geben.«

»Sie gibt mir nichts mehr. Sie meint, du als meine Ehefrau seist ab jetzt verpflichtet, mich finanziell zu unterstützen.«

Da ich noch zögerte, drohte er mir: »Du willst doch nicht etwa, dass ich wieder Automaten knacke, um an Taschengeld zu kommen?«

Also übernahm ich zähneknirschend diese Verpflichtung. Am nächsten Tag kam Berta daher und verlangte ebenfalls fünfzig Mark pro Woche. Unterstützt wurde sie bei dieser Forderung von ihrer Schwester. Noch bevor ich fragen konnte, mit welchem Recht sie das Geld von mir verlange, erklärte sie, damit ich in die Arbeit gehen und verdienen könne, halte sie mir den Rücken frei. Sie übernehme schließlich meine häuslichen Tätigkeiten und betreue mein Kind. Da ich nicht gleich meinen Geldbeutel aufmachte, mischte sich die Schwiegermutter ein: »Das ist wohl das Mindeste, dass du der Berta für diese Arbeiten ein bescheidenes Taschengeld gibst, von Entlohnen kann man ja nicht reden. Dafür verzichte ich schon darauf, von dir Kostgeld zu nehmen.«

»Kostgeld?«, lachte ich befremdet. »Wieso sollte ich im Haus meines Mannes Kostgeld zahlen? Das ist doch selbstverständlich, dass der Mann seine Frau ernährt.«

»Nicht in diesem Fall. Du hast kein Heiratsgut mitgebracht, und da du in die Arbeit gehen darfst, musst du dich in angemessener Weise am Haushalt beteiligen.«

»Für mich wird hier doch kaum etwas verbraucht. Die meiste Zeit esse ich bei meiner Mutter zu Mittag. Meinen Kaffee kaufe ich selber, mein Waschpulver und alles, was ich zur Körperpflege brauche, ebenfalls. Die Scheibe Brot, die ich zum Frühstück esse, und das Wenige, das ihr mir vom Nachtessen übrig lasst, ist doch nicht der Rede wert.«

»Du verbrauchst aber von unserem Strom und von unserem Wasser.«

»Und ich atme von eurer Luft«, schleuderte ich ihr an den Kopf. Bisher hatte ich immer alles lieb und nett geschluckt, in dem Moment aber war mir der Kragen geplatzt.

»Wenn's dir nicht passt, kannst ja gehen. Wir halten dich nicht«, schoss sie ihren nächsten Giftpfeil auf mich ab. So schnell wollte ich das Feld jedoch nicht räumen. Also lenkte ich ein, indem ich meine finanzielle Situation darlegte: »So viel, wie ihr meint, verdiene ich nicht. Von meinem Lohn muss ich dem Wastl schon zweihundert Mark im Monat hinblättern. Wenn ich der Berta jetzt auch noch zweihundert Mark im Monat gebe, bleiben mir gerade einmal zweihundertfünfzig Mark. Davon muss ich meiner Mutter fünfzig Mark fürs Mittagessen zahlen. Sie hat ein derart geringes Einkommen, dass ich mich von ihr nicht durchfüttern lassen kann. Für den Buben muss ich Kleidung, Schuhe und Gläschen kaufen. Abgesehen davon, brauche ich auch mal ein Kleidungsstück oder Schuhe und will hin und wieder Geschenke machen können. Wenn ihr mich finanziell so reindrückt, kann ich ja kaum etwas auf die Seite legen. Schließlich möchte ich so bald wie möglich den Führerschein machen und danach möchte ich für ein Auto sparen.«

Gegen alle meine Gründe hatte sie Argumente parat: »Der Bub braucht keine Gläschen mehr. Er ist alt genug, um am Tisch mitzuessen. Den Führerschein machst halt ein paar Monate später, und wenn du mal wohin willst, kannst mit meinem Auto fahren. Ein eigenes Auto brauchst wirklich nicht, zur Arbeit kannst du ganz gut zu Fuß gehen.«

Zu dem von ihr erwähnten Auto ist Folgendes zu erklären: Während seiner Junggesellenzeit hatte Wastl einen gebrauchten VW gehabt. Damit hatte er seine Mutter einmal zu einem Termin nach Starnberg fahren müssen. So war sie auf den Geschmack gekommen, dass diese Art von Fortbewegung wesentlich bequemer sei, als sich mit der Bahn befördern zu lassen. Von da an ließ sie sich immer wieder von ihrem Sohn herumkutschieren. Mit der Zeit wurde ihr der Käfer aber zu eng und zu unbequem. Also musste ein größeres Auto her, das sie bezahlte. Es lief auch auf ihren Namen, aber der Sohn durfte es benutzen, wann immer er wollte.

Um des lieben Friedens willen zahlte ich also der Berta die zweihundert Mark monatlich. Aus meinem Führerschein wurde lange Zeit nichts. Im Februar nämlich eröffnete mir Wastls Mutter, dass wir im Mai unser Zimmer räumen müssten, weil dann darin wieder Sommerfrischler wohnen würden. Diese Situation an sich war für mich nichts Neues, bei uns daheim war das ja ebenfalls so gewesen. Und doch war es hier ein bisschen anders. Nun hatte ich Mann und Kind. Sollte ich mit denen etwa auf dem Dachboden kampieren? Ganz so schlimm wurde es letztlich nicht. Großzügigerweise stellte uns Wally die ehemalige Mägdekammer zur Verfügung, die sich im Erdgeschoss neben der Stube befand. Nicht nur, dass diese klein und ziemlich dunkel war, die beiden Betten darin waren so wurmstichig, dass ich befürchtete, sie könnten unter uns zusammenbrechen. Statt Matratzen lagen noch Strohsäcke darin. Kleiderschrank gab es keinen. Die Mägde hatten ihr Sonntagsgewand halt die Woche über an die Türhaken gehängt, und am Sonntag hängten sie ihr Werktagsgewand daran. Es musste also ein neues Schlafzimmer her. Bis Mai hatte ich aber nicht genug zusammensparen können. Wir konnten immerhin schon mal die Möbel aussuchen. Bis sie im August geliefert wurden, war ich auch in der Lage, sie zu bezahlen. Mit den neuen Möbeln wurde es in der Mägdekammer zwar noch enger, zumal das Kinderbett auch noch Platz wegnahm, aber in den neuen Betten fühlte ich mich wohl, und im Kleiderschrank war Platz genug für die Garderobe von uns drei Personen. Es dauerte ein weiteres Jahr, bis ich genug zusammengespart hatte und es wagte, mich bei der ortsansässigen Fahrschule anzumelden. An einem Vormittag im August legte ich die Fahrprüfung ab. Zum Glück bestand ich sie auf Anhieb. Stolz wie eine Schneekönigin kam ich nach Hause. Zu meiner Überraschung bot mir mein Mann großzügigerweise an, ich könne am Nachmittag mit »seinem« Auto zur Arbeit fahren. Also startete ich meine erste Alleinfahrt mit dem frisch erworbenen Führerschein in der Tasche. Leider passierte mir das Missgeschick, dass ich vor der Drogerie beim Rückwärtseinparken einen Blumentopf übersah, der dort auf einem Holzstock stand und zur Verschönerung des Straßenrandes diente. Als ich dagegen fuhr, fiel der Blumentopf zu Boden, und ein Teil der Blumenerde landete auf der Straße. Zu meiner Erleichterung war am Auto nichts passiert. Eine Nachbarin, die mein Manöver beobachtet hatte, eilte mit einer Schaufel und einem Handbeserl herbei und kehrte die Erde zusammen. Sie gab sie zurück in den Blumentopf, rückte die Pflanze zurecht und stellte den Topf wieder auf den Holzstock.

Als ich am Abend heimkam, schimpfte meine Schwiegermutter mächtig. Nicht, dass sie von meinem kleinen Unfall etwas erfahren hatte, nein, am Nachmittag wollte sie sich von ihrem Sohn in ihrem Auto irgendwohin fahren lassen, doch nun war es nicht da gewesen, weil ich es gewagt hatte, damit eine »Privatfahrt« zu machen.

Diese Szene bestärkte mich in dem Entschluss, mir bald einen eigenen fahrbaren Untersatz zuzulegen. Doch da ich von meinem Einkommen so viel abgeben musste, würde es eine halbe Ewigkeit dauern, bis ich das Geld für ein Auto zusammengespart hätte, selbst wenn ich mich mit einem Gebrauchtwagen begnügte.

Obwohl ich eisern sparte, hatte ich nach einem Jahr noch nicht annähernd die Summe zusammen, die ich für einen Wagen gebraucht hätte. Also wollte ich ihn mit einem Darlehen finanzieren. Von der Bank bekam ich aber nichts. Mit meinem geringen Einkommen und ohne Sicherheiten war ich nicht kreditwürdig. Da entdeckte ich in der Zeitung eine Kleinanzeige, die wirklich verlockend war und mir als Rettung erschien. Schnell und ohne Sicherheiten würde einem das benötigte Geld zur Verfügung gestellt. Also meldete ich mich auf die Annonce und machte einen Termin aus. Weil ich in solchen Dingen völlig unerfahren war, begleitete mein Mann mich zum Büro des Geldverleihers. In seinem Beisein unterschrieb ich stolz den Kreditvertrag, denn ich war kurz zuvor volljährig geworden. Der nette Mann überreichte mir das Geld in bar. Damit fuhren wir umgehend zu der Adresse, die wir uns schon vorher herausgeschrieben hatten. Dort erstand ich einen gebrauchten Mini-Cooper. Voller Stolz fuhr ich mit meinem ersten eigenen Auto nach Hause. Es war auch ein erhebendes Gefühl, mit dem eigenen Wagen zur Arbeit zu fahren, abgesehen von der Zeitersparnis. Mit diesem Fahrzeug war ich sehr zufrieden. Doch bald merkten wir, dass ich an einen Kredithai geraten war. Ich zahlte und zahlte und hatte am Ende das Auto zwei Mal bezahlt.

Nachdem ich etwa zwei Jahre lang auf dem Kistlerhof gelebt hatte, bekam ich zufällig mit, wie mein Mann seine Mutter fragte: »Meinst du nicht, dass es langsam an der Zeit wäre, mir das Anwesen zu überschreiben?«

Ihre Antwort darauf: »Dein Flietscherl (Flittchen) kann's wohl net derwarten, Bäuerin zu werden?«

Mit solchen und ähnlichen »zartfühlenden« Bezeichnungen bedachte sie mich nicht nur, wenn sie mich außer Hörweite glaubte. Mein Mann, obwohl er normalerweise nicht für mich Partei ergriff, wenn seine Mutter über mich herzog, verteidigte mich: »Die Lisi hat damit nichts zu tun. Das ist ganz allein mein Wunsch, dass du übergibst. Ich möchte endlich Herr auf dem Hof sein, für den ich mich jeden

Tag abschinde. Auch will ich über das Geld verfügen, das hereinkommt, und nicht immer ›bitte, bitte‹ machen müssen, wenn ich etwas ändern möchte oder eine Neuanschaffung plane.«

»Da musst du dich schon noch a bisserl gedulden. Deine Frau muss erst beweisen, dass sie den Aufgaben einer Bäuerin gewachsen ist.«

»Wie soll sie das? Du lässt sie ja nirgends ran.«

»Das kommt noch früh genug. Jetzt soll sie schön weiter in die Drogerie gehen und schauen, dass sie Geld heimbringt.«

In der Drogerie verdiente ich nicht nur mein Geld, auf das alle so aus waren, dort hatte ich auch, wie ich bald herausfand, den Finger am Puls der Zeit. Von den Kunden erfuhr ich nicht nur Wissenswertes über manchen Dorfbewohner, sondern auch über meinen Ehemann. Einiges berichtete man mir direkt, anderes bekam ich mit, wenn sich die wartenden Kundinnen hinter vorgehaltener Hand unterhielten. Sie ahnten ja nicht, dass ich ein sehr feines Gehör hatte. Einmal schnappte ich den Namen Corinna auf. Da stellte ich meine Antennen gleich auf Empfang. Zwar verstand ich nicht jedes Wort, aber ich bekam mit, dass ihre Eltern abends öfter mal außer Haus seien. Wenn sie dann sturmfreie Bude habe, bekomme sie immer Herrenbesuch. Dabei fiel der Name Wastl Fischer. Damit hatte ich genug gehört. Wild entschlossen wollte ich meinen Angetrauten am Abend zur Rede stellen. Nach einigem Nachdenken verwarf ich diese Absicht wieder. Was würde es mir bringen? Doch nur Ärger und Verdruss, denn er würde alles abstreiten. Wenige

Monate später schnappte ich auf, dass Corinna mit ihren Eltern weggezogen sei. Erleichtert atmete ich auf. So hatte sich die Sache also von selbst erledigt, und ich hatte mir eine Szene mit meinem Mann erspart.

Etwa zwei Jahre später, an einem Samstagnachmittag, stieg ich mit einem Wäschekorb schwer beladen auf den Dachboden, mit meinem Söhnchen im Gefolge. Hier konnte er unter meiner Aufsicht spielen, denn er hatte ja die ganze Woche über wenig von seiner Mama. Während ich meine Wäsche aufhängte, suchte er in allen Ecken herum. Für einen Vierjährigen war der Dachboden eines alten Bauernhauses das reinste Paradies. Hier hatte sich vieles angesammelt, von dem man dachte, man könne es irgendwann wieder brauchen. Natürlich behielt ich ihn im Auge, damit er nicht an etwas geriet, womit er sich verletzen konnte. Auf einmal entdeckte er einen Schuhkarton. Das war ein harmloses Spielzeug und würde ihn für eine Weile beschäftigen. Er hoffte wohl, darin etwas Brauchbares zu finden, und räumte ihn völlig aus. Es waren aber nur Briefe darin, die er achtlos auf den Boden warf. Nachdem ich meine Wäsche aufgehängt hatte, sammelte ich sie wieder ein, damit meine Schwiegermutter keinen Grund hatte, mich wegen der Unordnung zu schimpfen. Ich hatte erwartet, Briefe aus grauer Vorzeit zu entdecken, vielleicht Liebesbriefe an meine Schwiegermutter oder gar an ihre Mutter. Diese Briefe aber machten einen ziemlich neuen Eindruck, deshalb schaute ich mir die Umschläge an. Sie trugen allesamt die Anschrift meines Mannes. Nun war ich neugierig, wer ihm geschrieben haben könnte, denn von mir hatte er nie einen Brief bekommen. Auf keinem der Kuverts war ein Absender zu finden. Das weckte meine Neugier erst recht. Eines der Schreiben nahm ich aus dem Umschlag. Das Datum zeigte mir, dass es noch kein Jahr alt war. Es begann mit: »Mein geliebter Wastl!«

Es folgte ein glühender Liebesbrief, in dem ein Datum vorgeschlagen war für ein Treffen. Unterschrieben war der Brief mit »Deine Dich liebende Corinna«.

Einen Moment war ich wie erstarrt. Demnach war sie doch nicht weit genug weggezogen. Dann nahm ich weitere Briefe aus ihren Kuverts. Alle waren unterschrieben mit »Corinna«. Zum Lesen blieb mir keine Zeit, mein Sohn wurde nämlich ungeduldig. Deshalb packte ich alles wieder in die Schachtel und stellte sie in eine Ecke. Schon bald wollte ich auf den Dachboden schleichen und die Briefe in aller Ruhe lesen. Vor allem interessierte mich, wann sie geschrieben worden waren. An diesem Abend ging mein Mann ausnahmsweise mal nicht aus. So landeten wir früh in unserer Kammer. Nach Zärtlichkeiten stand mir aber nicht der Sinn. Dafür spukten mir die Liebesbriefe zu sehr im Kopf herum. Um meinem Herzen Luft zu machen, packte ich den Stier bei den Hörnern: »Seit wann schreibt dir die Corinna glühende Liebesbriefe?«

»Wie bist du an diese Briefe gekommen?«, fuhr er mich an, womit er mir das Gefühl vermitteln wollte, ich sei es, die etwas Unrechtes getan habe. Doch ich ließ mich nicht einschüchtern. Freimütig erzählte ich ihm von dem Schuhkarton auf dem Dachboden. »So ein Mist!«, entfuhr es ihm. »Da hat meine Mutter, die blöde Kuh, wohl in meinen Sachen gestöbert und gemeint, sie muss aufräumen. Wahrscheinlich war sie der Annahme, sie tue mir damit einen Gefallen.«

Er merkte, dass ich mich mit dieser Antwort nicht zufrieden gab, deshalb erklärte er mir, das Verhältnis mit Corinna sei längst beendet. Wenn ich mir die Briefe genau angeschaut hätte, wäre mir aufgefallen, dass der letzte ein halbes Jahr alt sei. Seitdem habe er sie nicht mehr getroffen.

Mit seinem Charme gelang es ihm schnell, mich wieder einzuwickeln. Trotz meiner verletzten Seele war ich nur allzu bereit, ihm zu glauben, und selig, als er mich in die Arme nahm und die alte Vertrautheit wiederherstellte.

Am folgenden Morgen schlich ich, als alle im Stall waren, auf den Dachboden, um mir die Briefe näher anzusehen. Aber der Schuhkarton war verschwunden. Demnach musste er schon vor dem Melken oben gewesen sein. Also ließ ich die Sache auf sich beruhen.

Streitereien gab es auf dem Hof immer wieder. Diese gingen aber nicht jedes Mal von meiner Schwiegermutter aus. Oft war es ihre Schwester, die mich entweder grundlos oder wegen einer Kleinigkeit anfeindete. Mir kam es vor, als sei sie neidisch auf mich, weil ich schon in so jungen Jahren unter die Haube gekommen war, sie aber mittlerweile eine alte Jungfer war, ohne jede Aussicht, in den Hafen der Ehe einzulaufen.

Einmal kam es ganz dick. Es war an einen Sonntagabend. Wir hatten gerade das gemeinsame Nachtessen beendet. Sebastian hatte ich bereits schlafen gelegt, und mein junger Schwager nutzte die Gunst der Stunde, um sich im Fernsehen noch etwas anzuschauen, bevor er ins Bett gescheucht wurde.

Aus einem Grund, an den ich mich nicht mal mehr erinnere, brach mein Mann plötzlich einen Streit vom Zaun. Sofort schlug seine Mutter in dieselbe Kerbe. »Du hast nichts, du kannst nichts, du hast nichts mitgebracht und nun hockst du im gemachten Nest und lässt es dir gut gehen«, warf sie mir vor. Ohne dass jemand sie dazu aufgefordert hatte, meinte Berta, sie müsse ihren Senf dazugeben: »Lass sie doch gehen! Die brauchen wir nicht mehr. Den Buben behalten wir hier. Da sie nichts hat, wird er eh dem Vater zugesprochen.«

Das alles hatte ich schweigend über mich ergehen lassen. An solche Bosheiten von den beiden Schwestern war ich gewöhnt. Doch als mein Mann mich anfauchte: »Du kannst dich schleichen, ich brauch dich nicht mehr«, sah ich rot. Mit der flachen Hand schlug ich auf die Tischplatte, sprang auf und schrie: »Gut, ihr wollt es nicht anders.«

Ich rannte hinaus, schlug die Tür mit lautem Knall hinter mir zu und stürmte in die Schlafkammer. Dort packte ich das Nötigste für meinen Sohn in eine Tasche, zerrte das schlafende Kind aus dem Bett und verfrachtete es in mein Auto. In der Eile hatte ich für mich gar nichts mitgenommen, noch nicht mal meine Handtasche mit meinen Papieren. Ziemlich aufgelöst kam ich in meinem Elternhaus an. Die Mama nahm mir wortlos das halbschlafende Kind aus den Armen und steckte es ins Bett. Dann hielten wir am Esstisch Familienrat. Onkel Ludwigs erster Kommentar: »Das habe ich kommen sehen.«

Die Mama ergänzte: »Mit so etwas habe ich schon viel früher gerechnet.«

Wir beratschlagten, wie ich nun vorgehen solle. Wir kamen überein, dass ich so bald wie möglich einen Anwalt aufsuchen solle, um die Scheidung einzureichen. Zufällig hatte ich am nächsten Tag keinen Dienst, weil ich Überstunden abfeiern sollte. Nun erwies es sich als äußerst nützlich, dass mein Onkel drei Jahre zuvor Telefon hatte installieren lassen.

So konnte ich gleich von zu Hause aus bei einem Anwalt anrufen, den ich mir aus den Gelben Seiten herausgesucht hatte. Gegen 8.30 Uhr erreichte ich sein Büro. Das Glück war mir hold. Noch für denselben Nachmittag bekam ich einen Termin, da ein Klient abgesagt hatte. Pünktlich um 16 Uhr saß ich in der Kanzlei des Anwalts und trug ihm mein Scheidungsbegehren vor. Er bat mich, ihm zu schildern, was vorgefallen sei. Dabei war es nötig, etwas weiter auszuholen. Ich erzählte, wie lange ich meinen Ehemann schon kenne und was ich in seinem Elternhaus alles hatte erdulden müssen. Der Anwalt unterbrach mich kein einziges Mal, machte sich aber eifrig Notizen. Anschließend stellte er fest: »So, wie Sie über Ihren Ehemann sprechen, habe ich den

Eindruck, dass Sie sich gar nicht scheiden lassen wollen. Ihnen geht es um was ganz anderes.«

»Stimmt«, gab ich zu. »Ich liebe ihn noch immer und möchte ihn nicht verlassen. Nur die äußeren Bedingungen missfallen mir. Auf den Tisch zu hauen und die Tür zuzuknallen, reicht nicht, um eine Änderung herbeizuführen. Um seine liebe Familie aufzurütteln, muss ich denen schon einen ordentlichen Denkzettel verpassen. Ein Schreiben von Ihnen hätte sicher die erwünschte Wirkung.«

»So sehe ich das auch. Das Schreiben werde ich noch heute aufsetzen und zur Post geben.«

Von diesem Brief erhielt ich bereits anderntags eine Kopie. Nach dem üblichen Briefkopf las ich Folgendes:

Starnberg, den 6. Mai 1974

Sehr geehrter Herr Fischer!

1. Wir vertreten Ihre Ehefrau, welche mir am 6. Mai 1974 berichtet hat, dass Sie sie am 5. Mai 1974 ausgeschafft haben. Wörtlich haben Sie gesagt: »Du kannst dich schleichen, ich brauch dich nicht mehr.« Dabei hat es sich nicht um einen Einzelfall gehandelt. Sie haben Ihrer Frau schon sehr oft nahegelegt, wegzugehen, und ihr gesagt, dass Sie sie von Anfang an nicht geliebt haben. Sie hätten sie nur geheiratet, damit der bei Ihrer Hochzeit schon ein Jahr alte Sebastian bei Ihnen gut aufgehoben sei.

Sie haben Ihrer Frau darüber hinaus nicht die Lebensbedingungen geschaffen, auf welche sie einen

Anspruch hat. Sie hat nicht einmal eine eigene Küche. Als einziger Familienraum steht das Schlafzimmer zur Verfügung. Ihre Frau hat Ihnen immer wieder gesagt, dass diese sehr schlechten äußeren Umstände Ihr Eheleben sehr negativ beeinflussen. Die Bitte Ihrer Frau, eine eigene Wohnung zu mieten, haben Sie ihr immer wieder ausgeschlagen.

Mehrfach haben Sie auch gesagt, Ihre Frau könne den Buben mitnehmen.

2. Ihre Frau hat aufgrund Ihres Verhaltens ein Recht, die Scheidung aus Ihrem alleinigen Verschulden zu verlangen. Das bisherige Leben kann sie nicht weiterführen. Auch hat sie das Recht, die elterliche Gewalt über Sebastian zu beanspruchen.

Sie können zur Besprechung der Scheidungsmodalitäten zusammen mit Ihrer Frau zu mir kommen am Donnerstag, 9. Mai 1974, 19 Uhr.

Ich bin bereit, Ihrer Frau als deren Anwalt in Ihrer beider Anwesenheit die Möglichkeit einer einvernehmlichen Scheidung zu erklären.

Ebenso gut können Sie selbstverständlich einen Anwalt Ihres Vertrauens aufsuchen, der sich mit mir in Verbindung setzen möge.

Wenn wir allerdings bis Mittwoch, den 13. Mai 1974, nichts von Ihnen gehört haben, gehe ich davon aus, dass Ihnen an einer einverständlichen Scheidung nicht gelegen ist. Ich werde dann für Ihre Frau Scheidungsklage beim Landgericht Starnberg einreichen und alles daransetzen, dass die Ehe aus Ihrem alleinigen Verschulden geschieden wird.

3. Sebastian wird vorerst bei Ihrer Schwiegermutter bleiben. Es muss vermieden werden, dass er bis zu einer endgültigen Regelung hin- und hergerissen wird, da dies seiner körperlichen und seelischen Entwicklung sehr schaden würde. Wenn die elterliche Gewalt über Sebastian auf Ihre Frau übertragen worden ist, erhalten Sie selbstverständlich ein großzügiges Verkehrsrecht.

Wenn Sie Sebastian lieben, lassen Sie ihn jetzt vorerst bei seiner Mutter und seiner Großmutter mütterlicherseits und bemühen sich um eine schnelle und endgültige Regelung.

Deshalb habe ich Ihrer Frau geraten, Ihnen den Buben vorerst nicht zu geben, wofür ich Sie um Verständnis bitte. Dies geschieht ausschließlich zum Wohl des Kindes, an welchem Ihnen trotz aller Zerwürfnisse gemeinsam gelegen sein muss.

Hochachtungsvoll
Unterschrift

Am Abend des folgenden Tages stand mein Angetrauter verlegen lächelnd im Esszimmer meiner Mutter mit einem Blumenstrauß in der Hand. Was für Blumen das waren, weiß ich nicht mehr, ich erinnere mich jedoch noch, dass ich dachte, das sind Friedhofsblumen. Dennoch zeigte ich ihm, dass ich mich darüber freute. Mama und Onkel Ludwig verzogen sich mit Sebastian und meinem Bruder augenblicklich ins Fernsehzimmer, damit wir uns in Ruhe aussprechen konnten. So viele nette Worte, wie mein Mann in dieser einen Stunde für mich fand, hatte er in all den Jahren, seit wir uns kannten, zusammengenommen nicht aufgebracht.

Es sei doch nicht bös gemeint gewesen. Ein Wort habe das andere ergeben, so sei ihm der unglückliche Satz herausgerutscht. Das tue ihm furchtbar leid. Ich möge ihm doch bitte verzeihen. Er sei bereit, sich zu bessern. Seine Mutter und seine Tante sähen auch ein, dass sie Fehler gemacht hätten. Ob ich wirklich all die schönen Stunden mit ihm vergessen könne? Er liebe mich doch, er liebe unseren Sohn. Er wolle ihn aufwachsen sehen. Auch seine Mutter hänge sehr an ihrem Enkel. Ich solle bitte wieder heimkommen. Er brauche mich doch.

Natürlich brauchte er mich. Er brauchte genau das, was fast alle auf dem Kistlerhof brauchten, nämlich mein Geld. Trotz dieser Erkenntnis war ich bereit, es weiterhin in den Hof zu investieren. Das sprach ich aber nicht aus, stattdessen erklärte ich ihm, dass ich von allen eine anständige Behandlung erwarte. Das sicherte er mir zu. Daraufhin versprach ich ihm, ich werde am nächsten Abend zu ihm zurückkehren. Das tat ich auch. Die beiden Schwestern waren wie ausgewechselt. Sie waren nett, sie waren höflich, sie waren freundlich und es fiel kein böses Wort. Ich genoss es, dass die Schwestern so umgänglich waren, offensichtlich hatte der Brief des Anwalts seine Wirkung getan. Auch mein Mann war endlich so, wie man sich seinen Ehemann wünscht. Er hat nie wieder zu mir gesagt, ich solle gehen. Ja, er kam sogar mit dem Vorschlag daher, wir könnten das nächste Wochenende am Tegelberg verbringen und eine Wanderung machen. In dieser

Zeit sollte natürlich unser Bub nicht allein in unserer Kammer schlafen. Deshalb bot Wastls Mutter an, er könne bei ihr in der leeren Doppelbetthälfte schlafen. Darüber war der Kleine begeistert. Als wir von unserem Ausflug zurück waren, wollte er dort bleiben, und auch seine Großmutter war davon angetan. Uns war das mehr als recht. Der Bub wurde ja zunehmend verständiger, und es war zu befürchten, dass er etwas von unserem Eheleben mitbekommen würde. Sebastian blieb bis zu seinem achten Lebensjahr bei der Oma in der Kammer, dann bekam er ein eigenes Zimmer. Das Kinderbett konnten wir aus unserer Kammer entfernen, sodass uns mehr Platz blieb.

Nach meiner Rückkehr waren die beiden Schwestern auch ausgesucht freundlich zu ihrer Stiefmutter, während ich vorher schon öfter erlebt hatte, dass sie mit der alten Frau nicht gerade zimperlich umsprangen.

In dieser Zeit, die Stiefmutter war schon zu Bett gegangen, weil sie sich nicht wohlfühlte, saßen wir anderen Weiberleut nach dem Nachtessen noch in der Küche beieinander. Die Wally war offenbar in Spendierlaune. Sie öffnete eine Flasche Wein, und Berta stellte drei Gläser auf den Tisch. Da wir so gemütlich an unseren Gläsern nippten, begannen die beiden Schwestern aus ihrem Leben zu erzählen, und ich lauschte sehr aufmerksam:

Heinrich, der Vater der beiden, Jahrgang 1892, war stolzer Bauer des Kistlerhofes gewesen, auf dem schon seit vielen Generationen immer ein männlicher Nachkomme gesessen hatte. Im Jahre 1926 führte er die schöne Resi, eine wohlhabende Bauerntochter aus dem Nachbardorf, als seine Frau auf den Hof. Als Heiratsgut hatte sie ihm zwei fruchtbare Äcker von stattlicher Größe eingebracht. Nach einem Jahr schenkte sie ihm eine Tochter, die Wally, die meine Schwiegermutter wurde. Erst sieben Jahre später war die Resi wieder guter Hoffnung. Statt des erwarteten Stammhalters brachte sie aber am 9. Januar 1935 ein zweites Dirndl zur Welt. Das bekam sie nicht mehr mit, denn sie starb kurz nach der Entbindung. Was sollte der Bauer mit dem Neugeborenen anfangen? Die Wally, erst vor einem Monat sieben geworden, war noch zu jung, um ihre Schwester aufziehen zu können, außerdem brauchte das Baby Muttermilch. Also nahm die Hebamme die kleine Berta mit zu einer jungen Wöchnerin, die Milch für zwei hatte. Während die Kleine gut versorgt war, kochte die alte Stallmagd Sophie, so gut es ging, für die Wally, den jungen Witwer und das Gesinde. Doch diese Arbeit konnte er der Sophie nicht lange zumuten. Die andere Magd mit ihren 15 Jahren war noch zu jung und unerfahren, um diese Aufgabe übernehmen zu können. Also musste so bald wie möglich wieder eine Bäuerin her. Die würde aber nicht so leicht zu finden sein. Wer wollte schon einen Witwer mit zwei kleinen Madln? Doch der Heinrich wusste sich zu helfen. Er schaltete den Viehhändler ein, den man bei uns auch Schmuser nennt und der froh war, wenn er sich durchs Ehestiften ein Zubrot verdienen konnte. Dieser erzählte ihm von der Antonia, die schon seit Jahren auf einem großen Hof ein paar Dörfer weiter als Magd arbeitete. Mitgift könne sie ihm zwar keine einbringen, aber sie sei sehr fleißig und habe auf dem Hof auch Erfahrung mit Kleinkindern gesammelt. Denn jedes Mal, wenn die Bäuerin im Kindbett lag, und das sei relativ oft vorgekommen, habe sie die kleinen Kinder versorgen müssen. Mit ihren 38 Jahren sei sie zwar nicht mehr taufrisch, aber sie sei eine liebe und nette Person.

»Dass sie 38 ist, passt ja genau«, hatte der Heiratswillige geantwortet. »Genauso alt war meine Frau auch.«

Anschließend hatte der Schmuser die Antonia aufgesucht und ihr die Vorzüge des Heiratskandidaten geschildert, er hatte aber auch dessen häusliche Situation nicht verschwiegen. Dennoch war sie nicht abgeneigt, sich mit ihm zu treffen. Das geschah an einem Sonntagnachmittag Ende Januar. Die beiden waren sich schnell einig. Zu seinem großen Glück bekam Heinrich Antonias Jawort kurz vor Mariä Lichtmess, dem Tag also, an dem die Dienstboten ohne Probleme ihre Stelle wechseln durften.

Am 2. Februar konnte sie also gleich bei ihm einziehen. Zunächst arbeitete sie sich ein paar Tage ein. Nach einer Woche konnte der Bauer dann seine kleine Tochter zurückholen, sie bedurfte nicht mehr so dringend der Muttermilch. Antonia ernährte sie einige Wochen lang mit verdünnter Kuhmilch, wobei das Kind prächtig gedieh.

Geheiratet wurde nach der schicklichen Zeit von drei Monaten nach Resis Tod. Die neue Bäuerin wurde den kleinen Mädchen eine so gute Mutter, dass sie beide des Lobes voll waren. Berta kannte es ja nicht anders. Sie hatte lange Zeit geglaubt, Antonia sei ihre richtige Mutter. Auch Wally, die ihre Mutter noch bewusst erlebt hatte und die beim Einzug der Stiefmutter sieben Lenze zählte, meinte, die leibliche Mutter hätte zu ihnen nicht besser sein können.

Auch ihrem Vater, so versicherten Antonias Stieftöchter, sei sie bis zu seinem Tode im Jahre 1966 eine sehr gute Bäuerin und Ehefrau gewesen. Deshalb habe er ihnen noch auf dem Sterbebett ans Herz gelegt, für die Stiefmutter bis an deren Lebensende zu sorgen.

Da die beiden Schwestern gerade so redselig waren, hoffte ich, noch mehr aus dem Leben meiner Schwiegermutter zu erfahren, vor allem über ihr Leben mit Wastls Vater und wie sie an den zweiten Sohn gekommen war. Doch sie erzählten nichts mehr. Nachdem der letzte Schluck Wein getrunken war, räumte Berta die Gläser und die Flasche weg, und mit einem »Gute Nacht« zogen sich die beiden Frauen zurück.

In der näheren Umgebung hatte sich längst herumgesprochen, dass ich auf dem Kistlerhof eingeheiratet hatte. Zwar kam ich kaum ins Dorf, besonders seit ich mit dem Auto zur Arbeit fuhr, aber das Dorf kam zu mir. Damit meine ich, es gab Kundinnen, die beim Einkaufen das Bedürfnis hatten, ein bisschen zu ratschen. Just zu der Zeit, als es mit meiner Schwiegermutter gut lief, fragte mich eine Kundin, wie ich mit ihr zurechtkäme. »O, ich kann nicht klagen«, antwortete ich aus ehrlicher Überzeugung. »Nach einigen Anfangsschwierigkeiten, wie sie wohl bei jeder jungen Frau auftreten, verstehen wir uns prima.«

»Sei bloß vorsichtig«, warnte sie mich, anscheinend in ehrlicher Besorgnis. »Dir tut sie zuckersüß ums Maul, aber im Dorf richtet sie dich aus (redet sie schlecht über dich).«

Für diese Warnung bedankte ich mich, nahm sie aber nicht weiter ernst, bis mir kurz darauf eine andere Frau zuwisperte: »Deiner Schwiegermutter darfst du nicht über den Weg trauen. Auch wenn sie sich zeitweilig von ihrer netten Seite zeigt, sie ist und bleibt eine Bissgurn (zänkisches Weib).«

»Wie kommst du denn darauf?«, fragte ich, um Näheres zu erfahren.

»Ich kenne sie selbst gut genug. Aber auch von ihren Freundinnen, die werden verständlicherweise immer weniger, weiß ich es. Wenn die Wally etwas von einem wolle, sei sie scheißfreundlich, und am nächsten Tag schaue sie einen noch nicht mal mehr mit dem Hintern an. Sie ist furchtbar launisch. Aber nicht nur das, sie erzählt auch Sachen über ihre Freundinnen, die gar nicht stimmen. Sie dreht einem buchstäblich das Wort im Mund herum. Hüte dich auch vor ihrer Schwester, die ist ähnlich gestrickt.«

»Vielen Dank für die Warnung«, sagte ich und nahm mir vor, auf der Hut zu sein.

Tatsächlich hielt der Familienfrieden, wie mir meine Kundinnen prophezeit hatten, nicht lange an. Berta fand immer wieder etwas, um an mir herumzunörgeln. Nur wenn sie gerade mit ihrer Schwester im Clinch lag, konnte sie sehr nett zu mir sein, damit sie jemanden hatte, mit dem sie reden konnte. Auch Wally zeigte sich mir gegenüber von ihrer besten Seite, wenn sie gerade mit ihrer Schwester über Kreuz war. Besonders wenn sie von mir wohin gefahren werden wollte, war sie die Herzlichkeit in Person. Ihre Schwester besaß nämlich nur einen Traktorführerschein, und ihr Sohn hatte manchmal für den infrage kommenden Tag andere Pläne. Dann sprach sie mich honigsüß an: »Lisi, würdest du bitte so liebenswürdig sein und mich am Mittwoch zum Arzt fahren?«

Lisi war so liebenswürdig. Lisi war ebenso liebenswürdig, wenn sie zum Zahnarzt oder nur zum Einkaufen wollte. Zwischen den Fahrten kehrte Wally aber immer wieder die böse Schwiegermutter heraus und verfolgte mich mit ihren Gemeinheiten, um mich hinauszuekeln. Ich aber schwor mir: Die Freude, das Handtuch zu werfen, machst du ihnen nicht.

Schon zu Beginn meiner »Karriere« auf dem Kistlerhof besaß man eine elektrische Melkanlage. Man brauchte sich also nicht mehr mit Handmelken zu plagen. Auf dem Hof gab es bereits zwei Melkgeschirre, sodass man zwei Kühe gleichzeitig melken konnte, nach einem Jahr schaffte man sogar ein drittes an. Zu der Zeit wurde aber immer noch in Eimer gemolken. Waren diese voll, kippte man die Milch in eine der schweren Milchkannen mit vierzig Liter Fassungsvermögen. Diese stellte man am Abend in die Kühlkammer. Nach dem morgendlichen Melken wurden alle Kannen auf einen Handwagen geladen und zum Straßenrand gefahren. Dort hob man sie zu zweit auf die sogenannte Milchbank. Oft ging ich bei diesem Geschäft zur Hand, ehe ich mich auf den Weg zur Arbeit machte. Mal half ich der Stiefmutter, mal der Berta. Der Milchfahrer, den man bei uns Millifahrer nannte, kam meist zwischen 7.30 und 8 Uhr, um die Kannen auf seinen Lastwagen zu laden. Das bekam ich aber nur mit, wenn ich einen arbeitsfreien Tag hatte. Dann konnte ich beobachten, dass er mal mit der Stiefmutter, mal mit der Stieftochter ein paar freundliche Worte wechselte.

Auf jedem Bauernhof war es Pflicht, ein sogenanntes Probemelkbuch zu führen. Dieses wurde stets in einer bestimmten Schublade im Stubenschrank aufbewahrt. Um dieses Buch hatte ich mich eigentlich nicht zu kümmern. Aus purem Interesse warf ich mal einen Blick hinein. Als zukünftige Bäuerin musste ich doch informiert sein. Jede Seite war in mehrere Spalten eingeteilt. In der ersten Spalte waren die Namen der Kühe aufgeführt, in der zweiten ihre Nummern, in der dritten ihr Geburtsdatum. In weiteren Spalten wurde einmal im Monat die Tagesmilchleistung jeder Kuh eingetragen, der Fettgehalt ihrer Milch, der Eiweißgehalt und noch einiges mehr. Daher kam allmonatlich ein Kontrolleur in den Stall, aber an unterschiedlichen Tagen, sodass man nie genau wusste, wann mit ihm zu rechnen war. Am Abend entnahm er von jeder Kuh eine Milchprobe und eine am folgenden Morgen. Diese füllte er in Glasröhrchen, verkorkte sie und stellte sie in einen Holzkasten, der in viele kleine senkrechte Fächer unterteilt war, sodass die Röhrchen beim Transport nicht umfallen konnten. Diesen Kasten verplombte der Kontrolleur und nahm ihn mit. Die Tagesmilchleistung einer Kuh trug er noch vor Ort in das Probemelkbuch ein, dann nahm er es ebenfalls mit, damit man in dem untersuchenden Labor die entsprechenden Einträge machen konnte.

Einige Tage später brachte der Millifahrer das Buch wieder zurück. Die beiden Damen – Antonia und Berta – wetteiferten darin, wer das Buch entgegennehmen dürfe, denn Pankraz, der Milchfahrer, hielt stets ein kleines Schwätzchen. Mir entging nicht, wie aufgekratzt die jeweilige Person war, wenn sich der Pankraz mit ihr unterhielt. Allmählich gewann ich den Eindruck, jede von ihnen mache ihm schöne Augen und versuche, ihn für sich zu gewinnen. Er war nämlich vor Kurzem Witwer geworden und trotz seiner fast sechzig Jahre noch ein respektables Mannsbild. Bald schien es ihm nicht mehr zu genügen, nur einmal im Monat einen kurzen Ratsch an der Haustür zu halten. Denn eines Sonntagnachmittags stand er plötzlich auf dem Hof, als wir uns auf der Bank vorm Haus sonnten. Von da an erschien er mit schöner Regelmäßigkeit jeden Sonntagnachmittag. Meiner Beobachtung nach war er zu beiden Frauen gleichermaßen nett, sodass ich nicht ausmachen konnte, welcher er den Vorzug gab. Die eine war immerhin 15 Jahre älter als er und die andere 23 Jahre jünger. An den Sonntagen fuhr er natürlich nicht mit dem Milliauto vor, sondern mit seinem frisch gewaschenen Pkw. Einmal bekam ich mit, wie er beide Frauen einlud, mit ihm eine Spazierfahrt zu machen. Berta war gleich Feuer und

Flamme, ihre Stiefmutter dagegen zierte sich: »Tut mir furchtbar leid, Pankraz. Das ist ja sehr lieb von dir, aber beim Autofahren wird mir immer schlecht.«

Ganz schön leichtsinnig von ihr, dachte ich, ihrer Stieftochter das Feld einfach kampflos zu überlassen. Danach muss der Pankraz noch einige Ausflüge mit der Berta unternommen haben, von denen ich nichts mitbekam. Berta war immer rechtzeitig zurück für die Stallarbeit. Meist war sie aber schon etwas früher da und berichtete ihrer Stiefmutter, wo sie gewesen waren. Wenn der Millifahrer aber am Sonntag mit beiden Frauen auf der Hausbank saß, turtelte er weiterhin mit beiden gleichermaßen.

Eines Tages aber platzte die Bombe. Wie alljährlich hatte Berta Ende Mai ihr Zimmer räumen müssen, weil es an die »Preißn« vermietet wurde, und war auf den Dachboden gezogen. Damit sie das gutwillig tat, bekam sie für diese Zeit von ihrer Schwester fünfzig Mark Entschädigung. Da sie auch den Kleiderschrank zur Hälfte räumen musste, hängte sie ihre Sommerkleidung in einen alten Kleiderschrank auf dem Dachboden.

An einem Samstagnachmittag im August, die beiden Schwestern und mein Mann waren beim Heumachen, entschloss ich mich, meine Kittel zu bügeln. Hilfsbereit, wie die Antonia war, holte sie aus der aufklappbaren Eckbank in der Küche die Bügeldecke. Dabei fiel eine kleine Schachtel zu Boden. Verwundert hob die Oma sie auf: »Was ist denn das? Wie kommen Medikamente in die Bügeldecke? Die gehören doch in den Arzneischrank.«

Mit einem Blick hatte ich erfasst, um was es sich handelte. »Das sind Antibabypillen.«

»Gehören sie dir?«

»Nein, die meinen hebe ich in der Kammer im Nachtkastl auf. Ich habe es nicht nötig, sie irgendwo zu verstecken.«

»Demnach müssen die von der Berta sein. So ein durchtriebenes Luder! So eine Gemeinheit! Sich hinter meinem Rücken mit dem Pankraz einzulassen! Mir auf so hinterhältige Weise den Mann wegzuschnappen! Na, der werde ich heute Abend was erzählen!«

Derart aufgebracht hatte ich die sonst so milde und gütige Großmutter noch nie gesehen. Was sie ihrer Stieftochter dann alles an den Kopf warf, bekam ich leider nicht mit. Liebenswürdigkeiten werden es gewiss nicht gewesen sein. Am nächsten Morgen lief die Berta zunächst herum wie ein geprügelter Hund. Wenig später aber ließ sie ihre schlechte Laune an mir aus. Deshalb seufzte ich innerlich: Herr erlöse uns von dem Übel!

Dieses Stoßgebet muss der Herr erhört haben, denn am Nachmittag erschien der Pankraz wieder und lud die Berta zu einem Ausflug ein. Von diesem kehrte sie bestens gelaunt zurück. Aber nicht nur das. Der Millifahrer steuerte geradewegs auf die Antonia zu, überreichte ihr einen Blumenstrauß und hielt um Bertas Hand an. Überwältigt von so viel Feingefühl, traten der Stiefmutter Tränen in die Augen und sie schluchzte: »Dann nimm sie halt.«

Wahrscheinlich war sie in der Zwischenzeit in sich gegangen und hatte eingesehen, dass sie mit ihren 77 Jahren doch zu alt für den mittlerweile 62-jährigen Witwer war.

Die Hochzeit fand schon sehr bald statt, nur auf dem Standesamt und nur in kleinstem Kreise. Lediglich seine drei Kinder sollen anwesend gewesen sein. Von uns war niemand eingeladen worden. Trotzdem schenkte ich dem Brautpaar sechs Rotweingläser mit einem guten Rotwein dazu. Berta hatte mir zur Hochzeit schließlich auch etwas geschenkt, nämlich zwei Paradekissen.

Einige Tage nach der Hochzeit gestand mir Antonia in einer stillen Stunde: »Ist schon recht, dass der Pankraz die Berta genommen hat. Als alte Jungfer wurde sie immer unausstehlicher. Warum soll sie nicht auch das Glück haben, Ehefrau zu sein? Ich habe es immerhin dreißig Jahre lang sein dürfen.«

Ich fand es rührend, dass die alte Frau so viel Einsicht hatte und ihrer Stieftochter dieses Glück gönnte. Wer es ihr aber noch mehr gönnte, war ich. Denn mit ihrer Heirat verließ Berta ihr Elternhaus, und es gab eine Streithenne weniger am Hof. Meine Freude währte aber nicht lange. Denn jetzt hackte Wally noch öfter auf mir herum, weil sie mit ihrer Schwester nicht mehr streiten konnte. Außerdem ließ sie böse Bemerkungen über Berta fallen. Daraus war leicht herauszuhören, dass sie neidisch auf ihre Schwester war, weil die nun einen Mann hatte, noch dazu einen herzensguten, und sie keinen. Ganz offensichtlich missgönnte sie der Berta auch, dass diese in so glänzende Verhältnisse hineingeheiratet hatte. Einige Dörfer entfernt besaß der Pankraz nämlich ein schmuckes großes Haus mit drei Garagen. In der einen stand sein Pkw, in den beiden anderen standen die Milchfahrzeuge. Das ältere Modell diente dazu, bei Bauern die Milch abzuholen, die noch ihre Kannen an den Straßenrand stellten. Das andere Fahrzeug hatte einen großen Edelstahltank und es saugte die Milch direkt aus der Kühlkammer der einzelnen Bauern ab.

Die Kinder des Millifahrers waren schon lange aus dem Haus und gut versorgt. Sie wohnten alle weit genug weg, sodass Berta keinerlei Probleme mit Stiefkindern hatte.

Dass die Berta aus dem Haus war, hatte für mich nicht nur den Vorteil, dass ein böses Weib weniger am Hof weilte, es zahlte sich auch finanziell für mich aus. Statt ihr monatlich zweihundert Mark zu geben, konnte ich damit nun mein »Sparschwein« füttern. Meine Absicht war es nämlich, mir so bald wie möglich ein neues Auto zu kaufen. Drei Jahre lang hatte mir mein Mini-Cooper gute Dienste geleistet. Doch dann fingen die Reparaturen an. Mit der Zeit ging das ganz schön ins Geld. Und immer war der Wagen, wenn ich ihn gebraucht hätte, in der Werkstatt. Diesmal hatte ich den Ehrgeiz, meinen »neuen Gebrauchten« bar zu zahlen, damit ich nicht wieder auf einen Kredithai hereinfallen würde. Auch wollte ich ihn nicht mehr von privat kaufen, sondern von einem Händler. Dieser würde den Wagen vorher auf Herz und Nieren prüfen und auch meinen Mini in Zahlung nehmen. Genau sechs Jahre nach meinem ersten Fahrzeug erstand ich einen Ford Escort. Gleich danach fing ich wieder an, eisern zu sparen, es war immer gut, eine kleine Geldreserve zu haben.

Kaum hatte ich ein paar Tausender zusammen, trat mein Mann mit einer neuen Geldforderung an mich heran. Er, ein großer Pferdenarr, besaß schon seit Jahren zwei Ponys. Das war reines Hobby. Die Tiere brachten absolut nichts ein, sie brauchten aber Pflege, Futter und einen Stall. Diese Ponys wollte er nun hergeben und sich richtige große Rösser kaufen. Der Erlös von den Ponys würde aber bei Weitem nicht dafür reichen. Also verlangte Wastl, dass ich etwas zuschieße. »Wie stellst du dir das vor?«, fragte ich. »Mit der Anschaffung der Tiere ist es doch nicht getan. Große Pferde brauchen mehr Futter, mehr Pflege und einen größeren Stall, und auch sie bringen nichts ein.«

»Das siehst du falsch, mein Schatz. Mit richtigen Pferden lässt sich Geld machen. Zum Beispiel kann ich darauf reiten.«

»Das mag für dich ein Vergnügen sein, aber damit verdienst du nichts«, konterte ich.

»Aber ich kann sie zum Reiten verleihen oder zum Ziehen einer Kutsche.«

»Für so blöd brauchst du mich nicht zu halten. Reitpferde spannt man nicht vor die Kutsche, und auf Kutschpferden kann man nicht reiten.«

»Also gut, wenn du so gescheit bist«, lenkte er ein, »dann kaufe ich halt Arbeitspferde.«

»Für die brauchst du aber auch einen größeren Stall.«

»Kein Problem, der zahlt sich von selbst.«

»Ach, und wie, bittschön?«

Er war um keine Antwort verlegen. »Den Stall baue ich gleich so groß, dass ich auch Pensionspferde einstellen kann.«

»Und woher willst du die nehmen?«

Auch darauf wusste er eine Antwort: »Interessenten dafür gibt es genug. Unser Wirt zum Beispiel hat schon angefragt, ob er vier Kutschpferde bei mir einstellen kann.«

»Aha. Und was will der mit Kutschpferden?«

»Er kauft sich eine Kutsche und fährt damit die Touristen herum. So nennt man jetzt die Sommerfrischler. Die sind angeblich ganz wild auf Kutschfahrten. Unser Wirt ist aber ein ganz Schlauer. Er begnügt sich nicht mit den Feriengästen aus unserm Ort. Er lässt auch Busse mit Tagesausflüglern anrollen. Die essen bei ihm zu Mittag und später trinken sie bei ihm Kaffee. Dazwischen macht er eine Sightseeingtour mit ihnen in der Kutsche durchs Dorf.«

»Das hört sich interessant an«, musste ich zugeben. »Aber für eine Kutsche braucht er doch nur zwei Pferde.«

»Daran sieht man, dass du doch nichts davon verstehst. Er kann die Pferde natürlich nicht den ganzen Tag laufen lassen. Sie arbeiten im Schichtdienst. Zwei von ihnen laufen am Vormittag, die beiden anderen am Nachmittag. Und am nächsten Morgen sind die meinen dran. Bis zum Nachmittag haben sich die beiden ersten wieder erholt.«

Das war einleuchtend. Da ich die Hoffnung, Wastls Liebe zu erringen, immer noch nicht aufgegeben hatte, dachte ich, auf dem Weg über die Pferde könne ich mich in sein Herz schleichen, und stellte ihm ohne weitere Diskussion meine Ersparnisse in Aussicht.

Zunächst wurden die Ponys verkauft. Dann wurde der Stall abgerissen und an seiner Stelle ein wesentlich größerer erbaut. Dabei kamen meinem Mann seine Maurerkenntnisse zugute. Das ersparte ihm eine Menge Geld. Jetzt fehlten nur noch die Rösser. In der landwirtschaftlichen Wochenzeitung stieß er immer wieder auf interessante Angebote von privat. Von jeder Besichtigungstour kam er enttäuscht zurück. In der Hoffnung, seine Traumpferde doch noch zu finden, besuchte er von nun an alle möglichen Rossmärkte. Dabei war ihm kein Weg zu weit. Natürlich war er zuerst in München. Es fielen aber auch Namen wie Creglingen, Havelberg und Öhringen. Selbst nach Österreich fuhr er. Dabei nahm er mich sogar mit. In dem kleinen Ort Mauterndorf schaute er sich bei einem Bauern zwei Pferde an. Aber auch die waren nicht die richtigen. Schließlich, in einer kleinen schwäbischen Gemeinde, fand er das, was er suchte: zwei rabenschwarze Kaltblüter, große starke Tiere, noch ziemlich jung, die an den Fesseln einen üppigen Behang hatten. Die würden auch im Winter keine kalten Füße kriegen. Wie er mir nachher berichtete, war es beim Pferdekauf damals immer noch üblich, zu handeln. Per Handschlag wurde der Kauf besiegelt, und es wurde gleich bar bezahlt. Über den Preis redete danach niemand, weder der Käufer noch der Verkäufer.

Anderntags lieh er sich den Hänger vom Wirt und holte seine Pferde »heim«. Die vier Rösser vom Wirt standen schon längst bei uns im Stall. Dieser

Pferdefreund war entschlussfreudiger gewesen als mein Mann. Verständlich, je eher er die Pferde hatte, desto eher konnte er mit den Kutschfahrten Geld machen. Außer dass Wastls Pferde im Sommer beim Wirt zum Einsatz kamen, erfüllten sie bei uns im Winter eine nützliche Aufgabe, nämlich Baumstämme rücken. Zum Kistlerhof gehörte von jeher ein Holzrecht. Das bedeutet, dass man in jedem Winter eine bestimmte Anzahl an Bäumen als Brennholz schlagen darf. Um die gefällten Stämme zwischen den anderen Bäumen herauszuziehen, lassen sich Traktoren nicht einsetzen. Deshalb übernahmen nach wie vor Pferde diese Aufgabe. Bisher hatte sich mein Mann für diese Arbeit immer Rösser ausleihen müssen. Nun konnte er als stolzer Pferdebesitzer mit eigenen Tieren arbeiten.

Als Dankeschön dafür, dass ich ihm mein Geld gegeben hatte, nahm der Wastl mich mit auf den Michaeli-Markt in Schwabmünchen, der am Sonntag vor dem 29. September – dem Michaelistag – stattfand. Ob das nicht ein Fehler von ihm gewesen war?

Schon früh am Morgen fuhren wir los. Für mich war es hochinteressant, einen solchen Markt zu sehen. Das Gewimmel von Menschen beeindruckte mich sehr. Alles spielte sich in den Straßen der Innenstadt ab. Überall Stände und Buden, an denen es alles Mögliche zu kaufen gab. Auch die Geschäfte waren geöffnet. Da mein Geldbeutel ziemlich leer war, verzichtete ich auf Einkäufe, hatte aber meine Freude daran, all die Herrlichkeiten zu sehen. Es wurde auch allerlei zur Kinderbelustigung angeboten, deshalb bedauerte ich, dass wir unseren Sohn nicht mitgenommen hatten. Um die Mittagszeit wurden wir hungrig und durstig, deshalb steuerte mein Mann eine Imbissbude an, wo wir Brotzeit machten, zudem spendierte er eine halbe Maß Bier für jeden von uns.

Auf diese Weise gestärkt, schoben wir uns weiter durch die Menschenmenge. Immer wieder traf Wastl auf Freunde oder Bauern, die er kannte. Plötzlich stand sein Freund Peter vor ihm: »Ach, Wastl, schön dich hier zu treffen. Wo warst du denn gestern Abend? Ich hab dich beim Kartenspiel vermisst.« Diese Frage machte mich stutzig. Wie üblich hatte mein Mann am Vorabend gegen 19.30 Uhr das Haus verlassen, um angeblich in seinem Lieblingswirtshaus zu karteln. Erst zwischen 2 und 3 Uhr war er nach Hause gekommen. Auf dem Markt tat ich so, als hätte ich die Frage gar nicht mitgekriegt. Zur Antwort murmelte mein Angetrauter etwas, das ich nicht verstehen konnte, und zog mich weiter. Mir kam es so vor, als habe Peter meinem Mann diese Frage gestellt, um mir einen Wink zu geben. Erst auf der Heimfahrt stellte ich Wastl zur Rede. Bis dahin hatte er genügend Zeit gehabt, sich eine plausible Ausrede auszudenken. »Bevor ich zum Wirt bin, hab ich noch einen Abstecher zu einem Bauern nach N. gemacht. Der hat kürzlich auch zwei Rösser gekauft, die wollte ich mir anschauen. Wir haben uns nicht nur lange im Stall aufgehalten, er hat mich anschließend auch in die Stube eingeladen zu einem Stamperl Schnaps. Dabei hat ein Wort das andere ergeben, und irgendwann hat es sich nicht mehr gelohnt, zum Wirt zu gehen. Und da wir grade so griabig (gemütlich) beisammengesessen sind, hat er noch ein Schnapserl eingeschenkt und noch eines und wir haben angeregt dischkriert (diskutiert), ohne weiter auf die Uhr zu schauen. Da ist es halt spät geworden.«

Mir war klar, dass er an diesem Abend keine Pferde angeschaut hatte, sondern eher eine weibliche Person. Da ich aber keinen Streit heraufbeschwören wollte, tat ich so, als glaubte ich ihm. Gleichzeitig nahm ich mir aber vor, ihn bei seinem nächsten angeblichen Besuch im Wirtshaus zu kontrollieren. Er verließ das Haus um 20 Uhr, ich verließ es um 23 Uhr und fuhr zu seinem Lieblingswirtshaus. Dort war alles stockfinster, kein einziges Auto stand mehr davor und erst recht nicht das vom Wastl.

Nun ja, dachte ich, vielleicht sind sie nach dem Karteln weitergezogen in eine andere Wirtschaft. Der Reihe nach klapperte ich alle ab. Bis Mitternacht war ich unterwegs. Die meisten Wirtshäuser lagen bereits in tiefstem Dunkel da, und auch vor den anderen war sein Wagen nicht zu entdecken. Nichts, keine Spur von meinem Mann. Daheim setzte ich mich in die Stube und wartete. Stunde um Stunde verrann. Gegen 3 Uhr endlich hörte ich, wie er ins Haus schlich. Leise öffnete ich die Stubentür, zog ihn hinein und fragte: »Wieso warst du nicht beim Kartenspiel?«

Verdattert fragte er: »Wie – wie kommst jetzt darauf?«

»Um 23 Uhr war ich bei deinem Lieblingswirt. Da war schon alles dunkel.«

»Hast du mir etwa nachspioniert?«, reagierte er aggressiv.

»Wundert dich das? Du kommst auffallend oft spät nach Hause.«

»Ja mei«, wand er sich, »beim Wirt war nichts los. Deshalb sind wir alle miteinander in eine andere Wirtschaft gegangen.«

»Ach ja? Komisch, dass vor keiner dein Auto stand.«

»Das konntest du natürlich nicht finden«, lachte er so, als habe er wieder Oberwasser. »Auf einen Tipp vom Heinz hin sind wir ins Nachbardorf gefahren. Dort war eine Mordsstimmung.« Ohne weitere Diskussion suchten wir unser Lager auf.

So alle zwei bis drei Wochen wiederholte sich das Spielchen. Obwohl ich bei meinen Kontrollfahrten weder ihn noch sein Fahrzeug entdeckte, machte ich ihm keine Vorhaltungen mehr. Ich war es leid, immer mit Ausreden abgespeist zu werden.

Bald war aber nicht mehr seine Untreue das beherrschende Problem im Haus, sondern der neue Kuhstall. Mit dessen Errichtung war er so in Anspruch genommen, dass er kaum noch Zeit fand, auszugehen und wenn, dann war er meist schon gegen 22 Uhr zurück. Schon seit Jahren hatte der Wastl seiner Mutter in den Ohren gelegen, er brauche einen größeren Kuhstall, wenn er mit der Entwicklung Schritt halten wolle. Alle Betriebe, die noch am Alten festhielten, seien dem Untergang geweiht. Jeder Bauer, der seinen Hof in die neue Zeit hinüberretten wolle, müsse modernisieren. Man brauche eine Schwemmentmistung und Milchleitungen, welche die Milch von der Kuh direkt in die

Kühlkammer und von dort in den Tankwagen transportierten. Auch müsse man expandieren, um überleben zu können. Deshalb sollte der neue Stall gleich so groß werden, dass 35 Kühe darin Platz hatten statt der bisher 25.

Für 35 Kühe, nebst der entsprechenden Anzahl an Jungtieren, brauchte man natürlich mehr Futter. Deshalb gab mein Mann den Ackerbau weitgehend auf und wandelte die Äcker in Wiesen um. Nur auf einigen Feldern baute er noch Mais an, welcher auch als Viehfutter diente. Aber auch das hätte nicht die erforderliche Menge Futter gebracht. Daher hatte mein Mann die Gelegenheit beim Schopf gepackt und von einem Kleinbauern, der seinen Hof hatte aufgeben müssen, Land dazugepachtet.

Es war ein hartes Stück Arbeit, bis er seine Mutter endlich von der Notwendigkeit dieser Neuerung überzeugt hatte. Ihr Argument, es fehle das Geld dazu, hatte er damit entkräftet, dass er von sehr günstigen Krediten sprach, die man für Investitionen beim Landwirtschaftsamt beantragen könne.

»Was nützt dir ein Kredit?«, war ihr letzter Einwand gewesen. »Das Geld musst du ja doch zurückzahlen, und die Zinsen noch dazu.«

Nun erklärte er ihr, ausgezahlt würde das Geld von einer Bank und an diese müsse man es auch zurückzahlen, aber das Einzelbetriebliche Förderprogramm, kurz EFP genannt, beteilige sich halbjährlich daran mit einem gehörigen Zinszuschuss.

»Außerdem«, so erklärte er ihr, »zahlt sich das geliehene Geld von selbst zurück, wenn wir zehn Kühe mehr haben.« Da endlich gab sie grünes Licht.

Während der Jahre, in denen mein Mann um den neuen Stall kämpfte, hatte er einen anderen Kampf nicht aus den Augen gelassen, nämlich jenen um die Übergabe des Hofs. Von Zeit zu Zeit hatte er einen Vorstoß gewagt und jedes Mal von seiner Mutter eine andere Ausrede aufgetischt bekommen. Von diesen Auseinandersetzungen hatte ich nicht direkt etwas mitbekommen, Wastl berichtete mir aber immer brühwarm von seinen Fehlversuchen. War bei seiner ersten diesbezüglichen Anfrage der Vorwand gekommen, ich müsse mich erst bewähren, so hatte sie bei seinem zweiten Versuch, etwa drei Jahre später, geantwortet: »Du musst dich gedulden, bis dein Bruder volljährig ist. Da ihn die ganze Geschichte ebenfalls was angeht, muss er mit unterschreiben können.«

»Das verstehe ich nicht. Der Barthl hat doch null Interesse an der Landwirtschaft, sonst wäre er nicht Fliesenleger geworden.«

»Davon verstehst du nichts. Warte ab, bis er volljährig ist.«

Nun wurde zum 1. Januar 1975 das Volljährigkeitsalter von 21 auf 18 Jahre heruntergesetzt. Also trat mein Mann 1977 erneut vor seine Mutter hin: »So, Mutter, jetzt ist der Barthl volljährig. Jetzt ist er alt genug, um den Übergabevertrag zu unterschreiben.«

Darauf wusste die Mutter abermals eine ausweichende Antwort: »Nein, nein, daraus wird nichts. Nur weil ein paar Hansln von der Regierung meinen, sie müssten mit einem Federstrich das Volljährigkeitsalter heruntersetzen, ist der Bub noch lange nicht erwachsen. Nach meiner Beobachtung ist der

Mensch mit 18 immer noch ein Kind. Du musst dich gedulden, bis dein Bruder 21 ist.«

Diesen bedeutsamen Geburtstag feierte der Barthl dann bei seiner Freundin, zu der er schon lange vorher gezogen war. Doch von Übergeben war danach noch immer keine Rede. Deshalb wagte mein Mann einige Wochen später einen neuen Vorstoß.

»Ja, gibst denn du gar keine Ruh? Warts nur ab, ich werde dir schon rechtzeitig Bescheid sagen, wenn es zum Notar geht.« Es sollte aber noch geraume Zeit vergehen.

Im Jahr darauf, der Barthl war mittlerweile 22, es war ein Mittwoch, kam ich nichtsahnend am Mittag von der Arbeit nach Hause.

Da fing mich die Schwiegermutter im Hausgang ab: »Nur, dass du's weißt, wir waren heute beim Notar. Jetzt ist übergeben.« Irgendwie klang ihre Stimme triumphierend. »Ab morgen kannst du hier die Bäuerin spielen. Das war es doch, was du immer wolltest. Nur deshalb hat mir mein Sohn dauernd in den Ohren gelegen. Morgen kommen meine neuen Möbel, dann ziehe ich nach oben. Du bist dann hier unten die Herrin über die Küche und den Stall.«

Ob dieser umwerfenden Nachricht blieb mir für Sekunden die Sprache weg. Dann gab ich zu bedenken: »So schnell, wie du dir das vorstellst, geht das nicht. Bei der Drogerie beträgt meine Kündigungsfrist drei Monate zum Monatsersten. Das bedeutet, vor dem 1. September kann ich da nicht aufhören.«

»Das ist dein Problem. Ich jedenfalls gehe ab morgen nicht mehr in den Stall.«

Sofort klemmte ich mich hinter meinen Mann. Dieser sprach anschließend mit seiner Mutter. Großmütig machte sie das Zugeständnis, noch 14 Tage mitzuhelfen. »Innerhalb dieser Zeit müsst ihr halt eine Lösung finden«, war in dieser Sache ihr letztes Wort.

Meinem Mann bot ich an, morgens um 5 Uhr mit ihm in den Stall zu gehen, dann käme ich immer noch rechtzeitig zu meiner Arbeit, denn inzwischen war die Öffnungszeit der Drogerie von 7.30 auf 8 Uhr verlegt worden. Damit ich auch am Abend im Stall helfen könne, wollte ich meinen Chef bitten, meine Dienstzeiten zu ändern. Ich wollte ihn fragen, ob ich statt des freien Mittwoch- und Samstagnachmittags vielleicht jeden Tag bis 16 Uhr arbeiten könne.

»Das braucht's nicht«, meinte der Wastl. »Am Abend komme ich ganz gut allein zurecht. Und auch am Morgen genügt es, wenn du erst um 6 Uhr anfängst.«

Nun zeigte sich, wie wichtig es gewesen war, dass wir modernisiert hatten. Dadurch war die Arbeit wesentlich leichter geworden. Das Ausmisten geschah automatisch, und man brauchte keine schweren Milchkannen mehr zu schleppen. Durch die Edelstahlleitung floss die Milch von der Kuh direkt in den Stahltank in der Kühlkammer. In dem modernen Stall war auch das Füttern wesentlich einfacher geworden.

»Mir wäre es wichtiger«, fuhr mein Mann fort, »wenn du im Juni einige Nachmittage freinehmen könntest, um mir beim Heumachen zu helfen.«

Somit war das Landwirtschaftliche geklärt. Mit seiner Mutter hatte Wastl vereinbart, dass er und unser Sohn mittags weiterhin bei ihr am Tisch aßen, solange ich noch in der Drogerie arbeitete, und ich würde wie gehabt am Mittag bei meiner Mutter speisen.

In der Woche darauf war es wieder mal so weit, am Abend stand der Milchkontrolleur plötzlich im Stall. Am nächsten Morgen war er erneut da und wollte sich nach der Abnahme der Proben das Milibuch geben lassen. Die Stiefmutter aber befand sich gerade auf der Toilette. Also sah ich mich genötigt, dem guten Mann das Melkbuch auszuhändigen. Am Stubenschrank zog ich die bewusste Schublade auf und entnahm ihr das Buch. Dabei fiel mein Blick auf das darunterliegende Kuvert. Es war groß und hellbraun und trug die Anschrift meines Mannes. Nun interessierte mich der Absender: ein Notariatsbüro. Nanu, dachte ich, das ist doch eine Sache, die mich auch angeht.

Mir blieb aber keine Zeit, einen Blick hineinzuwerfen. Der Kontrolleur wartete schließlich auf sein Buch. Geistesgegenwärtig schob ich den Brief unter Papiere in einer anderen Schublade und nahm mir vor, mich am Abend in dessen Inhalt zu vertiefen. Während der Arbeit wanderten meine Gedanken immer wieder zu dem geheimnisvollen Kuvert. Nach meiner Heimkehr hätte ich mich am liebsten gleich darauf gestürzt. Doch ich musste mich gedulden, ich wollte ja in Ruhe lesen können. Das konnte ich erst, nachdem sich alle zurückgezogen hatten. An diesem Abend war ich meinem Mann geradezu dankbar, dass er gegen 19.30 Uhr das Haus verließ.

In meinem Bett begann ich sogleich zu lesen. Wie ich bereits vermutet hatte, handelte es sich um den Übergabevertrag. Darin wurde mein Mann als Übernehmer und seine Mutter als Übergeber bezeichnet. Das meiste überflog ich nur, weil es allgemeine Vereinbarungen waren. Als ich aber zu Absatz III.5. kam, glaubte ich, meinen Augen nicht trauen zu können. Die Buchstaben begannen, zu verschwimmen. Ich las den Absatz ein zweites Mal. Dann erst hatte ich ihn halbwegs begriffen:

Übergabevertrag vom 6. Mai 1981

III.5. Verstirbt der Übernehmer innerhalb von zehn Jahren ab heute gerechnet, dann sind seine Erben verpflichtet, den gesamten landwirtschaftlichen Grundbesitz, so wie er heute übergeben ist, an den Bruder des Übernehmers, Bartholomäus Bichler, zu übereignen.

An einer späteren Stelle hieß es: *»Tritt der Todesfall nicht innerhalb der nächsten zehn Jahre ein, so erlischt diese Verpflichtung vollständig.«*

Das war immerhin etwas. Was sonst noch in dem Vertrag stand über Nießbrauch, Leibgeding und persönliche Dienstbarkeit, was sich wohl auf meine Schwiegermutter und deren Stiefmutter bezog, interessierte mich nicht. Mich interessierten auch nicht die Grundbuchauszüge und die beigefügten Lagepläne. Von der zwanzig Seiten umfassenden Urkunde beschäftigte mich nur Absatz III.5. Immer wieder las ich die betreffenden Sätze durch. Das kann nicht wahr sein, dachte ich. So kann man mich doch nicht behandeln! Mit meinem Sohn, dem rechtmäßigen Erben von Sebastian Fischer so umzuspringen, war ungeheuerlich.

Weiter unten erregte noch ein anderer Punkt meine Aufmerksamkeit.

IX. Erwirbt Bartholomäus Bichler aufgrund der Bestimmung des Abschnitt III.5. dieser Urkunde das übergebene Anwesen von den Erben des Übernehmers und veräußert er es dann im Ganzen oder zu größeren Teilen vor Ablauf von zwanzig Jahren ab dem heutigen Tage, so hat er an die Erben des Übernehmers ein Drittel des Reinerlöses auszuzahlen.

Es dauerte eine Weile, bis ich verinnerlicht hatte, was damit gemeint war. Der Hof würde im Falle des vorzeitigen Ablebens meines Mannes zwar für mich verloren sein, für den Fall aber, dass Barthl vorzeitig verkaufte, würde wenigstens eine finanzielle Entschädigung auf uns zukommen. Nach menschlichem Ermessen war davon auszugehen, dass Wastls Bruder den Grundbesitz verkaufte. Denn bis zu diesem Tag hatte er keinerlei Interesse an der Landwirtschaft bekundet. Außerdem hatte seine Freundin, die von Beruf Fleischereifachverkäuferin war, bereits geäußert, sie werde niemals in den Stall gehen. Das war ein kleiner Lichtblick. Dennoch, auch wenn dieser Umstand eintreten sollte, war der Hof für mich und meinen Sohn unwiederbringlich verloren.

Dann las ich die Urkunde noch mal in aller Ruhe von oben bis unten durch. Vielleicht hatte ich ja etwas falsch verstanden. Nein, es blieb dabei: Sollte mein Mann vor Ablauf der nächsten zehn Jahre sterben, konnte uns seine Mutter eiskalt auf die Straße setzen.

Beim erneuten Durchlesen war mir aber noch etwas anderes aufgefallen. Mein Mann trug den Namen Fischer, den auch ich als Familiennamen trug, sein Bruder jedoch hieß Bichler. Nun erst schaute ich mir den Kopf der Urkunde genau an. Da stand: *Übergeber Walburga Bichler, geborene Fischer.* Demnach trug mein Mann den Mädchennamen seiner Mutter. Also war nicht der Barthl auf einen Fehltritt von ihr zurückzuführen, sondern Wastl, ihr Erstgeborener. Bis dahin hatte ich mich um die Namen der Familienmitglieder nicht gekümmert. Wie bei allen Familien im Dorf üblich, wurde immer nur der Hofname genannt: beim Kistler, Kistlerhof, der Kistler-Wastl, die Kistlerbäuerin.

Dieser Sache musste ich auf den Grund gehen. Die einzige Person, die mir verlässliche Auskunft geben konnte, war die Stiefmutter. Es galt also, einen geeigneten Zeitpunkt zu erwischen, an dem ich ungestört mit ihr reden konnte.

Vorher würde ich aber noch ein Hühnchen mit meinem Mann zu rupfen haben. Doch dazu ergab sich erst am folgenden Abend die Gelegenheit. Zu Mittag kehrte ich wieder bei meiner Mutter zum Essen ein. Ihr und ihrem Bruder erzählte ich, was im Übergabevertrag stand. Beide waren entsetzt. Sie sahen aber auch keine Möglichkeit, was ich dagegen tun könne. Großzügiger Weise bot mir mein Onkel erneut an, sollte dieser Fall eintreten, könnte ich jederzeit in mein Elternhaus zurückkehren.

Wortlos legte ich am Abend meinem Mann den Vertrag vor. »Was soll ich damit? Den Inhalt kenne ich.«

»Dann kennst du ja auch die Stelle, die besagt, dass dein Sohn und ich vor die Tür gesetzt werden, falls du innerhalb der nächsten zehn Jahre stirbst.«

»Freilich kenne ich die.«

»Wie konntest du so einen Vertrag unterschreiben?«, fragte ich mit verhaltener Wut.

»Was sollte ich denn machen?« Er zuckte hilflos die Schultern. »Sie bestand darauf, dass dieser Passus in den Vertrag kommt, sonst hätte sie nicht übergeben.«

»Warum? Warum nur hat sie eine so herzlose Bedingung schreiben lassen?« Bei dieser Frage konnte ich meine Tränen nicht mehr zurückhalten.

Mein Mann zuckte abermals mit den Schultern: »Das kann ich dir auch nicht erklären. Aber reg dich nicht auf. Dieser Passus wird nicht zum Tragen kommen. Ich bin jung und gesund, warum sollte ich die nächsten zehn Jahre nicht überleben?«

»Weil du so oft mit dem Auto unterwegs bist, besonders nachts und selbst, wenn du was getrunken hast.«

»Mach dir keine Sorgen, ich pass schon auf.«

Mit diesem schwachen Trost galt es, den Alltag zu überstehen.

Schwiegermutters Geheimnisse

Nachdem ich den Übergabevertrag gelesen hatte, wartete ich auf eine Möglichkeit, um ohne Zeugen mit der Antonia reden zu können. Diese ergab sich eher, als ich erwartet hatte. Als ich am Samstagmittag von der Arbeit kam, war die sonst allgegenwärtige Schwiegermutter wie vom Erdboden verschluckt. Nicht, dass sie mir abgegangen wäre, es war pure Neugier, warum ich ihre Stiefmutter nach dem Verbleib ihrer Stieftochter fragte.

»Ach, die ist nach München gefahren«, gab sie mir Auskunft. »Heute Morgen hat sie ganz überraschend ihre Reisetasche gepackt und sich vom Wastl zur Bahn bringen lassen. Sie will für drei Tage eine Tante besuchen.«

Besser konnte es gar nicht laufen. Nach dem Nachtessen setzte mein Mann sich wieder ab, angeblich, um mit seinen Freunden zu karteln. Unser Sohn durfte noch ein bisschen fernsehen, und ich blieb mit der Oma allein in der Küche zurück. Für etwas Gemütlichkeit, holte ich zwei von meinen Weingläsern und eine Flasche Rotwein aus meinem Vorrat. Mir war nämlich bekannt, dass sie einem Schluck Rotwein nicht abgeneigt war. Kaum hatten wir an unseren Gläsern genippt, stellte ich die Frage, die mir seit einigen Tagen auf der Seele brannte: »Wieso heißt der Wastl ›Fischer‹ und der Barthl ›Bichler‹?«

»Ach, weißt du das nicht?«, war ihre erstaunte Gegenfrage.

»Nein, das weiß ich nicht, sonst würde ich dich ja nicht fragen.«

»Ja, wenn das so ist, dann weiß ich nicht, ob ich dir das erklären darf.«

»Ah, geh, Antonia, es ist ja niemand da, der uns hören könnte, und ich verrate dich gewiss nicht.«

»Hast recht«, sah sie schließlich ein. »Warum sollte man ein Geheimnis daraus machen? Du gehörst ja seit über zehn Jahren zur Familie, da solltest du es schon wissen.«

Sie nahm einen kräftigen Schluck aus ihrem Glas, und ich füllte gleich nach. Dann rückte sie ganz nah an mich heran und schaute sich vorsichtig nach allen Seiten um, ehe sie zu reden begann: »Weißt, die Wally hatte schon immer ihren eigenen Kopf. Ihre kleine Schwester hatte bei ihr nicht viel zu lachen. Drum bin ich froh, dass sie doch noch einen Hochzeiter gefunden hat und jetzt aus dem Haus ist. Selbst Heinrich, ihr Vater, raufte sich manchmal die Haare, weil das Dirndl so widerspenstig war. Damals hatten wir noch keine landwirtschaftlichen Maschinen, es musste alles von Hand gemacht werden. Daher beschäftigte mein Mann immer einige Knechte und Mägde. Als die Wally 19 war, kam ein neuer Knecht auf den Hof, der gut aussehende Sebastian. Er war erst 18, aber schaffen konnte der für zwei. Es dauerte nicht lange, da fing er an, der älteren Bauerntochter schöne Augen zu machen. Mir blieb nicht verborgen, dass sie ihm ebenso feurige Blicke zurückwarf. Aber als Stiefmutter durfte ich mich ja nicht einmischen, zumal sich selbst ihr Vater nichts zu sagen traute. Es dauerte nicht lange, da landeten die beiden im Heu. Auch das bekam ich mit, aber ich hielt wohlweislich meinen Mund. Diese Liebschaft blieb nicht ohne Folgen. Als die Wally das ihrem Liebhaber mitteilte, wäre er sofort bereit gewesen, sich für volljährig erklären zu lassen, um sie heiraten zu können. Sie aber stieß ihn brüsk zurück: »Willst dich wohl ins gemachte Nest setzen? Daraus wird nichts. Erstens bist du mir zu jung und zweitens bringst du nichts mit, weder Wald noch Feld noch Geld. Was will ich mit so einem armen Teufel? Wenn ich mal heirate, dann muss der Mann ein ordentliches Heiratsgut mitbringen.«

Ihr Vater wäre mit Sebastian als Schwiegersohn schon einverstanden gewesen, weil der ein tüchtiger Bursche war. Die Wally aber bestand darauf, dass der Vater ihn feuerte. So brachte sie 1947 den Wastl zur Welt und zog ihn allein auf. Nicht wirklich allein, ich half ihr so gut ich konnte.

Ihr Vater, dem das Schicksal einen Sohn versagt hatte, war ganz narrisch mit dem Buben. Da dieser ledig geboren worden war, trug er schließlich seinen Familiennamen. Drum sah er in ihm seinen Stammhalter und Erben, den er sich immer gewünscht hatte.

Nach diesem Fehltritt lebte die Wally aber nicht wie eine Klosterschwester. Nacheinander hat sie einige Knechte ausprobiert. Dabei hat sie großes Glück gehabt, dass sie nicht schon eher wieder schwanger geworden ist. Erst 1958, als der Bartholomäus Bichler ihr Liebhaber war, kam sie erneut in andere Umstände. Diesen heiratete sie Hals über Kopf, obwohl auch er ein armer Hund war.«

An dieser Stelle unterbrach ich sie: »Wieso heiratete sie auf einmal einen armen Schlucker, wo sie doch vorher so hochnäsig war?«

»Das habe ich mich auch gefragt. Wahrscheinlich wollte sie nicht mit einem zweiten ledigen Kind dastehen. Vielleicht passte er ihr auch besser, weil er zwei Jahre älter war als sie. Doch noch ehe das Kind zur Welt kam, hatte sie den werdenden Vater zum Teufel gejagt. Was zwischen den Eheleuten vorgefallen war, habe ich nicht erfahren. Der Bartholomäus jedenfalls kehrte in sein Elternhaus zurück, wo er bei seinem Bruder als Knecht arbeitete.

Bei uns kam im Februar 1959 wieder ein Bub an, der Barthl. Da seine Mutter ja mit seinem Vater verheiratet war, bekam er den Namen Bichler. Diesen Bub haben wir zu dritt aufgezogen, die Wally, die Berta und ich. Eigenartigerweise hat sich die Wally nie von dem Kindsvater scheiden lassen. Das sollte sich als ihr Glück erweisen. Denn Anfang 1970, also ein paar Monate, bevor du auf den Hof kamst, tauchte bei ihr ein Rentenberater auf. Dieser teilte ihr mit, ihr Ehemann sei überraschend an einem Herzinfarkt gestorben, und er rechnete ihr vor, wie viel ihr von seiner Kriegsversehrtenrente zustehe und wie viel sie für ihren Sohn an Halbwaisenrente zu erwarten habe. Bartholomäus' Rentenanspruch kam daher, dass ihm im Krieg einige Zehen abgefroren waren. Diese Witwenrente bezieht sie noch heute. So nützt ihr der Ehemann nach seinem Tod mehr als zu seinen Lebzeiten.«

Das waren für mich alles hochinteressante Eröffnungen. Und da wir noch immer so griabig beisammensaßen und der Wein Antonias Zunge gelöst hatte, richtete ich gleich eine weitere Frage an sie: »Was meinst du, warum die Wally oft so böse gegen mich ist? Ich habe ihr doch nichts getan. Manchmal kann sie aber auch ganz lieb und nett sein.«

»Ja, sie ist eine sehr wetterwendische Person. Sie ist nicht nur gegen dich bösartig. Du hast es selbst oft genug erlebt, wie sie manchmal mich oder die Berta angefaucht hat und sogar ihre eigenen Söhne. Nur wenn sie was von einem will, dann kann sie scheißfreundlich sein.«

»Du meinst, ich sollte ihre Anfeindungen also nicht persönlich nehmen?«

»Doch, irgendwie schon. Am Anfang zumindest hat sie versucht, dich zu vergraulen. Sie hatte die Heirat ja nur befürwortet, damit ihr Herr Sohn bei Gericht bessere Karten hatte. Nachdem das Urteil daraufhin so milde ausgefallen war, brauchten sie dich nicht mehr. Deshalb hätte sie dich am liebsten schon am nächsten Tag zum Teufel gejagt. Inzwischen hast du dich als hartnäckiger erwiesen, als sie dich eingeschätzt hatte. Jetzt lässt sie also an dir, wie an jedem anderen von uns, ihre Bosheit aus. Deshalb mein Rat: Mach es wie ich, lege die Ohren an und warte, bis der Sturm vorüber ist.«

Diese Weisheit aus dem Mund der alten Frau zu hören, tat mir gut. »Aber da gibt es noch eine andereSache, Antonia, die nehme ich auf jeden Fall persönlich.«

»Und das wäre?«

»Du hast gewiss mitbekommen, dass die Wally vor einigen Tagen übergeben hat?« Sie nickte. »Weißt du auch, was in dem Vertrag steht?«

»So genau weiß ich das nicht. Die Wally hat mir lediglich erklärt, dass uns beiden, also ihr und mir, ein Wohnrecht auf Lebenszeit zugesichert ist und dass man für uns bis an unser Lebensende sorgen muss.«

»Das stimmt. Dieser Punkt ist völlig in Ordnung. Jetzt muss ich dir aber mal eine Stelle zeigen, die mich nicht nur kränkt, sie bedroht meine Existenz.«

Sie las die bewusste Stelle sehr aufmerksam durch, sogar ein zweites und drittes Mal.

»Ja, Lisi, das ist ja ungeheuerlich! Jetzt verstehe ich, dass du das persönlich nimmst. Was ich aber nicht verstehen kann, ist, dass dein Mann so etwas unterschrieben hat.«

»Das konnte ich auch nicht verstehen. Deshalb habe ich ihn zur Rede gestellt. Er beteuerte, ihm sei nichts anderes übrig geblieben, sonst hätte die Mutter nicht übergeben.«

»Ja, ja, das ist typisch Wally. Ach Dirndl, du tust mir so leid.«

Mich beschäftigte aber noch etwas: »Antonia, kannst du dir denken, warum die Wally eine so herzlose Klausel in den Vertrag eingebaut hat?«

Sie überlegte eine Weile. »Das muss mit ihrem Ehemann, dem Bartholomäus Bichler, zusammenhängen. Bei der überstürzten Heirat hat sie ihrer Meinung nach einen Riesenfehler begangen. Sie hatte es versäumt, einen Ehevertrag abzuschließen, also lebten die beiden in Zugewinngemeinschaft. Daher kam der Bichler in schöner Regelmäßigkeit daher, angeblich, um nach seinem Sohn zu schauen. In Wirklichkeit aber kam er zum Abkassieren. Er bestand auf seinem Anteil von den Einnahmen aus der Landwirtschaft. Nun kann ich mir vorstellen, dass die Wally es verhindern will, dass du eines Tages mit ähnlichen Ansprüchen daherkommen könntest.«

Das war einleuchtend. Doch mich beschäftigte noch etwas: »Warum hat sich meine Schwiegermutter eigentlich nie scheiden lassen?«

»Darüber hat sie nie gesprochen. Meine Vermutung ist, dass sie, als äußerst stolze Person, lieber den Status einer verheirateten Frau haben wollte als den einer geschiedenen. Vielleicht brachte ihr der Ehestand auch steuerliche Vorteile. Dass sie erwartet haben könnte, eines Tages eine Rente zu kassieren, schließe ich aus. Dafür war sie zu sehr überrascht, als der Rentenberater ihr diese Eröffnung machte.«

Da die gute Antonia so gesprächig war und wir noch Wein in unseren Gläsern hatten, wagte ich es, ein weiteres Thema anzuschneiden: »In diesem Vertrag ist mit keinem Wort erwähnt, wie die Sache für mich im Falle einer Scheidung aussehen würde. Kannst du dir denken warum?«

Sie stützte beide Ellenbogen auf den Tisch und legte ihr Kinn auf die Fäuste, wobei sie angestrengt nachzudenken schien. Auf einmal äußerte sie in bedächtiger Weise: »Sie hat dich lange genug beobachtet und dabei festgestellt, dass du dich trotz all ihrer Schikanen nicht hast rausekeln lassen. Daher ist sie sich sicher, dass von dir kein Scheidungsbegehren ausgehen wird.«

Das leuchtete mir ein. »Aber was ist mit ihrem Sohn? Der könnte doch auf die Idee kommen, sich scheiden zu lassen.«

»Der doch nicht! Der lässt sich erst recht nicht scheiden. In dem Punkt ist sich seine Mutter ganz sicher. Was Besseres als dich findet der nimmer. Bis jetzt bist du in die Arbeit gegangen und hast gutes Geld heimgebracht. Daneben hast du am Hof geschafft wie ein Stier. Ohne dich wäre es mit ihm nicht so aufwärts gegangen. Der Wastl weiß genau, dass du dich noch mehr einsetzen wirst, wenn du nicht mehr in die Drogerie zu gehen brauchst. Obwohl er seit elf Jahren ein Ehemann ist mit allen Rechten und Pflichten, kann er sein Junggesellenleben beibehalten.«

»Was meinst jetzt damit?«, fragte ich verunsichert, obwohl ich ahnte, was folgen würde.

»Ja, Lisi, er betrügt dich nach Strich und Faden, während du brav zu Hause sitzt und die Arbeit machst.«

»Du weißt also von seinem Fremdgehen?«

»Freilich, Dirndl. Zwar bin ich eine alte Frau, aber ich bin nicht blind und nicht taub. Ich kriege noch mehr mit, als ihr denkt, vor allem auch, wie oft er dich allein lässt und dass er meist erst in der Früh nach Hause kommt.«

Gerade als ich mich bei der Antonia für die wertvollen Informationen bedanken wollte, schnitt sie noch ein Thema an, das für mich ebenfalls hochinteressant war: »Meiner Meinung nach hatte deine Schwiegermutter überhaupt nicht die Absicht, dem Wastl das Sach zu übergeben. Das hat aber nichts mit dir zu tun, sondern mit ihrem Zweitgeborenen, dem Barthl. Den hat sie von Anfang an lieber gemocht als den Wastl. Wahrscheinlich weil dieser ehelich geboren worden war und weil er ihr zum Ehestand verholfen hatte. Vielleicht kam später noch hinzu, dass sie durch seinen Vater eine ansehnliche Rente bezieht. Weil sie dem Barthl den Hof unbedingt zuschustern wollte, hat sie das Übergeben immer wieder hinausgezögert mit allen möglichen Ausreden. In Wirklichkeit wollte sie abwarten, ob ihr Jüngster Interesse für die Landwirtschaft entwickelt. Auch wollte sie sehen, was für eine Frau er daherbringt. Leider wurde Wally in dieser Hinsicht enttäuscht. Sie fragte Barthls Frau in meinem Beisein, ob sie bereit wäre, ihren Beruf aufzugeben. Da antwortete die Christl: ›Ich denke nicht im Traum daran. Jetzt habe ich immer pünktlich Feierabend. An Sonn- und Feiertagen habe ich frei, und vier Wochen Urlaub im Jahr stehen mir auch zu. Als Bäuerin dagegen hat man keinen freien Tag, und die Arbeit hört nie auf.‹ Das muss es letztendlich gewesen sein, was die Wally veranlasste, endlich zum Notar zu gehen.«

Nun wusste ich wenigstens einigermaßen über die Familie Bescheid, in die ich vor elf Jahren eingeheiratet hatte.

Sechs Tage zu früh

Der 1. September 1981 fiel auf einen Dienstag, demnach wäre mein letzter Arbeitstag der Montag gewesen. Mir standen aber noch einige Urlaubstage zu. Deshalb arbeitete ich am Mittwoch, dem 26. August, zum letzten Mal in der Drogerie. Ab dem nächsten Tag würde ich also Vollzeitbäuerin sein. Das stellte mich vor eine ungewohnte Aufgabe. Nicht die Stall- und Feldarbeit waren das Problem, sondern das Kochen. Das hatte ich nie richtig gelernt, weil es sich im Haushalt meiner Mutter nicht ergeben hatte. Anfangs war ich Schülerin, später Lehrling. Da setzte ich mich immer an den gedeckten Tisch. Gewiss, in den drei Monaten Mutterschaftsurlaub hätte ich mich öfters an den Herd stellen können. Aber weder meine Mutter noch ich hatten es für notwendig erachtet. Lediglich beim Rouladen-Machen hatte ich mal geholfen. Und wie man einen Schweinsbraten nebst Semmelknödeln zubereitet, hatte sie mir auch beigebracht.

Die sonst so liebe Oma Antonia hatte mich im Hause Kistler nicht an den Herd gelassen. Daher stand ich ab dem 27. August plötzlich vor dem Problem, meinen beiden Männern jeden Mittag etwas Ordentliches auf den Tisch zu stellen. Da konnte ich doch nicht immer mit Schweinsbraten oder Rouladen daherkommen. Deshalb lieh ich mir, da ich an meinem letzten Arbeitstag noch mal bei meiner Mutter aß, ihr Kochbuch aus und ließ mir von ihr die Zusage geben, dass ich jederzeit anrufen dürfe, wenn ich mit den Kochanweisungen im Buch nicht klarkomme.

Während der Heimfahrt fiel mir ein, dass wir im letzten Schuljahr Kochunterricht gehabt hatten. Dunkel erinnerte ich mich daran, wie man Spaghetti mit Tomatensoße zubereitet und einen deftigen Eintopf. Tomaten und Gemüse gab es genug in unserem Garten. Also probierte ich es am Donnerstag mit einem Gemüseeintopf, in den ich, um ihn aufzupeppen, für jeden ein Paar Wienerle gab. Da ich nach der Mahlzeit zufriedene Mienen sah, fiel mir ein Stein vom Herzen. Am Tag darauf stellte ich meinen Lieben Spaghetti mit Tomatensoße und reichlich geriebenen Käse auf den Tisch. Auch damit traf ich den Geschmack meiner Männer. Sicherheitshalber fragte ich an, ob es recht wäre, wenn es am Samstag Rouladen und am Sonntag Schweinsbraten gäbe.

»Auf jeden Fall«, äußerte sich mein Mann begeistert. »Dreißig Jahre habe ich fast nur Mehlspeisen essen müssen. Jetzt bin ich froh, dass mal Fleisch auf den Tisch kommt.«

Über diese Aussage war ich sehr erleichtert, denn gerade von der Zubereitung von Mehlspeisen hatte ich keine Ahnung. Nachdem die Rouladen verzehrt waren, sagte mein Mann: »Die kannst du ruhig öfter machen. Mach dann aber gleich so viele, dass es fürs Nachtessen auch noch langt.« Dieses indirekte Lob spornte mich so an, dass meine Kochkünste von Tag zu Tag besser wurden. Mithilfe von Mamas

Kochbuch und einigen SOS-Anrufen bei ihr fühlte ich mich bald als perfekte Köchin. Auch im Stall und im Feld konnte ich mich, wie ich mir das immer gewünscht hatte, voll einbringen.

Doch das Glücksgefühl, das ich erwartet hatte, wollte sich nicht einstellen. Im Gegenteil, von Tag zu Tag wurde ich depressiver. Kein Wunder, saß mir doch ständig das Schreckgespenst im Nacken, dass die ganze Arbeit, die ich in den Betrieb investierte, womöglich umsonst sei. Hinzu kam, dass meine Schwiegermutter, die mir fast täglich über den Weg lief, mich mit gehässigen Bemerkungen überschüttete. Sie scheute sich auch nicht, mir meinen Sohn abspenstig zu machen. Wenn er von der Schule kam, fing sie ihn im Hausgang ab: »Magst heute nicht bei uns essen? Die Oma hat so gute Dampfnudeln gemacht.« Ein andermal war es ein Apfelstrudel oder ein Kaiserschmarrn.

Was mich weiterhin stark belastete, war, dass mein Mann nicht aufhörte, fremdzugehen. Indizien dafür fand ich zur Genüge. Zusätzlich flüsterten mir wohlmeinende Freunde zu, dass mein Mann die eine oder andere Geliebte habe. Deshalb wollte ich der Sache auf den Grund gehen. Nachdem der neue Kuhstall fertig war, begann ich wieder, seine Schritte zu überwachen. Auf nächtliche Rundfahrten verspürte ich allerdings keine Lust mehr. Deshalb entwickelte ich eine neue Strategie. Zu unserem Haus gehörten keine Garagen. Wir parkten die Wagen hinter dem Haus. Bevor ich morgens mein Auto bestieg, warf ich einen Blick auf seinen Tacho und notierte mir den Kilometerstand. Am nächsten Morgen zeigte der Tacho erstaunlicherweise über zweihundert Kilometer mehr an als am Vortag, bis zu seinem Wirt waren es aber nur knapp anderthalb Kilometer! Meine Erkenntnis behielt ich zunächst für mich. Hinter dem jeweiligen Kilometerstand notierte ich nur das Datum. Diese Beobachtung konnte ich in der Folgezeit jeden Samstagabend machen. Ich begnügte mich mit eifrigem Notieren und blieb nicht mehr die halbe Nacht wach. Sobald mich die Müdigkeit übermannte, kroch ich in meine Federn. Dennoch konnte ich meist lange nicht einschlafen. Zu viele Gedanken schwirrten mir im Kopf herum. Warum? Warum betrügt er mich immer wieder? Damals, als ich seinen überstürzten Heiratsantrag annahm, war einer meiner Beweggründe die Hoffnung gewesen, ihn dann endlich für mich allein zu haben. Weil er es dann nicht mehr nötig hätte, sich anderswo sein Vergnügen zu suchen, da er ja jederzeit von mir Gebrauch machen kann. Bei diesem Sinnieren kamen mir manchmal die erlösenden Tränen und ließen mich ins Traumland gleiten.

Nachdem ich acht Wochen lang meine Tachonotizen gemacht hatte, bemerkte ich, wie mein Ehemann gegen 22.30 Uhr in sein Bett huschte. Ich stellte mich aber schlafend. Am folgenden Morgen zeigte sein Tacho nur drei Kilometer mehr an. Über diese Tatsache war ich nicht nur erfreut, am Abend sprach ich ihn sogar darauf an: »Mit deiner fernen Geliebten ist es wohl aus?«

»Wie kommst du denn auf einen solchen Schmarrn?«, brauste er auf.

»Ach, ist es etwa nicht vorbei? Wieso warst du dann gestern Abend schon so früh daheim?«

Von meiner Tachokontrolle erwähnte ich kein Wort. Sein Gesicht zuckte. Ich sah förmlich, wie er nach einer Ausrede suchte. »Was du dir in deinem kranken Hirn alles einbildest! Nur weil ich ein paarmal später heimkomme, muss ich doch nicht gleich eine Geliebte haben. Mit dem Sepp war ich in Waldkraiburg.«

»So oft musstet ihr da hin? Und was habt ihr da gemacht?«

»Da gibt es ein interessantes Lokal, eine Nachtbar. Dort hat es uns so gut gefallen, dass wir öfters hin sind.«

Mir lag schon auf der Zunge zu fragen: Und jetzt gefällt es euch dort nicht mehr? Aber ich unterdrückte es und tat so, als ob ich ihm glaube. Seinen Tacho beobachtete ich aber weiterhin. Eine Zeitlang machte er demnach keine größeren Ausflüge mehr. Doch bald begannen mich die Zahlen, die dort auftauchten, wieder zu beunruhigen. Mal waren es hundertsechzig Kilometer mehr, mal nur neunzig, mal nur sechzig oder nur vierzig. Von diesen Beobachtungen erwähnte ich meinem Mann gegenüber zunächst kein Wort. Nur von Zeit zu Zeit sprach ich ihn auf sein spätes Heimkommen an. Da tischte er mir jedes Mal eine andere Lüge auf. So traurig mich das auch machte, ich bewunderte seine Fantasie. Bald aber sagte ich gar nichts mehr und schluckte alles hinunter. Ich war es leid, mir immer wieder seine Ausreden anhören zu müssen. Deshalb hörte ich auch damit auf, seinen Kilometerstand zu kontrollieren. Drei Jahre lang lief das Leben mehr schlecht als recht vor sich hin.

Dann trat ein Ereignis ein, das mich zutiefst erschütterte. Im Juni 1985 fand Wally ihre Stiefmutter eines Morgens tot im Bett vor. Gewiss, mit 88 hatte sie ein schönes Alter erreicht und sie hat einen schönen Tod gehabt. Sie war vorher nicht einen Tag krank gewesen. Dennoch vergoss ich so einige Tränen. Antonia war die einzige Person gewesen, bei der ich ein bisschen Zuspruch bekam, wenn ich mal wieder am Boden zerstört war. Als man sie hinaustrug, war es mir, als verließe uns mit ihr der gute Geist des Hauses. Nun musste das Leben ohne Antonia weitergehen.

Einige Wochen nach ihrer Beerdigung wachte ich in der Nacht auf, schweißgebadet und mit Herzrasen. Jetzt stehst du kurz vor einem Herzinfarkt, schoss es mir durch den Kopf. Vielleicht hast du doch zu viel gearbeitet. Um meinen lieben Mann nicht in seinem wohlverdienten Schlaf zu stören, schlich ich ins Bad und zog mir ein frisches Nachthemd an. Dann setzte ich mich auf den Toilettendeckel und überlegte, ob ich den Notarzt anrufen solle. Zwischendurch trank ich immer wieder einen Schluck Leitungswasser. Allmählich beruhigte sich mein Herz wieder. Ach, alles nur blinder Alarm!, dachte ich und schlich zurück in mein Bett. In der folgenden Nacht wachte ich wieder gegen 3 Uhr auf, wieder nass geschwitzt und diesmal mit Atemnot. Auch diesmal begab ich mich ins Bad, versuchte tief durchzuatmen und trank einige Schlucke Leitungswasser.

Ich legte mich erst wieder aufs Ohr, als ich mich besser fühlte.

So kann es nicht weitergehen, dachte ich. Mit dir stimmt etwas nicht. Deshalb suchte ich am Morgen die Praxis unserer Hausärztin auf. Doch als mich die Sprechstundenhilfe ins Behandlungszimmer führte, war ich überrascht. Statt der netten älteren Dame saß da ein junger Mann, der mich freundlich anlächelte. Irgendwie kamen mir seine Gesichtszüge bekannt vor. Während ich noch rätselte, sprach er mich an: »Kennst mich nicht mehr Lisi? Wir sind doch zusammen in eine Klasse gegangen.«

So langsam dämmerte es mir: »Bist du etwa der Schneider-Wolfgang?«

Diesen hatte ich seit zwanzig Jahren nicht mehr gesehen. Nach der vierten Klasse war er nämlich aufs Gymnasium übergewechselt, als Einziger aus unserem Jahrgang.

»Genau der bin ich.«

»Du bist also Arzt geworden?«, stellte ich fest. Er nickte. »Ein bissel verändert hast du dich schon. Du hast es aber leichter gehabt, mich wiederzuerkennen, du hast ja meine Akte vor dir liegen.«

»Stimmt. Das hat ein bisserl geholfen. Aber wer vergisst schon deine rotgoldenen Locken?«, scherzte er.

»Wieso sitzt du plötzlich im Sprechzimmer von Frau Obertanner?«

Er lachte: »Ganz einfach. Die Doktorin will sich bald zur Ruhe setzen. Deshalb hat sie einen Nachfolger gesucht. Auf meine Bewerbung hin hat sie mich eingestellt. Sie bleibt aber noch so lange, bis ich mich eingearbeitet habe.«

»Das ist ja interessant.« Mehr fiel mir dazu nicht ein.

Nun wurde er sachlich: »Da wir beide nun genug über unser Wiedersehen gestaunt haben, musst du mir verraten, was dich herführt.«

Ich beschrieb ihm meine nächtlichen Attacken. Daraufhin horchte er Herz und Lunge ab. Er ließ durch die Helferin auch Blutdruck und Puls messen und ein EKG machen. Als er sich die Ergebnisse anschaute, fragte ich besorgt: »Ist es etwas Ernstes?«

»Vermutlich nicht. Aber was es ist, lässt sich noch nicht sagen. Ich schreibe dir ein Medikament auf, das holst du dir in der Apotheke. Davon nimmst du jeden Abend eine Tablette und kommst in einer Woche wieder. Komm aber bitte vor 10 Uhr, damit wir noch Blut abnehmen können. Ich möchte ein Blutbild machen zu lassen.«

Den guten Doktor besuchte ich noch öfters. Mal versuchte er es mit Tabletten, mal mit Spritzen. Trotzdem wachte ich nachts immer wieder auf, mit Schweißausbrüchen, mit Zittern, mit Beklemmungen und dem Gefühl, als werde mein Brustkorb zusammengedrückt, was in mir Panikattacken auslöste. Am folgenden Morgen war ich jedes Mal wie gerädert. Das alles berichtete ich meinem Arzt.

»Hm, hm«, murmelte er, während er meine Akte studierte. »Dein Blutbild zeigt keinerlei Auffälligkeiten. Alle Untersuchungen haben ergeben, dass du organisch völlig gesund bist.«

»Das ist doch immerhin etwas«, versuchte ich zu scherzen, obwohl mir gar nicht danach zumute war. »Wieso habe ich dann nachts diese Attacken?«

»Es scheint mir eine nervlich bedingte Sache zu sein. Bei dir stehe ich vor einem Rätsel. Jetzt übst du den gesündesten Beruf der Welt aus und zeigst Krankheitssymptome wie ein Manager, der ständig unter Stress steht.«

»Einen gesunden Beruf mag ich schon ausüben, dennoch stehe ich unter Dauerstress.«

Mit verhaltener Stimme schilderte ich ihm in Kurzfassung die drei Probleme, die mich belasteten: Übergabevertrag, Schwiegermutter, Fremdgehen des Ehemannes.

Nachdem er mir aufmerksam zugehört hatte, atmete er irgendwie erleichtert auf: »Da haben wir es also, du leidest unter Depressionen. Deine Seele ist überfordert, das äußert sie durch körperliche Symptome. Die Spritzen lassen wir ab sofort weg, stattdessen verordne ich dir Antidepressiva.«

Diese schluckte ich auch treu und brav einige Wochen lang. Sie kratzten aber nur an der Oberfläche, meine wirklichen Probleme wurden damit nicht gelöst. So sah das auch mein Arzt. »Die setzen wir jetzt ab«, entschied er bei meinem nächsten Besuch. »Das Einzige, was dir helfen könnte, wäre eine Psychotherapie.«

Das ließ mich aufhorchen: »Wenn du meinst, dass mir die hilft, mache ich die sofort.«

»Die kann ich dir aber nicht verschreiben. Die müsstest du aus eigener Tasche zahlen.«

»Das ist das geringste Problem. Hauptsache, sie hilft mir. Mein Mann soll dieses Geld ruhig für mich locker machen, denn zu einem großen Teil ist er die Ursache für mein Leiden.«

Dr. Schneider empfahl mir eine gute Psychotherapeutin in Starnberg. Also fuhr ich jede Woche einmal für eine Stunde hin. Frau Dr. Paulus war eine sehr sympathische Dame mittleren Alters. Zu ihr fasste ich schnell Vertrauen und rollte meine ganze Lebensgeschichte vor ihr auf. Nach anderthalb Jahren hatte ich mein seelisches Gleichgewicht wieder. In der Nacht plagten mich keine Attacken mehr, und ich schlief wie ein Ratz. Durch die Therapie hatte ich mir eine Ölhaut zugelegt, an der alles abglitt. Mit viel Freude erledigte ich meine Arbeiten und wurde wieder ein fröhlicher Mensch.

Und dennoch, wenn mein Mann nachts unterwegs war, machte ich mir Sorgen. Diese wurden größer, je näher es auf den Tag zuging, an dem sich mein Schicksal entscheiden sollte. Von innerer Unruhe getrieben, sprach ich ihn im Oktober 1990 auf dieses Thema an: »Du, Wastl, es wäre mir lieber, wenn du mit deinen Weibergeschichten aufhörst.«

»Was redest du denn da für einen Blödsinn? Ich habe doch keine Weibergeschichten.«

»Du brauchst mir nichts vorzumachen, ich weiß genau, dass du nachts oft zu anderen Frauen fährst.«

»Und wenn schon«, antwortete er dreist. »Das braucht dich nicht zu kümmern, ich komme doch immer wieder zu dir zurück.«

»Es ist ja nicht nur, dass du mich betrügst, ich mache mir auch Sorgen, weil du in der Nacht so viel unterwegs bist und große Strecken zurücklegst. Wie leicht kann da mal was passieren.«

»Da passiert schon nichts«, antwortete er leichtfertig. »Ich fahre sehr vorsichtig.«

»Du magst vielleicht vorsichtig fahren, es gibt aber genug rücksichtslose Verkehrsteilnehmer, es gibt solche, die vielleicht die Vorfahrt nicht achten oder die alkoholisiert am Steuer sitzen.«

»Ach Schatz, du machst dir wirklich unnötig Sorgen um mich.«

»Es geht ja nicht nur um dich. Denn abgesehen davon, dass ich dich nicht verlieren will, steht auch meine Existenz auf dem Spiel, wenn dir jetzt was passiert.«

»Aber geh. Deswegen brauchst du dir keine grauen Haare wachsen zu lassen. Deine jetzige Haarfarbe gefällt mir eh viel besser, und ich möchte sie noch lange erhalten wissen. Aber Spaß beiseite. Mir wird schon nichts passieren. Du weißt, Unkraut vergeht nicht.«

»Nun ja, als Unkraut möchte ich dich nicht grade einstufen, obwohl du ein Weiberheld bist. Mich würde interessieren, warum du immer noch hinter allen Schürzen her sein musst, wo ich dir doch jederzeit zur Verfügung stehe.«

»Schau, Schatz, das ist ein gewisser Jagdtrieb in mir. Ich habe immer wieder meine Freude daran, wenn ich eine Eroberung mache, so wie du Freude daran hast, wenn du dir ein Paar neue Schuhe kaufst.«

»Und wie lange willst du so weitermachen?«

»So lange mein Typ noch gefragt ist.«

Auf seine entwaffnende Ehrlichkeit wusste ich nichts zu erwidern. Um mich zu trösten, setzte ich mich am Nachmittag in mein Auto, fuhr nach Starnberg und betrat den elegantesten Schuhladen der Stadt. Dort probierte ich in aller Ruhe jede Menge Schuhe an. Schließlich erstand ich zwei Paar ausgesprochen schicke und teure Treter, die ich mit seinem Scheckbuch bezahlte. Diese Schuhe waren so was von ausgefallen, dass ich sie bestimmt nie tragen würde. Was Schuhe anging, war ich ein äußerst bescheidener Mensch. Bisher hatte ich mir immer nur Fußbekleidungen gekauft, wenn ich dringend welche brauchte, und das waren stets alltagstaugliche Modelle gewesen. Diesmal war mein Schuhkauf eine reine Trotzreaktion.

Im Januar des folgenden Jahres kam mein Mann plötzlich auf die Idee, er müsse nach Frankreich fahren. Außer unserer Hochzeitsreise und dass wir uns gemeinsam mal in Österreich Pferde angesehen hatten, war er noch nie im Ausland gewesen.

»Was willst du denn in Frankreich?«, fragte ich verwundert, als er mir das eröffnete. »Du verstehst ja noch nicht mal die Sprache.«

»Der Albert möchte dort Pferde kaufen, und ich fahre mit, um ihn zu beraten. Wir fahren mit seinem Wagen, weil er da seinen Pferdetransporter anhängen kann.«

Mir gefiel diese Idee ganz und gar nicht. Aus Erfahrung wusste ich jedoch, dass es keinen Zweck hatte, ihm sie ausreden zu wollen. Für die Reise benötigte er einen neuen Personalausweis, und um diesen anfertigen lassen zu können, brauchte er Passbilder. Als er diese beim Fotografen abgeholt hatte, legte er zwei davon vor mich hin: »Hier, damit du gleich ein schönes Foto für Sterbebilder hast.«

Bei diesen Worten gab es mir einen Stich ins Herz. Nach außen aber zeigte ich mich ruppig: »Ach, geh, red doch keinen solchen Blödsinn.«

Am 11. Februar sollte die Reise losgehen und acht Tage dauern. »Und wer hilft mir im Stall? Du weißt genau, dass ich das allein nicht pack'«, war meine besorgte Frage.

»Es kommt ein Betriebshelfer. Ist schon alles geregelt. Am Vorabend kommt er vorbei, damit ich ihn einweisen kann. Dann lernst du ihn kennen.«

»Der macht doch die Arbeit nicht um Gottes Lohn?«

»Natürlich nicht. Den muss ich halt zahlen.«

Dazu gab ich keinen Kommentar, dachte aber im Stillen: Dafür ist Geld da. Als ich aber mal den Wunsch geäußert hatte, in Urlaub zu fahren, da hatte es geheißen: Wo denkst du hin? Wer soll denn die Stallarbeit machen? Daraufhin hatte ich vorgeschlagen, man könne doch einen Dorfhelfer nehmen, denn solche gab es mittlerweile. Da hatte er mich angefaucht: ›Der kostet eine Menge Geld und das haben wir nicht.‹

Am 11. Februar fuhren er und sein Spezi Albert tatsächlich los. Dabei beschlich mich ein ungutes Gefühl. Es war immerhin eine weite Reise für die beiden »unerfahrenen« Bauern, und ich hatte keine Ahnung, wie sicher Albert am Steuer war. Sie mussten ja nicht nur über die Autobahn, sondern auch über einige Berge und noch dazu im Winter.

Nach sechs Tagen kam eine Karte vom Wastl an, die erste Ansichtskarte meines Lebens. Demnach befanden sie sich im Süden von Frankreich und schienen recht gut drauf zu sein. Am siebten Tag aber stand Wastl selbst vor der Tür. »Wie, ihr seid schon zurück? Ich dachte, ihr wolltet acht Tage bleiben.«

»Das mit dem Pferdekauf ging schneller, als wir erwartet hatten. Außerdem wollte ich rechtzeitig zurück sein, um mit dir morgen Geburtstag feiern zu können.«

Mir war nicht klar, ob dahinter wieder eine Hinterfotzigkeit (Schurkerei) steckte oder ob ich gerührt sein sollte. Wirklich gerührt war ich jedenfalls am nächsten Morgen, als mein Angetrauter mit einem Mordsblumenstrauß aufkreuzte: zwanzig weiße Rosen mit einem pinkfarbenen Rand. »Vielen Dank, Wastl. Aber wozu? Heuer werde ich doch bloß 39. Erst im nächsten Jahr ist mein runder Geburtstag.«

»Das geht schon in Ordnung. Was bis nächstes Jahr ist, weiß man nicht.« Da lief es mir kalt den Rücken hinunter.

Am 30. April hatte ich mittags Rouladen gemacht, wie üblich die doppelte Menge, weil er die am Abend gerne aufgewärmt aß. Nach dem Nachtessen blieben wir noch eine Weile ratschend am Küchentisch sitzen, während unser Sohn in der Stube vorm Fernseher hockte. Mit der Zeit wurde mein Mann immer unruhiger, rutschte auf der Bank hin und her und warf immer wieder verstohlene Blicke auf seine Armbanduhr. Auf einmal sprang er auf: »Ich muss noch mal fort.«

»Aber geh, Wastl, es ist gleich 22 Uhr. Da lohnt es sich doch nicht mehr.«

Darauf reagierte er richtig sauer: »Das kannst du doch nicht beurteilen, ob sich das lohnt oder nicht.«

Also ließ ich ihn ziehen. Um mich abzulenken, setzte ich mich noch eine Weile zu unserem Sohn vor den Fernseher. Was es da gab, bekam ich gar nicht mit. Meine Gedanken weilten bei meinem Mann, wie immer, wenn er unterwegs war: Hoffentlich passiert nichts! Um 2 Uhr ging ich endlich zu Bett, konnte aber nicht einschlafen. Ruhelos wälzte ich mich hin und her. Gegen 2.45 Uhr hörte ich ein Auto vorfahren. Es war aber nicht das seine. Ohne Licht zu machen, schaute ich aus dem Fenster, konnte aber nichts erkennen. Schnell zog ich etwas über und öffnete die Haustür, noch ehe die Besucher läuten konnten, um zu verhindern, dass die Hausbewohner geweckt wurden. Zwei Polizisten standen davor. Sie brauchten gar nichts zu sagen, ich wusste, was sie zu berichten hatten. Sechs Tage zu früh, war mein erster Gedanke. Ich legte den Finger auf den Mund und geleitete die Herren in die Stube, in der Sorge, Sohn und Schwiegermutter könnten durch Stimmen im Hausgang geweckt werden. Wir nahmen um den Couchtisch Platz. »Was ist passiert?«, wollte ich nun wissen.

»Ihr Mann hatte um 1.20 Uhr einen Verkehrsunfall. Auf einer Strecke, die leicht bergauf durch einen Wald führt, bremste ein Lkw-Fahrer, weil plötzlich ein Reh aus dem Unterholz sprang. Ihr Mann muss mit voller Geschwindigkeit aufgefahren sein, denn von seinem Wagen gab es keine Bremsspur. Ein nachfolgender Pkw-Fahrer benachrichtigte uns von der nächsten Telefonzelle aus. Wir bestellten einen Sanka und fuhren gleich los. Fast gleichzeitig mit dem Krankenwagen kamen wir an. Obwohl Ihr Mann vorschriftsmäßig angeschnallt war, erlitt er schwere Kopf- und Oberkörperverletzungen. Der Notarzt versuchte, ihn zu reanimieren, aber vergeblich. Er starb noch an der Unfallstelle. Wir ließen ihn nach Weilheim ins Leichenhaus bringen.«

Wie sich das anhörte, »Leichenhaus«! Es wollte mir nicht in den Kopf, dass mein Mann im Leichenhaus liegen sollte, wo er doch knapp fünf Stunden zuvor das Haus quicklebendig verlassen hatte. Ebenso wie die Beamten konnte ich mir nicht vorstellen, wieso er ungebremst auf den Laster aufgefahren war. »Vielleicht hat er einen Herzinfarkt erlitten oder einen Hirnschlag«, dachte ich laut.

»Wenn Sie in diesem Punkt Gewissheit haben wollen, lassen Sie Ihren Mann nach München in die Pathologie bringen, damit er obduziert wird.«

Das wollte ich auf jeden Fall veranlassen. Nachdem die mitfühlenden Polizisten sich verabschiedet hatten, blieb mir die schwere Aufgabe, einer Mutter die Nachricht zu überbringen, dass sie einen Sohn verloren hatte. Aber warum sollte ich die alte Frau mitten in der Nacht aus dem Schlaf reißen? Wenn sie das um 5 Uhr erfuhr, war es noch früh genug.

Um aber mit meinen aufgewühlten Gedanken nicht allein zu sein, rief ich unsere Freunde Herbert und Lena an, die ebenfalls einen Bauernhof besaßen. Obwohl es erst 3.30 Uhr war, traute ich mich. Sie waren so liebe Freunde, die Verständnis für jede Lebenslage aufbrachten. Zwanzig Minuten später waren sie bei mir. Von ihnen erwartete ich in erster

Linie nicht Zuspruch, sondern praktische Hilfe. Während ich noch damit beschäftigt war, ihnen zu berichten, was ich von der Polizei erfahren hatte, schrillte das Telefon. Wer kann das sein, der nachts um 4 Uhr anruft? Mit zitternden Fingern hob ich den Hörer von der Gabel. Eine weibliche Stimme fragte: »Ist Ihr Mann schon zu Hause?«

»Nein. Der kommt auch nicht mehr nach Hause«, antwortete ich mit einer Stimme, die mir selbst fremd vorkam.

»Wer war das jetzt?«, wollte Lena wissen.

»Vermutlich die Frau, die er heute Nacht besucht hatte.«

Nun besprachen wir, wie vorzugehen sei. Herbert wollte sich um einen Betriebshelfer für mich bemühen. Doch ein solcher würde nicht von heute auf morgen abrufbar sein. Deshalb versprachen sie mir, sie würden mir für ein paar Tage ihren Sohn Fabian schicken. Dieser war 19 und mit allen Arbeiten auf einem modernen Hof vertraut. Das Ehepaar blieb bis 5 Uhr. Dann ging ich nach oben, um meine Schwiegermutter zu benachrichtigen. Da ich wusste, dass sie ihre Kammertür stets absperrte, klopfte ich sacht an und beschwor sie leise: »Lass mich rein.«

Wenig später hörte ich, wie der Riegel zurückgeschoben wurde. Vorsichtig schob ich die Tür auf und machte sie ebenso vorsichtig hinter mir zu. Dann legte ich den Finger auf den Mund: »Pst! Sei leise, damit Sebastian nicht aufwacht.«

Meine größte Sorge war nämlich, er könne zusammenbrechen wenn er so unvermittelt vom Tod seines Vaters erfuhr. Denn er hing sehr an diesem.

Mir musste erst etwas einfallen, wie man ihm das schonend beibringen könne. Zunächst aber galt es, meiner Schwiegermutter mitzuteilen, dass ihr Sohn nicht mehr lebte. Sie saß auf der Bettkante, in einem weißen Nachtgewand mit kleinen Blümchen, das lange graue Haar, das sie tagsüber zu einem Knoten zusammengedreht und mit einem Haarnetz gehalten im Nacken trug, war zu einem Pferdeschwanz gebunden und hing wirr um ihren Kopf. So hatte ich sie noch nie gesehen. Dieses Bild habe ich heute noch so vor Augen, als sei es gestern gewesen. Angriffslustig schaute sie mich an, weil ich es gewagt hatte, bei ihr einzudringen. Warum soll ich lange um den heißen Brei herumreden?, dachte ich in dem Moment und schilderte ihr völlig nüchtern, was ich kurz zuvor selbst erfahren hatte: »Die Polizei war da. Sie hat mir mitgeteilt, Wastl sei tödlich verunglückt.« Da sie mich anstarrte, als habe sie nicht verstanden, fügte ich hinzu: »Das habe ich schon lange kommen sehen, wegen seiner nächtlichen Herumfahrerei. Jetzt ist dir alles ausgegangen, was du dir gewünscht hast.«

Zu meiner Überraschung reagierte sie völlig anders, als ich erwartet hatte. Sie weinte nicht, sie brach nicht in Jammern und Wehklagen aus, sondern sie antwortete mit einer Stimme, die klang, als wäre sie nicht die ihre: »Ihr braucht nicht zu gehen. Du hast hier schwer gearbeitet, da werden wir eine Lösung finden.«

Am folgenden Tag wollte sie allerdings nichts mehr von dieser Aussage wissen. Eigentlich überraschte mich das nicht. Nachdem ich meine Nachricht überbracht hatte, muss sie unter Schock gestanden haben, sonst wären ihr solche Worte nicht über die Lippen gekommen.

Bevor ich ihre Kammer verließ, hatte ich sie noch gebeten, ihrem Enkel Sebastian gegenüber nichts vom Tod seines Vaters zu erwähnen. Später muss sie ihren anderen Sohn angerufen haben und ihre Schwester. Denn diesen begegnete ich am Vormittag im Haus.

Fabian, der Sohn unserer Freunde, erschien tatsächlich kurz vor 6 Uhr bei mir im Stall. Nachdem ich ihn eingewiesen hatte, rief ich den Wirt, den Spezi vom Wastl, an, damit er sich um die Pferde kümmere. Das wollte ich Fabian nicht auch noch zumuten, zumal er mit Rössern keine Erfahrung hatte. Den Wirt bat ich, meinen Sohn über den Tod seines Vaters zu informieren. Das muss er in sehr behutsamer Weise getan haben, denn Sebastian wirkte wesentlich gefasster, als ich das befürchtet hatte.

Gegen 7.30 Uhr rief ich das Bestattungsinstitut an. Ein Mitarbeiter erschien kurz nach 8 Uhr und besprach alles Notwendige in ruhiger und sachlicher Weise mit mir. Zunächst sollte Wastls Leichnam nach München in die Pathologie überführt werden. Da wir nicht wussten, wie lange man dort brauchen würde, konnten wir noch keinen Beisetzungstermin festlegen.

Inzwischen blieb mir Zeit genug, um zu meiner Mutter zu fahren. Der Onkel saß gerade am Tisch und löffelte seine Erbsensuppe. Bei meinem Eintreten blickte meine Mutter erstaunt auf. Noch ehe ich ein Wort hervorgebracht hatte, stellte sie mir auch einen Teller Suppe hin. »Du siehst aus, als ob du was zu Essen vertragen könntest.«

»Das stimmt. Heute Nacht habe ich kein Auge zugetan und das Frühstück habe ich total vergessen.«

Wir drei löffelten um die Wette. Zu meiner Verwunderung stellte ich fest, dass ich einen gesegneten Appetit hatte. Dann erst erzählte ich, was in der Nacht vorgefallen war. Die Mutter und ihr Bruder zeigten sich sehr erschüttert. »Und wie soll es weitergehen?«, fragte Ludwig.

»Das weiß ich noch nicht.«

Die Obduktion war schneller beendet als erwartet. Bereits am Nachmittag bekamen wir Bescheid, dass mein Mann weder einen Herzinfarkt noch einen Schlaganfall erlitten hatte. Auch konnte man kein Alkohol im Blut nachweisen. Nun reimte ich mir Folgendes zusammen: Vermutlich hatte er mit seiner Geliebten Streit bekommen. Dafür sprach die Tatsache, dass er sich früher auf dem Heimweg befand als üblicherweise. Auch der besorgte Anruf der Frau in der Nacht um 4 Uhr sprach dafür. Bisher hatte es noch nie einen derartigen Anruf gegeben. Nun vermutete ich, mein Mann war während der Fahrt von der Streitsituation noch so abgelenkt, dass er das Bremsmanöver des Lkw übersah. Was ich als besonders tragisch empfand: Er hätte nur noch 17 Kilometer bis nach Hause gehabt.

Passiert war der Unfall in der Nacht von Montag auf Dienstag, den 1. Mai. An diesem Tag hätten Wastls Rösser den Maibaum ziehen sollen. Stattdessen zogen sie drei Tage später seinen Leichenwagen. Das hatte sein Freund, der Wirt, so organisiert. Als habe mein Mann seinen frühen Tod geahnt, hatte er dem Wirt gegenüber schon vor langer Zeit seine Wünsche bezüglich seiner Beerdigung geäußert: Seine beiden Rappen Donar und Jason sollten den Wagen mit seinem Sarg zum Friedhof ziehen, sein Freund Hilmar aus München sollte auf dem Kutschbock sitzen, und am Grab sollte die Blaskapelle des Ortes spielen. Er hatte auch genau angegeben, welche Stücke das sein sollten.

Es war eine riesige Beerdigung. Es fanden gar nicht alle Trauergäste in der kleinen Dorfkirche Platz. Ich hatte sechshundert Sterbebildchen drucken lassen, davon blieben nur wenige übrig. Von der ganzen Beisetzung bekam ich nicht viel mit, weder vom Requiem noch von den Grabreden. Es kam mir vor, als ob ich neben mir stünde, während es in meinem Kopf hämmerte: sechs Tage zu früh.

Nachdem der Sarg hinabgelassen war, nahmen wir als Angehörige seitlich vom Grab Aufstellung, damit die Trauergäste an uns und am Grab vorbeidefilieren konnten, um dem Verstorbenen die letzte Ehre zu erweisen. Plötzlich waren meine Lebensgeister wieder so weit erwacht, dass ich mir die jüngeren weiblichen Personen genau betrachtete. Nein, es war keine mir unbekannte Frau dabei. Das Bestattungsinstitut hatte nämlich eine Traueranzeige in die Zeitung gesetzt, sodass sämtliche Gespielinnen meines Mannes in weitem Umkreis hätten erfahren können, dass er von uns gegangen war, vorausgesetzt, sie lasen Zeitung. Ich hatte nämlich vermutet, die Frau, die in der Todesnacht so besorgt angerufen hatte, könnte sich unter die Trauernden gemischt haben. Sollte sie wirklich da gewesen sein, so war sie immerhin so taktvoll gewesen, sich im Hintergrund zu halten, und hatte sich nicht bis zum Grab vorgewagt.

Wie es der Brauch ist, waren wir nach der Beisetzung in das Gasthaus hinter der Kirche zum Leichentrunk eingekehrt. Als eine der Ersten hatte ich es danach verlassen und war allein zum Grab gegangen. Es war bereits zugeschaufelt, und alle Kränze und Gebinde waren dekorativ darüber aufgetürmt. Aufmerksam studierte ich alle Schleifen, aber es befand sich kein mir unbekannter Name darunter, auch kein namenloser Kranz.

Verjagt von Haus und Hof

Nachdem ich nochmals das Grab besucht hatte, fuhr ich sofort nach Hause, weil ja der Stall auf mich wartete. Der Betriebshelfer hatte bereits mit der Arbeit begonnen. Es war derselbe, der bereits im Februar bei uns ausgeholfen hatte. Glücklicherweise konnte er bereits zwei Tage nach dem Tod meines Mannes bei uns anfangen, da sein vorheriger Einsatz gerade beendet war.

Nach dem Melken hatte ich noch in der Milchkammer zu tun. Plötzlich stand mein Schwager vor mir, der diese Kammer vermutlich zum ersten Mal in seinem Leben betrat. Er überraschte mich mit der Frage: »Wie sieht's aus? Wann verlässt du den Hof?«

»Muss ich denn wirklich gehen?«, reagierte ich mit einer Gegenfrage. »Du wirkst nicht so, als ob du den Hof übernehmen möchtest, zumal deine Frau eindeutig erklärt hat, sie gehe nicht in den Stall.«

»Das hat damit nichts zu tun. Ihr müsst gehen. Was geschrieben ist, ist geschrieben. Demnach bin ich jetzt der rechtmäßige Besitzer des Hofes.«

»Nicht so hastig, lieber Schwager. Soweit ich mich erinnere, wird mir im Übergabevertrag vom 6. Mai 1981 eine Galgenfrist zugestanden. Innerhalb dieser Zeit wird alles überprüft, dann sehen wir weiter.«

Noch am selben Abend kramte ich die Urkunde hervor, die ich mir zehn Jahre lang nicht mehr angeschaut hatte. Darin stand, dass ich noch ein Jahr mietfrei auf dem Hof wohnen durfte. Beim Weiterlesen nahm ein Passus meine Aufmerksamkeit in Anspruch, dem ich bisher keine Beachtung geschenkt hatte. Demnach standen mir nach zehn Jahren Dienst auf diesem Hof 20 000 Mark in bar zu. Das würde bedeuten, dass ich pro Jahr, in dem ich meine Kraft und meine Zeit in den Betrieb gesteckt hatte, um ihn aufwärts zu bringen, mit 2000 Mark abgespeist werden würde, also mit nicht mehr als einem Trinkgeld.

Auf einmal durchzuckte mich ein Gedanke: Diesen Vertrag musste ich unbedingt Wilhelm vorlegen, einem gemeinsamen Freund von Wastl und mir, der Rechtsanwalt war.

Das tat ich bereits am nächsten Tag. Auch er zeigte sich ziemlich entsetzt, als er das Dokument gelesen hatte. »Das ist ja geradezu sittenwidrig«, empörte er sich. »Ich will sehen, ob wir diesen Vertrag nicht anfechten können. Deshalb werde ich den Bürgermeister einschalten. Zunächst aber solltest du einen Erbschein beantragen. Das ist dein gutes Recht.«

Über die bewusste Passage in der Urkunde war das Ortsoberhaupt ebenfalls erschüttert. So etwas sei ihm noch nie vorgekommen, das sei eine einmalige Situation. Er schaltete den Bauernverband ein, damit dieser prüfe, ob der Vertrag rechtmäßig sei.

Am folgenden Tag, Wally, ich und mein Sohn frühstückten gemeinsam in der Bauernküche, fragte er: »Gell, Oma, ich darf doch bleiben?«

Nie werde ich das Gesicht vergessen, das sie dabei machte, als sie ihm eiskalt antwortete: »Nein, Sebastian, was geschrieben ist, ist geschrieben.«

Wortlos stand er auf, eilte auf sein Zimmer und packte seine Sachen zusammen. Dann verabschiedete er sich von mir – inzwischen befand ich mich allein in der Küche – und zog zu seiner Freundin. Seine Oma Wally hat er in meiner Gegenwart nie wieder erwähnt. Ihr Verhalten hatte ihn deshalb besonders schwer getroffen, weil er doch bisher immer ihr erklärter Liebling gewesen war.

In den folgenden Tagen holte der Wirt seine Pferde ab und stellte sie in seinen eigenen Stall. Seine Frau hatte nämlich in der Zwischenzeit einen Bauernhof geerbt. Diesen hatten sie verpachtet, weil sie ihn nicht bewirtschaften wollten, doch der Pächter benötigte den Pferdestall nicht. Dem Wirt gab ich auch gleich unsere beiden Rösser mit, schließlich hatte ich sie bezahlt. Auch waren sie nicht mehr die Jüngsten und würden eh nicht mehr viel bringen.

Nach sechs Wochen erhielt ich endlich den Erbschein. Darin waren mein Sohn und ich eindeutig als Erben des Kistlerhofes ausgewiesen. Dieses stolze Gefühl sollte ich jedoch nur wenige Tage auskosten dürfen. Denn das Einzige, was bei den Bemühungen meines Rechtsanwalts und des Bürgermeisters herauskam, war die Feststellung, dass gegen den Vertrag nicht anzugehen war. Alles sei hieb- und stichfest, da er von allen drei beteiligten Parteien, also Schwiegermutter, Sohn Barthl und Sohn Wastl, unterschrieben worden war. Damit war auch diese Hoffnung zunichte.

Im Geist begann ich also, von »meinem« Bauernhof Abschied zu nehmen, während ich nach wie vor mit dem Dorfhelfer, den die landwirtschaftliche

Berufsgenossenschaft bezahlte, alle Arbeiten im Stall und auf den Wiesen erledigte. Im Haushalt war ja nicht mehr viel zu tun, ich brauchte nur noch für mich allein zu sorgen. Mein Sohn war ausgezogen, und seine Großmutter wurschtelte oben für sich alleine. Allerdings tauchte ihr Zweitgeborener ab und an auf und versorgte sie offensichtlich mit Lebensmitteln. Im Übrigen schienen die beiden zu konspirieren. Denn Anfang September teilte Barthl mir mit, dass mein Sohn und ich am 27. September beim Notar zu erscheinen hätten. Dort werde der neue Vertrag aufgesetzt, in dem seine Rechte als neuer Eigentümer des Hofes festgehalten werden.

»Was wird denn dann aus dem Hof und vor allem aus dem Vieh?«, war meine Sorge.

»Es wäre mir recht, wenn du die Kühe nach dem Notartermin noch eine Woche versorgen würdest. Dafür zahle ich dir am Tag hundert Mark.«

»Sehr großzügig! Aber das braucht's nicht. Was geschieht danach mit dem Vieh?«

»Dann wird es abgeholt.« Demnach musste er schon eifrig Verkaufsverhandlungen geführt haben.

In der Zwischenzeit war auch ich nicht untätig gewesen. Zwar hätte ich ein ganzes Jahr mietfrei in dem Bauernhaus wohnen dürfen, aber in dieser Atmosphäre wollte ich keinen Tag länger als unbedingt nötig bleiben. Also brauchte ich eine Arbeit, die mich ernährte, durch die ich krankenversichert war und durch die ich mir eine Rente verdienen konnte. Zudem brauchte ich eine neue Unterkunft. Bei meinem Onkel fragte ich gar nicht erst an. Denn als ich ihm den Tod meines Mannes mitgeteilt hatte, erwähnte er mit keiner Silbe, dass ich wieder zurückkommen könne. Das war mir auch ganz recht gewesen. So blieb es mir erspart, ihm erklären zu müssen, warum ich das keinesfalls wollte. Ich verspürte nämlich nicht die geringste Lust, mich wieder unter seine Fuchtel zu begeben. Unter dieser hatte ich lange genug gestanden. Und im Bauernhaus hatte ich nicht nur unter der Fuchtel meines Mannes gestanden, sondern zusätzlich unter der von seiner Mutter. Jetzt bot sich mir endlich die Chance, frei zu sein. Endlich würde ich selbstbestimmt leben und tun und lassen können, was mir beliebte. Ich würde nicht einsam und verlassen sein, ich hatte ja einen großen Freundeskreis, meist Ehepaare, aber auch einzelne Freundinnen. Künftig würde ich mich, wo und wann immer ich wollte, mit ihnen treffen, ohne dauernd Rechenschaft ablegen zu müssen.

Zunächst fragte ich wieder in der Drogerie an, weil es mir dort damals gut gefallen hatte. Der Chef bedauerte es sehr, aber er habe gerade eine neue Verkäuferin eingestellt, und es sei keine weitere Stelle frei. Am folgenden Tag rief eine Frau bei mir an, Brigitte, die ich von der Schule her kannte, denn sie war nur ein Jahr älter als ich. Sie hatte von meinem traurigen Los gehört, das inzwischen Ortsgespräch war, und sie empfand, wie viele andere auch, Mitleid mit mir. Sie stellte mir eine Stelle in dem Fahrradgeschäft in Aussicht, das sie mit ihrem Mann betrieb. In diesem hatten wir auch unsere Räder gekauft. Sie bot mir aber nicht nur einen Job an, sondern auch eine neue Bleibe. Neben dem Laden stand ein winziges Häuschen, das ihr gehörte. Das wäre ja großartig. Dann wäre ich gut untergebracht und hätte keinen weiten Weg zu meinem Arbeitsplatz. Sogleich schaute ich mir beides an, das Geschäft und das Haus. Es war ein richtiges Puppenhäuschen, genau auf mich zugeschnitten. Unten befanden sich Küche, Wohnzimmer und eine Gästetoilette. Unterm Dach waren das Bad und zwei süße Mansardenzimmer. Am liebsten hätte ich sofort zugesagt. Doch ich hatte Bedenken, ob ich der Arbeit im Geschäft auch gewachsen sei. Es bestand ja ein großer Unterschied zu der Arbeit auf einem Bauernhof oder in einer Drogerie. Brigitte wusste meine Bedenken zu zerstreuen: »Das lernst du alles ganz schnell. In ein paar Tagen bist du die perfekte Radl-Verkäuferin und kannst Reparaturen annehmen oder den Leuten Ersatzteile verkaufen.«

Also sagte ich zu. Zum 1. Dezember würde die Wohnung frei sein, und am 1. Dezember sollte ich im Geschäft anfangen. Doch einige Tage nachdem ich Brigitte zugesagt hatte, rief mich der Drogerieinhaber an. Zum 1. Januar könne ich eine Stelle bei ihm haben. Eine Mitarbeiterin gehe dann in Mutterschaftsurlaub und wolle danach nicht wiederkommen. Nun steckte ich in der Zwickmühle. Ich bat mir zwei Tage Bedenkzeit aus. Die Stelle in der Drogerie würde mich schon reizen. Doch ich hatte Brigitte bereits zugesagt. Konnte ich ihr einfach absagen, wo sie doch so nett zu mir gewesen war? Außerdem lockte bei ihr noch die Wohnung. Also sagte ich dem Drogisten schweren Herzens ab. Er aber versicherte mir, wenn es mir in dem Radlladen auf die Dauer nicht gefalle, könne ich jederzeit wieder bei ihm anfangen.

Am 27. September 1991 saßen wir beim Notar, mein Schwager, mein Sohn und ich. Der Urkundsbeamte las den Vertrag vor, den er bereits mit dem Barthl aufgesetzt hatte. Für uns bestand keine Möglichkeit, etwas dafür oder dagegen einzubringen, denn er basierte auf dem Vertrag, den mein Mann zehn Jahre zuvor unterschrieben hatte. Mich wunderte nur, wie kleinlich alles aufgeschrieben war, jedes einzelne Möbelstück, das im Haus verbleiben musste, und jedes Teil, das ich mitnehmen durfte, weil ich es mit meinem Geld bezahlt hatte. Auch war in allen Einzelheiten aufgeführt, wie Barthl in Zukunft für seine Mutter zu sorgen hatte. Erleichtert atmete ich auf, als wir endlich unterschrieben hatten und die Gaudi damit zu Ende war.

Genau eine Woche später fuhr der Viehhändler mit drei großen Viehtransportern vor. Für mich war es ein trauriger Anblick, zu sehen, wie die Kühe aus dem Stall und in den Transporter hineingetrieben wurden. Da konnte ich meine Tränen nicht zurückhalten. Bei der Nachricht vom Tod meines Mannes dagegen hatte ich keine Träne vergossen. Selbst am offenen Grab hatte ich wie versteinert gestanden und keine Träne geweint. Das hier aber war etwas anderes. Den Bauernhof hatte ich mir eingebildet und hatte ihn bekommen. Ich hatte mein Herzblut und viel Energie hineingesteckt. Im Gegensatz zu meinem Mann war der Hof mir immer treu geblieben. Deshalb brach es mir fast das Herz, mitansehen zu müssen, wie alles den Bach runterging.

Während Kuh für Kuh in dem großen Lkw verschwand, stand meine Schwiegermutter auf dem Balkon und sah ungerührt dem Treiben zu. Noch immer sehe ich das hämische Grinsen vor mir, das ich nur allzu gut kannte.

Der Betriebshelfer verließ am selben Tag den Hof. Die ganze Melkanlage inklusive Milchtank wurde am folgenden Tag abgeholt. Das Heu für den kommenden Winter hatte ich unter viel Schweiß und Mühen mit dem Dorfhelfer eingebracht. In den nächsten Tagen kamen immer wieder Bauern, die sich einige Heuballen abholten. Nun war ich froh, dass ich so viel Weitsicht bewiesen hatte, keinen Mais auszusäen, den hätte ich auch nicht mehr ernten können.

Da im Stall für mich nun nichts mehr zu tun war, hängte ich alle Gardinen ab und wusch sie. Während sie auf der Leine flatterten, putzte ich sämtliche Fenster. Danach hängte ich die gebügelten Gardinen wieder auf. Mir sollte niemand nachsagen können, ich habe meine Schwiegermutter im Dreck zurückgelassen.

Dann packte ich nach und nach meine Habseligkeiten in Pappkartons. Schon vor dem 1. Dezember konnte ich diese in das kleine Haus bringen. Eine Freundin half mir dabei. Das Schlafzimmer, das ich für meinen Mann und mich gekauft hatte, würde nicht in meine winzige Wohnung passen. Deshalb wollte ich es Tante Klara schenken, die es gut für eines ihrer Kinder brauchen konnte. Sie wollte es aber keinesfalls geschenkt, deshalb drückte sie mir, als sie es mit ihrem Mann per Kleinlaster abholte, zweihundert Mark in die Hand. Dieses Geld floss mit in die Ablöse, die ich für die Einbauküche zahlen musste. Die 20 000 Mark, die mir mein Schwager zahlen musste, waren zwar nicht die Welt, sie halfen mir aber bei meinem Neustart. Für mein Häuschen kaufte ich mir hübsche passende Möbel nach meinem Geschmack und nähte mir süße Gardinen.

Bevor ich am 30. November aus dem Bauernhaus auszog, putzte ich es noch einmal gründlich vom Speicher bis zum Keller. Danach händigte ich meinem Schwager den Hausschlüssel aus und ließ mir mit Datum quittieren, dass er ihn erhalten hatte.

Monate vorher hatte es mir schon wehgetan, mich von allem zu trennen. Immerhin hatte ich 21 Jahre hier gelebt, länger als in meinem Elternhaus. In dem Moment aber, als ich die Tür hinter mir zuzog, empfand ich eine große Erleichterung.

Bereits am Tag nach meinem Auszug zog der Bruder meines Mannes mit seiner Frau und den beiden Kindern ein. Wie ich erfuhr, hatte er bis dahin schon sämtliche Wiesen und Äcker verpachtet. Er und seine Frau gingen weiterhin ihren erlernten Berufen nach. Schwager Barthl stellte es ganz schlau an, um mich und meinen Sohn um das zu betrügen, was uns laut Übergabevertrag zugestanden hätte. Von der Substanz des Bauernhofes hat er nichts verkauft, er hat nur Felder gegen Baugrundstücke getauscht. Es ist also kein Geld geflossen. Somit gingen mein Sohn und ich leer aus. Jahre später erst, als die gesetzte Frist abgelaufen war, hat er die Baugrundstücke für viel Geld verkauft.

Das waren alles Dinge, die mich im Nachhinein noch belasteten. An dem Tag, als ich das Bauernhaus verließ, konnte ich nicht ahnen, dass es fast zehn Jahre dauern würde, bis ich mich mit der Situation wirklich abgefunden hatte. Was für mich in dieser Zeit zusätzlich eine Belastung bedeutete, war die Tatsache, dass jeder im Dorf um mein Schicksal wusste und mich mitleidig anschaute. Durch die Vertreibung aus dem Bauernhof hatte mein Selbstwertgefühl eh schon einen gewaltigen Knacks bekommen, unter dem ich jahrelang litt und von dem ich mich nur sehr langsam wieder erholte.

Hinzu kam das sonderbare Gefühl, so allein in dem kleinen Haus zu schlafen, obwohl ich mir mein Schlafzimmer ganz süß eingerichtet hatte. Jeden einsamen Abend, bevor mich der Schlaf gnädig umfing, ließ ich immer wieder mein Leben Revue passieren. Als Wastl in mein Leben trat, war ich ja noch so jung und unerfahren gewesen und unfähig, zu begreifen, dass er ein ausgemachter Egoist war. Als die große Liebe meines Lebens hatte ihn unbedingt haben wollen, und niemand konnte ihn mir ausreden. Doch nun war meine Trauer über den Verlust nicht wirklich groß. Ich war ja nicht glücklich mit ihm geworden. Zu keiner Zeit hatte ich ihn für mich allein gehabt, ihn immer mit anderen Frauen teilen müssen. Das hatte schon sehr geschmerzt. Nun genoss ich das Gefühl, solchen Demütigungen und Kränkungen in Zukunft nicht mehr ausgesetzt zu sein. Mein Leben würde in ruhigen Bahnen dahinfließen. Niemand war mehr an meiner Seite, den es zu anderen Frauen hinzog. Nachts brauchte ich nicht mehr zu zittern und zu bangen vor einer schlimmen Nachricht.

Im Radlgeschäft lief es nach einer kurzen Einarbeitungszeit prima, genau wie mir Brigitte das prophezeit hatte. Schon bald aber stand ich immer seltener im Laden und saß immer mehr im Büro hinter dem Schreibtisch. Gewiss, die Arbeit ging mir flott von der Hand und sie machte mir auch Spaß, aber ich spürte, dass dies nicht meine Berufung war. In der Drogerie hatte ich dieses Empfinden ebenfalls gehabt. Doch damals war es etwas anderes gewesen. Da hatte ich noch von der Hoffnung gelebt, dass ich über kurz oder lang Bäuerin sein würde. Nun fehlte mir eine solche Perspektive. Tagaus, tagein würde ich Radl verkaufen oder Büroarbeit machen, bis ich in Rente ging.

Wenn mich der Zufall an meinem verlorenen Bauernhaus vorbeiführte, empfand ich jedes Mal Stiche in der Brust, und wieder musste ich denken: Hätte der Wastl doch nur sechs Tage länger gelebt! Auch dachte ich: Wie das Märchen hat begonnen, so ist es wieder zerronnen.

Selbst wenn ich an anderen Bauernhäusern vorbeikam, ob zu Fuß, per Radl oder mit dem Auto, war mir immer weh ums Herz. Daher traute ich mich bald kaum noch vor die Tür. Ich nahm keine Einladungen mehr an, ich lud niemanden ein, ich gab mich nur noch meinen Depressionen hin. Lustlos erledigte ich meine Arbeit im Geschäft und am Abend verkroch ich mich regelrecht in mein Schneckenhaus. Das blieb nicht ohne Folgen. Immer häufiger litt ich unter Schlaflosigkeit, unter Migräne,

Beklemmungen, Atembeschwerden und Herzrasen. Das waren alles Symptome, die ich bereits zur Genüge kannte. In meiner Verzweiflung suchte ich endlich wieder meinen früheren Klassenkameraden auf, den Dr. Schneider. Inzwischen hatte sich Frau Dr. Obertanner zur Ruhe gesetzt, und Wolfgang war jetzt der Chef der Praxis. Als er mich sah, waren seine ersten Worte: »Dich habe ich eigentlich schon früher erwartet. Wie allen anderen im Ort ist auch mir zu Ohren gekommen, was dir widerfahren ist. Das bleibt nicht in den Kleidern hängen, das geht an die Substanz.«

Diesmal konnten wir uns sämtliche Untersuchungen ersparen. Er überwies mich umgehend an Frau Dr. Paulus. Zu meiner Freude zahlte diesmal die Krankenkasse die ganze Therapie.

Wir beide, die Therapeutin und ich, waren mittlerweile zehn Jahre älter geworden. Zwischen uns bestand jedoch gleich wieder die alte Vertrautheit wie damals. Jede Woche saß ich eine Stunde bei ihr in der Praxis und redete mir alles von der Seele. Von Mal zu Mal ging es mir besser. Dennoch dauerte es zwei Jahre, bis bei mir sämtliche Krankheitssymptome verschwunden waren. Was mir letztlich wirklich über den Berg half, waren ihre Worte: »Schau, Lisi, wenn dein Mann sechs Tage länger gelebt hätte, wärst du zwar Bäuerin auf dem Kistlerhof geblieben, du wärst aber auch nicht glücklich geworden. Mit einer Schwiegermutter im Nacken, die dir nicht wohlgesonnen war, die dich nur zähneknirschend geduldet und die dir dauernd dazwischengefunkt hätte, wären dein Körper und deine Psyche ebenfalls krank geworden.«

Nach Beendigung der Therapie betrachtete ich die Welt und meine Tätigkeit mit ganz anderen Augen. Meine Arbeit wusste ich von Tag zu Tag mehr zu schätzen. Ja, ich freute mich jeden Morgen aufs Geschäft. Ich lud wieder Leute zu mir ein, nahm Einladungen von befreundeten Ehepaaren an und unternahm so einiges mit meinen Freundinnen. Die Welt war auf einmal wieder schön und das Leben lebenswert.

Doch kaum war ich einigermaßen im seelischen Gleichgewicht, traf mich ein neuer Schicksalsschlag. Meine Mutter rief an, sie fühle sich nicht gut. Obwohl sie es nicht wollte, brachte ich sie in die Klinik, wo man einige Untersuchungen machte. Diagnose: Krebs. Sie bestand darauf, dass ich sie wieder mit heimnehme. »Im Krankenhaus bleibe ich nicht. Mein ganzes Leben habe ich in meinem Elternhaus verbracht, dort will ich auch sterben.«

Doch so schnell ging das mit dem Sterben nicht. Anfangs besuchte ich sie nur alle paar Tage, putzte das Haus, machte ihre Wäsche und kaufte für sie ein. Nach zwei Jahren aber war sie nicht mehr in der Lage, aufzustehen. Onkel Ludwig, den man mit 62 Jahren in Rente geschickt hatte, weil die Filiale seiner Firma endgültig dichtgemacht hatte, kümmerte sich rührend um seine Schwester. Auch mein Bruder half bei der Betreuung mit, so gut er das neben seiner Berufstätigkeit konnte. Zur Entlastung der beiden fuhr ich jeden Tag hin, um die Dinge zu erledigen, mit denen die Mannsbilder nicht so gut klarkamen. Ich kochte, ich fütterte die Mama, ich übernahm ihre Körperpflege. In den letzten

Wochen saß ich oft stundenlang an ihrem Bett. Meist hielt sie die Augen geschlossen und atmete schwer. Manchmal aber riss sie die Augen auf und öffnete den Mund, als ob sie etwas sagen wolle. Sie atmete einige Male besonders heftig und presste die Lippen gleich wieder aufeinander, um doch kein unbedachtes Wort hinauszulassen. Wenn ihr Sohn die Wache an ihrem Bett übernommen hatte, verhielt sie sich genauso.

Bis zu seinem neunten Lebensjahr hatte mein Bruder geglaubt, mein Vater sei auch der seine. Treu und brav war er immer zur Grabpflege mit uns auf den Friedhof gegangen. Nachdem er aber in der Schule Aufklärungsunterricht genossen hatte, betrachtete er aufmerksam die Inschrift auf dem Grabstein und fing an, zu rechnen. So kam er dahinter, dass mein Vater gar nicht sein Vater sein konnte, weil dieser bereits 1954 gestorben war.

»Wer ist mein Vater?«, fragte er damals unvermittelt am Grab. Die Mutter bekam einen hochroten Kopf und fing, an zu stottern. Dann speiste sie ihren Sohn mit der Ausrede ab, sein Vater sei ebenfalls vor langer Zeit gestorben. Damit gab sich mein Bruder vorerst zufrieden. Jahre später machte er immer wieder zaghafte Vorstöße in diese Richtung, doch Mutter schwieg. Dann kam Stefan auf die Idee, von mir die Wahrheit zu erfragen. Doch ich konnte ihm beim besten Willen nicht die gewünschte Auskunft geben.

Nun warteten wir alle darauf, dass die Mama auf dem Sterbebett endlich das Geheimnis um Stefans Vater lüftete. Doch am 27. Juni 2001 tat sie ihren letzten Atemzug und nahm ihr Geheimnis mit ins Grab.

Nach der Beerdigung saßen Ludwig, mein Bruder und ich noch beisammen. Plötzlich kam mir eine Idee: »Onkel Ludwig, weißt du eigentlich, woher meine Mutter das Kind hatte?«

»Nein, darüber weiß ich ebenso wenig wie du«, war seine ehrliche Antwort. »Einige Male habe ich ihr gut zugeredet, sie solle es ihrem Buben endlich sagen. Für ihn wäre es doch wichtig, etwas über seine Herkunft zu wissen. Aber sie hat sich immer darüber ausgeschwiegen.«

Nun formulierte ich meine Frage anders: »Kannst du dir vielleicht denken, wer als Stefans Erzeuger infrage kommt?«

»Nein, ich habe nicht die leiseste Ahnung. Ich war ja immer den ganzen Tag in der Arbeit. Deshalb kann ich nicht wissen, ob sie sich heimlich mit einem Verehrer getroffen hat oder ob sie Herrenbesuch hatte.«

Bei dem Wort »Herrenbesuch« machte es bei mir Klick: »Da müsste schon einer vormittags gekommen sein, denn am Nachmittag war ich ja immer daheim.«

»Dass sie vormittags jemanden getroffen haben könnte, halte ich für ausgeschlossen. Da musste sie doch für uns kochen und die Gästezimmer in Ordnung bringen.«

Das Wort »Gästezimmer« brachte mich erneut ins Grübeln: »Vielleicht hat sie mit einem der Gäste ein Verhältnis gehabt.«

Nun gingen wir im Geiste unsere damaligen Sommerfrischler durch. Doch schon bald meinte der Onkel: »Nein, ein Gast kommt nicht infrage. In der fraglichen Zeit beherbergten wir doch immer Ehepaare. Die Frauen haben bestimmt aufgepasst, dass ihre Ehemänner keine Dummheiten machten. Außerdem waren das Stammgäste. Die wären gewiss nicht wiedergekommen, wenn einer ein lebendiges Souvenir hinterlassen hätte.«

Bei dem Wort »Stammgäste« machte es bei mir abermals Klick: »In dem Jahr vor Stefans Geburt haben drei Wochen lang zwei Studenten bei uns gewohnt. Ich erinnere mich deshalb so gut daran, weil einer von den beiden immer wieder mal Federball mit mir gespielt hat.«

Das machte den Onkel hellhörig: »Wann genau habt ihr Federball gespielt?«

»Das war nach dem Mittagessen, wenn Opa seinen Mittagsschlaf machte. Die Mama hatte dann in der Küche zu tun. Damit ich mich in der Zeit nicht langweilte, hat sich der Tobias erbarmt und mit mir gespielt.«

»Und was war mit dem anderen?«, hakte Onkel Ludwig nach.

»Der kam nie runter. Deshalb habe ich Tobias einmal gefragt, warum er nicht mit seinem Freund spiele. Der habe keine Zeit, der müsse sich für sein Examen vorbereiten, hatte er mir erklärt.«

Ludwig lachte schallend los: »Jetzt ist mir klar, wie er sich für sein Examen vorbereitet hat. Vielleicht kannst du dich noch an den Namen des Freundes erinnern?«

»Ja, er hieß Stefan.«

»Natürlich! Zum Andenken an ihre Liebschaft hat sie ihr Kind Stefan genannt.«

»Mit dieser Vermutung liegst du wahrscheinlich richtig. Diese beiden Burschen sind danach nie wieder bei uns aufgetaucht«, erinnerte ich mich.

Wir waren richtig stolz auf uns, dass wir mit detektivischem Spürsinn das große Rätsel geknackt hatten.

»Warum hat unsere Mutter ein so großes Geheimnis um die Vaterschaft gemacht?«, schaltete sich nun mein Bruder ein. »Ist doch klar«, antwortete der Onkel. »Ihr wäre es furchtbar peinlich gewesen, vor ihren Kindern bekennen zu müssen, dass sie als 33-Jährige ein Bübchen von zwanzig Jahren verführt hat. So muss es gewesen sein. Denn der junge Student hätte sich vermutlich nicht getraut, mit seiner Vermieterin anzubandeln.«

»Vielleicht fällt dir noch der Familienname des jungen Mannes ein«, forschte mein Onkel weiter.

»Die Nachnamen der beiden Freunde hatte ich nicht erfahren, ich wusste auch nicht, woher sie kamen. Die Mutter hatte ein Heft geführt, in dem sie stets notierte, für welche Zeit die Gäste angemeldet waren. Doch ich habe nie einen Blick in das Heft geworfen. Als sie 1973 mit dem Vermieten aufhörte, hat sie es wahrscheinlich weggeworfen.«

Gewiss, es ist traurig, wenn man seine Mutter verliert, noch dazu, wenn man sie leiden sieht und in eine anstrengende Pflege eingespannt ist. Erstaunlicherweise blieb ich in dieser ganzen Zeit und auch danach psychisch stabil. Dann folgten ausgesprochen schöne Zeiten für mich. Im Jahre 2002 heiratete mein Sohn, und im Jahr darauf kam Lea, mein süßes Enkelkind, und ich war eine begeisterte Oma.

Seit Mamas Tod schaute ich nur noch selten bei Onkel und Bruder vorbei, dafür besuchte ich aber umso öfter meine Enkelin oder lud sie zu mir ein. In meinem Elternhaus herrschte nun eine reine Männerwirtschaft. Aber sie kamen gut zurecht. Im Jahre 2007 fasste Ludwig den Entschluss, seinen Neffen Stefan zu adoptieren. Diesen hatte er von klein auf ins Herz geschlossen. Seit er ihm aber das Leben gerettet hatte, fühlte er sich für ihn noch mehr verantwortlich. Die Adoption ging schnell und unkompliziert über die Bühne, weil Stefan erwachsen war und es niemanden gab, der seine Einwilligung hätte geben müssen. Da mein Bruder Mamas Mädchennamen trug, änderte sich auch in diesem Punkt nichts, denn das war ja auch der Nachname meines Onkels. Zwei Jahre nach der Adoption erkrankte der Onkel an Knochenkrebs. Das machte ihm zwar zunehmend Beschwerden, aber er war immer noch auf den Beinen und konnte so einiges selbst tun. Dennoch kümmerte sich sein Adoptivsohn liebevoll um ihn. Er kaufte für ihn ein und hielt ihm die Wohnung sauber. Wenn er von der Arbeit kam, war sein erster Gang in Ludwigs Zimmer. Eine Folge von Onkel Ludwigs Erkrankung war, dass er sich immer schwerer mit dem Atmen tat. Deshalb besorgte Stefan ihm ein Atemgerät, das der Kranke bei Bedarf selbst anschließen konnte.

Als mein Bruder an einem Samstag im Februar 2011 kurz nach 14 Uhr nach Hause kam, fand er die Haustür verschlossen vor. Das beunruhigte ihn sehr. Normalerweise schloss sein Adoptivvater die Tür gegen 9.30 Uhr auf, drehte eine Runde ums

Haus und sperrte sie nicht wieder zu. In großer Sorge stürmte Stefan die Treppe hinauf und fand den Onkel quer über dem Bett liegend regungslos vor. Er war ganz blau im Gesicht, und das Atemgerät stand so neben ihm, als habe er es anschließen wollen. Sofort rief mein Bruder den Hausarzt an und dann mich. So schnell ich konnte, eilte ich herbei und traf fast gleichzeitig mit dem Hausarzt ein. Dieser benachrichtigte umgehend die Polizei. Dazu ist er verpflichtet, wenn jemand allein in seiner Wohnung stirbt. Die Beamten stellten fest, dass der Onkel eines natürlichen Todes gestorben war, deshalb verzichteten sie auf eine Obduktion. Der Arzt vermutete als Todesursache einen Gehirnschlag und füllte den Totenschein entsprechend aus.

Nach der Beerdigung gab es keine Erbauseinandersetzungen, da mein Bruder als Adoptivsohn Alleinerbe war. Nun zeigte sich, dass er ein ganz feiner Kerl ist. Ihm tat es leid, dass ich in einem fremden Haus zur Miete wohnen musste, während er in den Genuss kam, in des Onkels Haus mietfrei zu wohnen. Deshalb bot er mir an, ich könne wieder in mein Elternhaus einziehen und brauche keine Miete zu zahlen. Vorher aber wollte er es umbauen, sodass zwei separate Wohnungen entstünden. Diese Idee fand ich nicht schlecht. So lange ich in dem Fahrradgeschäft arbeitete, wollte ich sowieso noch in meinem Häuschen bleiben.

Ein halbes Jahr nach Onkel Ludwigs Tod heiratete mein Bruder seine Tanja, ein sehr sympathisches Mädchen, das an einem Gymnasium in Starnberg unterrichtete. Anderthalb Jahre später war der Umbau fertig, gerade rechtzeitig, als ich in Rente ging. Da ich eine künstliche Hüfte bekommen hatte, durfte ich bereits mit 61 Jahren in Ruhestand gehen.

Wehmütig nahm ich vom Fahrradladen und meinem kleinen Häuschen Abschied. Gleichzeitig freute ich mich darauf, wieder ins Elternhaus einziehen zu können. Jetzt geschah das unter ganz anderen Vorzeichen. Mein Bruder würde mir keine Vorschriften machen. Wir begegneten uns auf Augenhöhe und sahen uns als gleichberechtigte Partner. Er überließ mir die Wohnung im Erdgeschoss und zog selbst in die erste Etage. So kamen wir einander nicht in die Quere.

Der geheimnisvolle Koffer

Einige Tage, nachdem ich ins Elternhaus zurückgekehrt war, kam mein Bruder auf die Idee, den Dachboden zu entrümpeln. Seit er nicht mehr als familiäres Sommerlager genutzt wurde, hatte sich so manches Überflüssige angesammelt. Stefan stieg also nach oben, während ich im Esszimmer bügelte. Einige Male hörte ich ihn auf der Treppe rumpeln, als er Gegenstände nach unten schleppte.

Nachdem ich mit Bügeln fertig war, kam Stefan gerade wieder die Treppe herunter. Da lud ich ihn zu einer Tasse Kaffee ein.

»Schau mal, was ich gefunden habe!« Stolz präsentierte er mir einen Gegenstand.

»Ach, nur einen alten Koffer«, stellte ich geringschätzig fest. »Den kannst du gleich zum Sperrmüll stellen.«

»Nicht so hastig, Schwesterchen. Heb ihn mal an.«

Das tat ich und war überrascht, wie schwer dieser kleine Pappkoffer mit den braunen Lederecken war. »Von außen macht er nicht viel her, aber er hat es in sich«, konstatierte ich.

»Vielleicht sind ja Gold oder Edelsteine darin«, scherzte mein Bruder.

Nachdem wir genüsslich unseren Kaffee getrunken hatten, wuchtete er den Koffer auf den Esstisch.

Obwohl die Schlösser schon ziemlich verrostet waren, schnappten sie ohne Mühe geräuschvoll auf. Was erblickten wir? Papiere, nichts als Papiere. Enttäuscht wollte mein Bruder ihn schon wieder zuklappen und in den Hof zu dem anderen Gerümpel stellen.

»Halt!«, rief ich. »Nicht so schnell. Die Papiere muss ich zumindest durchsehen. Vielleicht ist etwas Wichtiges dabei.«

»Meinetwegen. Während du in den vergilbten Blättern wühlst, mache ich auf dem Dachboden weiter.«

Das passte mir genau. So konnte ich alles ungestört in Augenschein nehmen. In einem Kuvert, das obenauf lag, fand ich den Ahnenpass meiner Mutter und eine Ahnentafel, die sie sorgfältig ausgefüllt hatte. Beides war für mich hochinteressant. In einer stillen Stunde würde ich mich näher damit beschäftigen. Jetzt wollte ich erst mal weiter auf Entdeckungsreise gehen. Ich fand drei Packerl Briefe, alle fein mit rosa Bändchen zusammengebunden. In dem einen befanden sich die Liebesbriefe meines Vaters an meine Mutter, in einem anderen die Liebesbriefe meiner Mutter an meinen Vater. Das dritte Bündel enthielt Liebesbriefe von verschiedenen Verehrern an meine Mutter. Ich nahm mir nicht die Zeit, sie zu lesen. Das konnte ich später immer noch tun. Als Nächstes entdeckte ich zwei Fotoalben, die hatte mein Onkel aus alten Familienfotos fein säuberlich zusammengestellt. Auf dem einen prangte in Kunstschrift »Für Lisi«, auf dem anderen stand »Für Stefan«. Diese Alben musste meine Mutter in den Koffer gelegt haben. Meinen Lehrvertrag fand ich ebenfalls. Darüber hinaus sämtliche Belege über Mamas Witwenrente. Damals waren Zahlungen nämlich noch nicht über ein Bankkonto erfolgt, sondern der Postbote brachte sie jeden Monat ins Haus. Dann entdeckte ich Mamas Korrespondenz mit dem Jugendamt in Sachen ihres ledigen Kindes. Demnach hatte man ihr das alleinige Sorgerecht übertragen. Die Entdeckung, die ich in diesen Schreiben machte, war für mich so aufregend, dass ich durchs ganze Treppenhaus schrie: »Stefan, komm mal schnell runter!«

»Wo brennt's denn, Schwesterchen?«, fragte er, als er atemlos im Esszimmer erschien.

»Da, schau dir das mal an.«

Beim Durchlesen wurde er zusehends nervöser und konnte allmählich meine Aufregung verstehen. »Das ist ja eine Entdeckung! Nun hat mein Vater wenigstens einen Familiennamen und eine Adresse.«

Der nächste Packen, der uns in die Hände fiel, waren die Belege über bezahlte Alimente des Kindsvaters. »Na, da hat er für das bisschen Vergnügen ganz schön blechen müssen«, stellte Stefan fest. Meine Gedanken wanderten aber schon weiter: »Möchtest du, dass ich deinen Vater ausfindig mache?«

»Was soll das bringen?«

»Ja, du bist gut. Erst hast du unbedingt wissen wollen, wem du dein Leben verdankst, jetzt sollte dich auch interessieren, was für ein Mensch dein Vater ist, was er beruflich macht, ob er Familie hat. Das ist doch alles sehr aufregend.«

»Wenn du meinst, dann schreib ihm halt. Mich würde lediglich sein Gesundheitszustand interessieren und ob es Erbkrankheiten in seiner Familie gibt, damit ich mich darauf einstellen kann.«

Noch am selben Abend setzte ich ein entsprechendes Schreiben auf, adressierte es an den unbekannten Vater und warf es am nächsten Morgen in den Postkasten. Eigentlich rechnete ich damit, dass es zurückkommen würde mit dem Vermerk »Empfänger unbekannt«. Dann bliebe mir immer noch die Möglichkeit, mich an die Behörden zu wenden. Die würden ihn mit Sicherheit ausfindig machen können.

Wie überrascht war ich daher, als mich nach sechs Tagen ein himmelblauer Brief erreichte mit der Handschrift einer Frau. Demnach stimmte die alte Adresse noch. Die Frau bedankte sich geradezu herzlich dafür, dass ich Kontakt aufgenommen hatte. Wörtlich schrieb sie: »Wir haben fünfzig Jahre darauf gewartet, dass Stefan sich meldet.«

Unter anderem schrieb sie, sie hätten einen Sohn, der 1971 geboren worden sei. Demnach hat Stefan einen Halbbruder, der zehn Jahre jünger ist als er.

Über die Familie seines Vaters will mein Bruder seither alles erfahren, aber er will keinen Kontakt mit ihm aufnehmen. Diesen Kontakt pflege ich seitdem umso gründlicher. Fast jede Woche ratsche ich mit der Frau seines Vaters ausgiebig am Telefon. Dass mein Bruder sich scheut, seinen Vater kennenzulernen, erkläre ich mir so: Zeit seines Lebens hat er in seinem Onkel Ludwig die Vaterfigur gesehen. Nun möchte er nicht, dass dieses Bild durch einen anderen verdrängt wird.

Aber ich bin schon zu weit vorausgaloppiert. Ich muss wieder zurück zu dem geheimnisvollen Koffer. Durch diesen wurde noch ein weiteres Geheimnis gelüftet, eines, das mit dem Tod meines Vaters zu tun hat. In einem Briefumschlag, der ganz zuunterst in dem Koffer lag, befand sich seine amtliche Sterbeurkunde. Darauf war vermerkt: »Todesursache: Grundleiden Pistolendurchschuss am Schädel mit schwerer Gehirnverletzung. Leiche überführt am 30. Juli 1954.«

Nach dem Lesen dieser wenigen Zeilen war ich ganz benommen. Das kann doch nicht wahr sein! Das ist doch nicht möglich! Bis dahin war mein Vater für mich durch einen Autounfall umgekommen. Als Nächstes fand ich einen kleinen Zeitungsbericht:

Der 23-jährige Kraftfahrer Kaspar Poldinger aus Ulm wurde von der Polizei nahe der Autobahn zwischen Günzburg und Burgau lebensgefährlich verletzt aufgefunden. Er hatte sich eine Kugel durch den Kopf geschossen. Poldinger soll in Ulm 1000 DM unterschlagen haben.

Diese Notiz erschütterte mich noch mehr. Demnach war mein Vater nicht nur ein Selbstmörder, sondern auch ein Betrüger gewesen. Der Umschlag enthielt auch die Korrespondenz, die meine Mutter mit dem Arbeitgeber meines Vaters geführt hatte. Mit zitternden Fingern entfaltete ich den obersten Brief. Er war vom 4. August 1954.

Sehr geehrter Herr Direktor Fellmann!
Heute wurde mir ein kleiner Zeitungsausschnitt aus der Süddeutschen Zeitung vom 1. August 1954 in die Hände gespielt. Aus diesem geht hervor, dass mein Mann bei Ihrer Firma tausend Mark unterschlagen haben soll. Davon hatte ich keine Ahnung. Ihr Mitarbeiter, Herr Theo Klein, der mit meinem Mann befreundet war und der an der Beerdigung teilnahm, hat von diesem Vorfall kein Wort erwähnt. Deshalb an Sie meine Bitte um Aufklärung, ob das wirklich den Tatsachen entspricht. Wenn dem wirklich so ist, bedauere ich das zutiefst. Damit hätte ich dann eine Erklärung für seine Tat. Denn bis jetzt tappte ich in dieser Hinsicht völlig im Dunkeln.
Hochachtungsvoll
Rosina Poldinger

Der nächste Brief stammte vom Geschäftsführer der Firma.

Ulm, den 6. August 1954

Sehr geehrte Frau Poldinger!
Der bedauerliche Vorfall, der sich mit Ihrem Mann ereignet hat, hat auch mir große Sorgen bereitet. Er hat das kassierte Geld der gesamten Lieferungen vom Samstag, einen Betrag von 800 DM, nicht abgeliefert. Nachträglich hat sich noch herausgestellt, dass er die Geschäftsleitung auch dadurch vorsätzlich getäuscht hat, dass er angeblich bei verschiedenen Wirten für besondere Veranstaltungen Kisten mit Getränken hinterstellt hat. In Wirklichkeit war

das aber nicht der Fall. Er hat diese Getränke verkauft und das Geld für sich behalten, sodass wir einen zusätzlichen Verlust von 2300 DM zu verzeichnen haben. Wie nun ans Licht kam, hat er das Geld mit einem Frauenzimmer durchgebracht, das ihn wohl ausgenutzt hat.

Ihr Mann war ein durchaus begabter Verkaufsfahrer und hat bis zu seinem Weggang seinen Dienst stets ordentlich versehen und ist auch von den Abnehmern gelobt worden. Deshalb ist es dem Touren- und Verkaufsleiter bedauerlicherweise nicht aufgefallen, dass er sich in seinem Privatleben zu einem Verhalten hinreißen ließ, das weder seiner Lage als Familienvater noch dem Ansehen der Firma entsprach.

Aber es hat keinen Wert mehr, sich darüber groß Gedanken zu machen. Er hat sein Schicksal selbst bestimmt, und für Sie als Ehefrau mit einem vaterlosen Kind ist die Lage schon schlimm genug. Also möchte ich Ihnen das Herz nicht weiter schwer machen.

Ich hatte angenommen, dass Herr Klein, der ja bei der Beerdigung anwesend war, Sie über die Zusammenhänge informiert hat. Wie ich aber Ihren Zeilen entnehme, ist das anscheinend nicht geschehen. Lediglich auf Ihre Bitte hin habe ich Ihnen die gewünschte Aufklärung gegeben.

Ich wünsche Ihnen von Herzen alles Gute und grüße Sie hochachtungsvoll
Hans Mitterer, Geschäftsführer

Von diesem Brief war ich so erschüttert, dass ich erst mal eine Lesepause einlegen musste. Zunächst konnte ich kaum glauben, was da in dem Schreiben stand. Deshalb las ich es ein zweites Mal. Erst dann nahm ich den Antwortbrief meiner Mutter zur Hand.

8. August 1954

Sehr geehrter Herr Mitterer!
Für die schnelle Erfüllung meiner Bitte, mir auf mein an die Firma gerichtetes Schreiben Antwort bzw. Auskunft zu geben, sage ich Ihnen meinen besonderen Dank. Den Inhalt Ihres Briefes vom 6. August konnte ich kaum fassen.

Mein Mann hing sehr an seiner Familie und war immer bestrebt, sich in seiner Tätigkeit noch mehr emporzuarbeiten, um für sich und seine Familie mit der Zeit in Ulm eine Lebensexistenz zu gründen. Schon deshalb wird mir sein Handeln ein Rätsel bleiben.

Sie dürfen mir glauben, dass ich von den erwähnten achthundert Mark nichts gesehen habe und es mir unerklärlich ist, wo das viele Geld in den wenigen Tagen geblieben ist. Ganz zu schweigen von der anderen genannten Summe.

Mein Mann hatte für seinen Lebensunterhalt in Ulm reichlich Geld zur Verfügung. Denn er musste nur einen geringen monatlichen Beitrag zu meinem elterlichen Haushalt dazugeben, den ich seit dem Tode meiner Mutter schon jahrelang führe. Dies war für mich hinsichtlich seines Wohlergehens stets eine

Beruhigung, nachdem ich ihn leider nicht selber täglich umsorgen konnte.

Unsere Ehe war bis zur letzten Stunde eine sehr glückliche. Und gerade deshalb bin ich zutiefst erschüttert über das Schicksal, das meinen lieben Mann, der auch sein Töchterchen abgöttisch liebte, auf solche Abwege geraten ließ.

Ich kann mir nicht erklären, warum mich Herr Klein, der mit meinem Mann sehr befreundet war, nicht über die ganzen Zusammenhänge informiert hat.

Für Ihre guten Wünsche innig dankend, grüße ich Sie hochachtungsvoll
Rosina Poldinger

Meine arme Mutter, wie muss sie gelitten haben! Was muss es sie an Überwindung gekostet haben, all diese Dinge jahrzehntelang zu verschweigen. Ich empfinde es als sehr rücksichtsvoll, dass sie mir, ihrem Kind, über die vielen Jahre das Idealbild eines Vaters aufgebaut und erhalten hat. Damit hat es sich für mich doch leichter gelebt, als wenn ich die grausame Wahrheit gekannt hätte. Erstaunlich war für mich, dass in der langen Zeit nichts davon zu mir durchgesickert ist. Wahrscheinlich dachte jeder, ich kenne die Geschichte, und hielt es nicht für nötig, darin herumzurühren. Dann nahm ich den letzten Brief aus dem Kuvert zur Hand. Er stammte aus der Feder meiner Großtante Bärbel.

4. August 1954

Sehr geehrte Frau Poldinger!
Wir alle sind zutiefst erschüttert über das tragische Ende meines Neffen Kaspar. Heute bekam ich von meinem Neffen Hans aus München beiliegenden Ausschnitt vom 1. August 1954 aus der Süddeutschen Zeitung zugeschickt. Daraus können Sie ersehen, wie Ihr Mann wirklich ums Leben gekommen ist. Im Dorf hat man natürlich keine Ahnung davon, denn in der örtlichen Zeitung war zum Glück nur von einem tragischen Autounfall die Rede.

Nun meine Bitte: Erzählen Sie niemandem, wie Ihr Mann wirklich zu Tode gekommen ist. Das muss unser Familiengeheimnis bleiben. Besonders für Ihr Kind ist es wichtig, dass wir den wahren Sachverhalt verschweigen. Für das arme Kind wäre es sehr schwer, wenn es mit dieser Hypothek leben müsste. Ich nehme an, Sie haben mich richtig verstanden.
Hochachtungsvoll
Barbara Poldinger

Die gute Tante Bärbel! Ihr hatten wir es also zu verdanken, dass niemand im Dorf den wirklichen Sachverhalt kannte. Und das war gut so gewesen.

Was mich allerdings bei Ihrem Schreiben an meine Mutter erstaunte, sie hatte es nicht fertiggebracht, sie mit Vornamen anzusprechen und sie zu duzen, obwohl sie die angeheiratete Nichte war.

Irgendwie glichen sich die Lebensmuster von meiner Mutter und mir. Sie hatte einen treulosen Ehemann, der wegen einer Geliebten seinem Leben ein Ende setzte, und mein treuloser Ehemann verlor sein Leben, als er auf dem Heimweg von seiner Geliebten war.

Dass Mamas Briefe noch erhalten sind, ist dem Umstand geschuldet, dass sie die Angewohnheit hatte, jedes Schreiben zweimal handschriftlich zu verfassen, einmal für den Adressaten und einmal für sich, denn eine Schreibmaschine, mit der man hätte einen Durchschlag machen können, besaß sie nicht.

Mit dem Durchstöbern dieses Koffers hat mein Bruder seinen Vater gefunden, ich aber habe den meinen verloren, zumindest den Vater, wie er in meiner Vorstellung existierte, den lieben, den treuen, den guten Mann, der nur für seine Familie da war, angeblich genommen durch einen Unfall. An der Erkenntnis, dass das Bild meines Vaters einen solchen Riss bekommen hatte, knabberte ich noch sehr lange.

Dennoch bin ich froh, dass ich die Wahrheit erfahren habe. Ich bin überzeugt davon, dass meine Mutter, die ihr Leben lang so vieles geheim gehalten hat, wollte, dass wir Kinder die Wahrheit posthum erfahren. Sonst hätte sie die Dokumente beizeiten vernichtet. Dies waren nämlich die einzigen Briefe, die von ihr erhalten geblieben sind, alle anderen fehlten. Für sie wäre es ein Leichtes gewesen, alles in den Ofen zu schieben, als sie sich zu Beginn ihrer Krankheit noch frei im Haus bewegen konnte.

Sie hatte nicht die Kraft gehabt, uns die Wahrheit selbst zu sagen, weil sie unsäglich gelitten haben muss. Deshalb hat sie den Weg über den alten Koffer gewählt.

Heute bin ich glücklich, dass ich wieder in meinem Elternhaus leben darf und dass ich so nah bei meinem Bruder und seiner Frau wohne. Beide sind liebe Menschen, mit denen ich mich ausgezeichnet verstehe, und wir helfen uns gegenseitig in allen Lebenslagen.

Wenn ich Rückblick auf mein Leben halte, muss ich zugeben, dass ich zufrieden sein kann. Alle meine Mädchenträume haben sich erfüllt. Ich habe meinen Traummann bekommen, einen Sohn und ein reizendes Enkelkind. Auch der Traum, Bäuerin zu werden, hat sich erfüllt, wenn daraus später auch ein Albtraum geworden ist.

Mit meinem Leben als Single bin ich rundum zufrieden. In den verflossenen Jahren hat es einige Männer gegeben, verwitwete, geschiedene und ledige, die mit mir anbandeln wollten. Doch ich habe allen die kalte Schulter gezeigt. Die seelischen Verletzungen, die mir mein Mann zugefügt hat, sitzen so tief, dass ich nie wieder durch einen Mann in eine solche Lage kommen will. Außerdem bleibt mir auf diese Weise eine Schwiegermutter erspart.

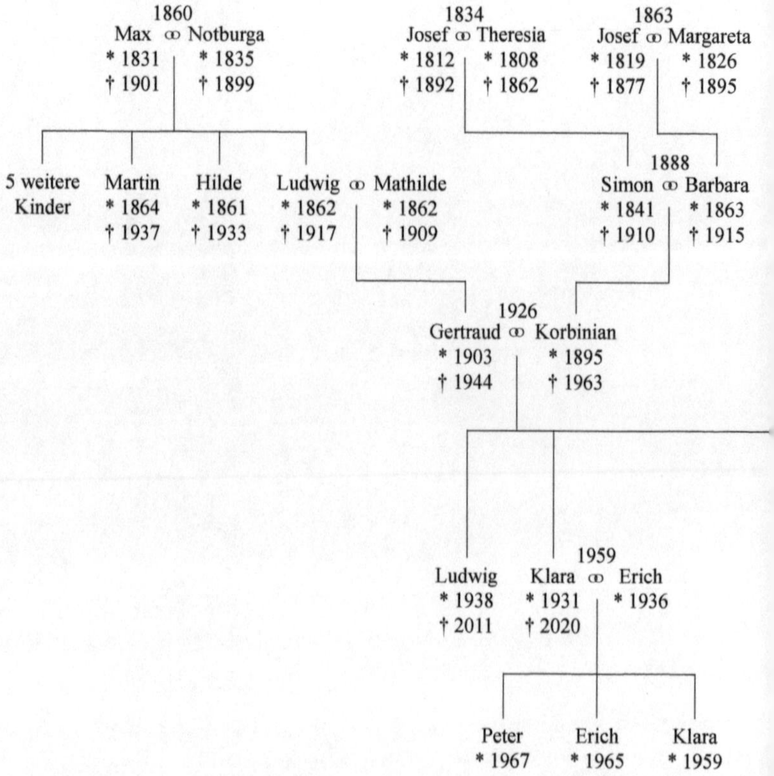
1860
Max ⚭ Notburga
* 1831 * 1835
† 1901 † 1899
1834
Josef ⚭ Theresia
* 1812 * 1808
† 1892 † 1862
1863
Josef ⚭ Margareta
* 1819 * 1826
† 1877 † 1895
5 weitere Kinder
Martin
* 1864
† 1937
Hilde
* 1861
† 1933
Ludwig ⚭ Mathilde
* 1862 * 1862
† 1917 † 1909
1888
Simon ⚭ Barbara
* 1841 * 1863
† 1910 † 1915
1926
Gertraud ⚭ Korbinian
* 1903 * 1895
† 1944 † 1963
Ludwig
* 1938
† 2011
1959
Klara ⚭ Erich
* 1931 * 1936
† 2020
Peter
* 1967
Erich
* 1965
Klara
* 1959

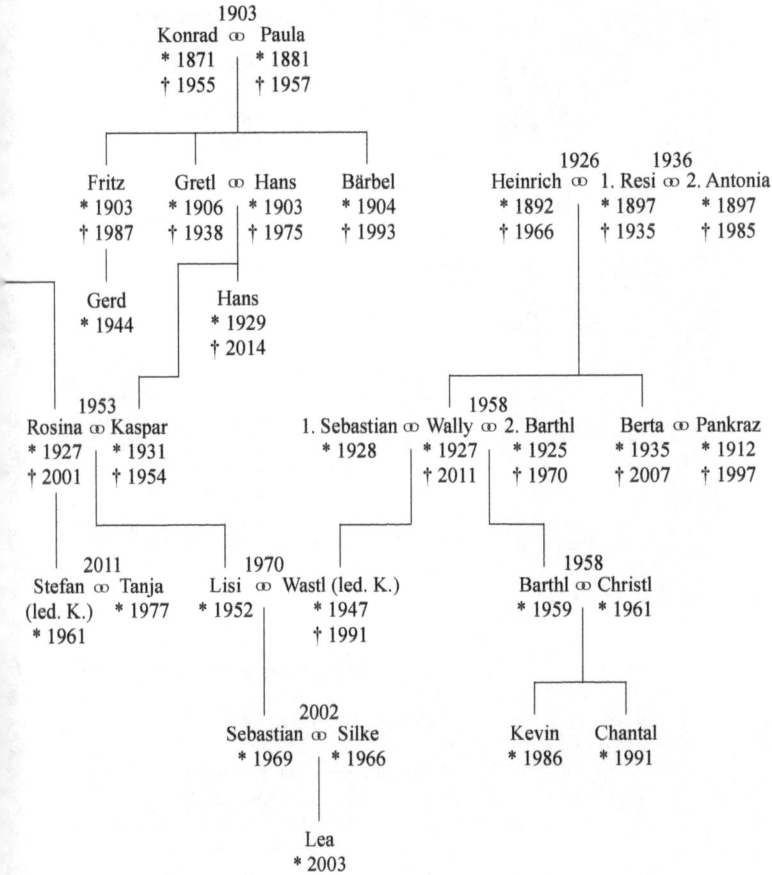
1903
Konrad ꝏ Paula
* 1871 † 1955
* 1881 † 1957
Fritz * 1903 † 1987
Gretl ꝏ Hans
* 1906 † 1938
* 1903 † 1975
Bärbel * 1904 † 1993
Gerd * 1944
Hans * 1929 † 2014
1926 1936
Heinrich ꝏ 1. Resi ꝏ 2. Antonia
* 1892 † 1966
* 1897 † 1935
* 1897 † 1985
1953
Rosina ꝏ Kaspar
* 1927 † 2001
* 1931 † 1954
1958
1. Sebastian ꝏ Wally ꝏ 2. Barthl
* 1928
* 1927 † 2011
* 1925 † 1970
Berta ꝏ Pankraz
* 1935 † 2007
* 1912 † 1997
2011
Stefan ꝏ Tanja
(led. K.) * 1961
* 1977
1970
Lisi ꝏ Wastl (led. K.)
* 1952
* 1947 † 1991
1958
Barthl ꝏ Christl
* 1959
* 1961
2002
Sebastian ꝏ Silke
* 1969
* 1966
Kevin * 1986
Chantal * 1991
Lea * 2003

Weitere Bücher von Roswitha Gruber

Ein Hallodri wandelt sich
272 Seiten
ISBN 978-3-475-54957-1

Das Zimmermädchen Rosina und der Holzknecht Sepp verlieben sich. Bereits nach kurzer Zeit ist Rosina schwanger, doch sie können nicht heiraten, weil ihnen die finanziellen Mittel fehlen. Als sie das zweite Kind von Sepp erwartet, können sie endlich heiraten. Als Sepp 1915 in den Krieg ziehen muss, steht plötzlich ein 14-jähriger Bursche vor Rosina, der aussieht, als wäre er ihrem Mann aus dem Gesicht geschnitten. Warten noch weitere solch unliebsame Überraschungen auf sie?

Die verheimlichte Großmutter
240 Seiten
ISBN 978-3-475-54919-9

Helene, ein aufgewecktes Mädchen, stellt im Alter von acht oder neun Jahren fest, dass sie zwar zwei Großväter, aber nur eine Großmutter hat. Auf ihre Fragen an die Familie erhält sie nur ausweichende Antworten. Also versucht sie auf andere Weise an Informationen zu kommen. Dabei stößt sie auf ein schreckliches Geheimnis. Nun beginnen ihre Nachforschungen erst recht.

Eine eigenwillige Bauerntochter
256 Seiten
ISBN 978-3-475-54906-9

Als jüngstes von acht Geschwistern verbringt Ursula auf dem ärmlichen Einödhof ihrer Eltern eine sehr behütete Kindheit. Schon früh weiß sie, sie möchte alles werden, nur nicht Bäuerin. Doch im Alter von 18 Jahren verliebt sie sich in den Sohn eines begüterten Bauern. Damit scheint ihr Weg vorgezeichnet. Der Zweite Weltkrieg wirbelt allerdings ihre Lebensplanung völlig durcheinander, und das Schicksal hält für sie zahlreiche Erschütterungen bereit.

Informationen zu unserem Verlagsprogramm finden Sie unter www.rosenheimer.com